理论热点

纵横谈

（2018）

上海社会科学院青年学术交流中心　编

上海人民出版社

上海社会科学院青年学术交流中心
组织机构人员

中 心 主 任：胡晓鹏（世界经济研究所副所长、研究员）

秘 书 长：李宏利（科研处副处长）

中心副主任：刘　轶（文学研究所研究员）

　　　　　　苏　宁（世界经济研究所副研究员）

　　　　　　张树平（政治学研究所副研究员）

中 心 理 事：刘　亮（应用经济研究所副研究员）

　　　　　　王　蔚（新闻学研究所副研究员）

　　　　　　李开盛（国际关系研究所副研究员）

　　　　　　何芳昱（历史研究所副研究员）

目　录

自贸港,怎么建?

——漫谈自由贸易港

薛安伟

2017 年 10 月 18 日,习近平主席在十九大报告中指出,赋予自由贸易试验区更大改革自主权,探索建设自由贸易港。从自贸区到自贸港,中国的对外开放不断升级。从 2013 年 9 月 29 日批准上海成立全国首个自贸区以来,自贸区于 2014 年 12 月 12 日进行了第二次扩容,广东、福建和天津纳入了第二批自贸区,2016 年 8 月 31 日,第三批自贸区扩容至辽宁、浙江、河南、湖北、重庆、四川和陕西等 7 个地区,在全国形成了"1+3+7"的自贸区格局。2018 年 4 月 11 日,国务院发布了《中共中央国务院关于支持海南全面深化改革开放的指导意见》,提出探索建设中国特色自由贸易港。上海、广州等地也在积极申报自贸港。在自贸区蓬勃发展的背景下,提出建立自贸港有什么新的战略内涵和要求呢?

一、自贸港是什么

(一)自由贸易港的内涵

自由贸易港是指设在国家与地区境内、海关管理关卡之外的,允许境外货物、资金自由进出的港口区。自贸港既是一个货物港,又是一个资金港,兼顾货物进出和资金流动的自由,而资金流动自由是为了服务货物流动。货物和资金的双自由流动是自贸港一个重要特色。自贸港对进出港区的全部或大部分货物免征关税,并且准许在自由港内,开展货物自由储存、展览、拆散、改装、重新包装、整理、加工和制造等业务活动。目前排名世界集装箱港口中转量第一位的是新加坡港,第二位是中国香港,这两个港口均实施自由港政策,吸引大量集装箱前去中转，奠定其世界集装箱中心枢纽的地位。因此，自贸港从功能上是服务于货物贸易，其中转口贸易和加工贸易是自贸港的核心业务。因此，根据传统自贸港的概念，如何打造自贸港要聚焦货物贸易，为货物贸易提供便利措施。

（二）全球主要的自贸港

1. 新加坡港

新加坡港是全球著名的自由贸易港，是亚太地区最大的转口贸易港，是连接太平洋和印度洋的航运要道。新加坡港历史悠久，从 13 世纪起就在国际贸易中担任着重要的中转作用，是全球最繁忙的中转港口之一。港与区相结合，互动发展是一大特色。新加坡港内有自由贸易区，面积为 4.05 平方千米，码头岸线长达 4.83 千米。过境货物仓库为 12 万平方米，露天堆场为 8.4 万平方米。新加坡港在新加坡具有重要地位，不但是新加坡的经济中心，还是新加坡的政治中心、交通中心和文化中心。新加坡港已经成为新加坡最突出的代表，新加坡自由贸易港无疑是最为成功的自贸港。

新加坡港作为全球知名的自由贸易港之一，新加坡港的成功不但得益于其自由化的政策，还得益于其得天独厚的地理位置。新加坡港毗邻马六甲海峡南口，南临新加坡海峡的北侧，属于重要的海上交通枢纽。虽然地理位置是新加坡港发展自贸港的先天优势，但是，不可否认新加坡政府也为推动新加坡港的建设和发展起到了至关重要的作用。主要包括以下三个方面：第一是关税，零关税是自贸港的通行政策。早在 20 世纪 60 年代，新加坡港就对大部分货物实行零关税。由于转口贸易居多，因此零关税政策是新加坡港持续发展的基础。第二是管制，管制水平关系到自贸区的便利化水平，新加坡港规定关于进出口商品的管制要尽量放松。在进出口商品的管制上，新加坡港只对少数涉及国家安全的产品实行规管，是比较自由化的港口。如果将新加坡港和中国香港的管制相比，商品进出新加坡的行政程序及审批手续仍较香港为多，但是总整体水平上看，新加坡港的管制低于全球平均水平。第三是配套设施，完善的配套设施是自贸港的综合竞争力之一。新加坡港的优势既在于其深水港的硬件措施，又在于其良好及完善的信息科技配套，为贸易商提供了便利，同时达到完善的监管。

新加坡港的综合能力也非常强，除了海运之外，空运也非常发达。空港联运是新加坡港的又一个重要特点。经济全球化的发展为空港联运创造了历史性的条件，通过海运和空运的配合与衔接，可以充分利用两种运输方式的优点,满足用户的特殊需求。空港联运虽然在经济效益上没有给新加坡带来可观的箱量和收入,但是其确实能够满足部分客户的应急需要。在一定程度上,提升了客户对新加坡港的信任度和新加坡作为国际航运中心的知名度。另外,新加坡港还在炼油、船舶修造等方面具有较强的产业优势。因此,新加坡港既是一个重要的港口,又有一定的产业配套,港口与产业实现了联动发展。

2. 中国香港

中国香港的开放时间久,自贸港是香港的重要特色和名片。香港自贸港成立于 1841 年,是全球最自由、最开放、功能最多的自由贸易港①。中国香港是对外开放程度和贸易依存度都很高的贸易港,香港自贸港功能特色经历了从转口贸易、加工贸易和复合转口贸易三个阶段。香港的发展很大程度上得益于自贸港的战略定位为其带来的自由开放的理念和发展环境。香港以自由贸易港为定位,吸引了大量的货物贸易,并以贸易流带动服务流、资金流等形成了多个溢出效应渠道。香港不仅是贸易中心还是金融中心。

香港自由贸易港的主要特征表现在以下三点:一是贸易自由,香港作为著名的自由贸易港在政策上也包含了通关的自由便利和关税税率低两个基本特征。第一,便利化程度很高。从总量上来看,香港进出口自贸港的货物只有很少部分需要向政府报批;从通关手续便利化上看,进出口贸易办理手续的流程十分简单,一般只要在货物进出口 14 天内报关,无须事先批准,且报关所需文件很少;从管制范围看,香港对进出口贸易基本上没有管制,对进出口的一般商品不设关税或非关税壁垒,同时实行非常公平和中立的政策,对本地厂商出口商品没有额外优惠。第二,税率低、透明。全面的零关税是香港的独特优势之一。在货物管制方面,除了酒类、烟草、碳氢油类及甲醇外,所有进出香港的货物都无须缴付任何关税,所以,大部分商品贸易都不用进行关税评估。此外,香港也没有其他附加税,只有极少数的非关税管制措施,进出口签证主要是出于保障公众健康、安全、保安或履行国际承诺而设立,大部分产品均无须申请任何文件便可自由进出香港。②

二是金融自由。香港也是全球金融中心,这也是其优于新加坡港的重要特征,金融中心与贸易中心相互推动。第一,资金进出自由,香港实行资本账户完全开放,资金自由是金融开放的前提条件。金融市场开放

---

① 郭兴艳:《香港:全世界最开放的自贸港》,《中国中小企业》2013 年第 9 期。

② 黄思华:《自贸港建设内涵及潜在影响刍议》,《上海金融报》2018 年 1 月 19 日。

资金自由是建立国际金融中心的必备条件，在香港自由化政策的吸引下，大量外国资本流入香港，构成了香港强大的融资市场，对贸易和其他行业的发展都有重要影响。第二，金融机构开办和经营自由，香港对内外资企业一视同仁，本地银行和外资银行享受完全平等的待遇。香港在政策上给予外资完善的充分的保障，也不实行外汇管制，多层措施并举推动自由高效。

三是市场环境自由，香港特区政府的政策是便利营商、市场竞争。香港政府充分利用自由市场调节价格，所有的商品市场、劳动力市场、服务市场等都依赖于市场的价格调节机制。突出强调遵循供求规律对经济发展的制约，除个别极端情况下，政府一般不干预市场。香港基于自由市场经济中的自动调节机制，实现各行各业的充分自由竞争，以竞争倒逼企业倒闭或破产，实现优胜劣汰，这一机制保障了香港经济的合理有序运行。这种自动调节、自由竞争的市场机制是香港多年国际化发展的结果，也是香港经济能够快速适应国际市场环境变化的原因，敬畏市场，对市场时刻保持灵活应对。自贸港就是在这样的自由市场环境中不断成长、壮大。

二、设立自贸港的条件

从自贸港的概念、内涵，以及对比国外自贸港的发展经验可以看出，自贸港的成立需要一定的主客观条件。只有符合条件的地区建立自贸港才能最好地发挥自贸港的优势，否则可能难以取得成功。

（一）地理位置条件

自贸港作为一个贸易港，最重要的条件就是地理位置。一般来说，自贸港在地域位置上，应当临近主要的交通枢纽，比如新加坡毗邻马六甲海峡，而马六甲海峡是非常重要的一个海上枢纽，途经的大量货物为新加坡港提供了丰富的货源；香港与深圳、广州紧密相连，是珠三角的重要交通中心，内地的大量货物为香港的繁荣奠定了基础。从现实需要看，自贸港是货流、资金流、人流和信息流的集聚地，必须具备高度便利的海陆空交通。一般而言，自贸港都有"港"的元素，可以是海港、口岸，也可以是空港。①从已有经验看，香港、新加坡等自贸港都是海运与航空

---

① 魏建国：《自贸港不是自贸区的简单升级》，中国经济网，http://www.ce.cn/xwzx/gnsz/gdxw/201801/25/t20180125_27894435.shtml。

的交通枢纽。

(二) 经济发展条件

　　繁荣的经济是繁荣自贸港的重要基础，自贸港不是花瓶也不是盆景，不繁荣就是失败的。世界上有很多地方交通便利，却并未形成自贸港，主要原因是缺少经济腹地的有力支撑。经济腹地应该有能力为自贸港源源不断地提供货流、人才、资金，从而带来大量的转口、服务、厂房等市场需求。同时，自贸港也会对经济腹地起到辐射和带动作用。自贸港不是一个简单的贸易功能，它需要周边的区域相互配合，以周边经济的发展带动自贸港，自贸港在发展壮大后又会对城市产生积极的影响。新加坡港、香港都表现出这样的特征，比如，新加坡港有贯穿马六甲海峡的繁忙的货物流作为其经济腹地支撑，同时，新加坡也有炼油、化工等优势产业，新加坡的经济发展也支持了新加坡港的发展。同样，全球比较大的港口都背靠经济相对发达的城市。因此，自贸港不是一个独立的经济区域，而是需要与周边有广泛联系、深度合作的区域。源源不断的货流是自贸港持续发展的基础，较强的经济发展水平既有助于为自贸港提供更多出港货物，也有利于吸引更多的来港货物。

(三) 政治人文条件

　　除了地理、经济等方面的硬条件，建设好自贸港还需要一系列包括政治、文化等软条件。第一，政治稳定是自贸港健康发展的首要软条件。没有稳定的政治环境就没有良好的营商环境，频繁的政权更迭、武装斗争等不但导致国内企业发展停滞，也可能导致国外企业选择避而远之，因此，要想发展好自贸港乃至国内经济，先决条件就是政治稳定。第二，文化氛围对于自贸港的发展也非常重要。自贸港的特点之一就是自由，这种自由包括文化上的自由和包容，要对不同文化秉持包容并蓄的态度。只有文化上的包容才能吸引不同国家和地区的商人，纵观各地自贸港也可以发现，自贸港所在城市都是开放地区，是一国开放程度最高的城市。自由和开放的文化氛围是建立好、发展好自由贸易港不可或缺的条件。第三，完善的法律制度是自贸港良好发展的保障。自由和法制并不矛盾，相反，良好的法律制度是维护自由开放环境的保障。法治环境一定程度上反映了政府治理能力和社会的开放度，良好的社会秩序对于外资和外企具有很大的吸引力，有助于企业进行长期的战略规划。

三、我国提出自贸港的国内外背景

(一) 国际背景

1. 世界经济出现复苏态势

根据世界贸易组织(WTO)的统计,2017 年全球货物贸易增速达到了 4.7%,并预计 2018 年全球贸易将持续复苏[①]。在贸易复苏的前提下,各国纷纷推出刺激性的出口政策,导致国际市场竞争加剧。市场竞争加快进一步扩大了市场需要。尤其是 2008 年全球金融危机后各国都试图通过出口来拉动本国经济增长,包括西方国家的再工业化道路的目的之一也是通过提高产业竞争力带动出口。比如,美国提出制造业回归,日本于 2017 年 6 月发布了《制造业白皮书》调整制造业以应对贸易赤字的增加,欧盟也提出制造业重振,印度也出台了一系列的出口刺激政策,力保出口增速。各国对出口的刺激,不同程度上从供给侧刺激了全球贸易增长。因此,从贸易和整体经济情况来看,世界经济回暖,为建立自由贸易港创造了有利条件。

2. 经济全球化遇阻

2016 年以英国脱欧和特朗普赢取美国总统大选为标志,全球化发展出现了诸多的不确定性,逆全球化思潮再起。过去四十年改革开放中国经济取得的成功在于,积极融入全球化,顺应经济全球化的发展趋势。以引进外商投资推动出口加工贸易,中国成为了"世界工厂",中国制造风靡全球。但是,全球化遭遇到了新挑战,美国举起了逆全球化的大旗。先是退出跨太平洋贸易伙伴关系(TPP),再是宣布重新签订北美自由贸易协定(NAFTA),还扬言退出世界贸易组织(WTO),等等,美国的一系列举动都表明其逆全球化态势。进而也导致了中美两个贸易大国开始出现贸易摩擦。2018 年 3 月 23 日,美国总统特朗普依据 301 调查结果签署了总统备忘录,对大约来自中国的 600 亿美元商品征收高额关税,并限制中国企业对美并购。中国随即做出了几乎对等条件的措施。"中美贸易战"似乎一触即发,经济全球化遭遇挫折可能是对未来经济增长最大的挑战。在这样的背景下,中国经济发展的外部条件可能发生了深刻变化,政府需要在战略上进行全方位的设计和谋划,以提高应对各种冲击的能力。

---

① 新浪网:《WTO:上调 2018 年全球贸易量增长预期至 4.4%》,http://finance.sina.com.cn/7x24/2018-04-12/doc-ifyzeyqc1428230.shtml。

3. 国际产业转移

跨国公司通过对外投资在全球布局价值链,国际产业转移成为了重要趋势,中国的发展也得益于承接了全球的产业转移。制造业占中国出口的比例从 2002 年起一直在 90% 以上,制造业在中国的崛起得益于全球产业转移,一大批纺织、家电、机械制造等成熟产业从发达国家转移到中国,与中国廉价劳动力相结合,形成了中国以制造业为主体、以外资为主导的出口结构。但是,近年来随着中国的人口结构变化和人均收入提升,中国劳动力成本不断上升,以纺织服装为代表的劳动密集型产业开始从中国向东南亚国家转移。产业的国际转移既可能导致国内产业空心化的风险,也可能对中国经济的转型升级起到一定的倒逼作用。要保持经济的平稳增长,在原有产业转移的同时,需要有新的产业被培育出来以填补原有产业的空白。因此,国际产业转移方向的变化与中国经济转型发展的大背景相一致,在这样的背景下怎么更高水平的开放,利用外部资源非常重要,自贸港无疑可以满足这一需求。

(二) 国内背景

1. 自贸区建设大发展创造了基础

从 2013 年 9 月 29 日,中国(上海)自贸区成立以来,在全国其他地区先后成立了第二批(3 个)和第三批(7 个)自贸区,形成了"1+3+7"的自贸区格局。自贸区涉及的范围包括 11 个省市,横贯东南西北,形成了全面纵深推动发展的局面。近 5 年的探索实验,中国的自贸区建设形成了一系列可复制可推广的先行先试经验。自贸区的定位是制度创新,对标的是国际高标准,包括了负面清单制度、政府职能转变等多个方面的创新。自贸区中通常都有海关、边检等,自贸区在创新探索上的部分内容也能在自贸港适用,比如单一窗口管理、自贸账户等便利化的通关措施等成功经验对于建立自由贸易港都有重要借鉴意义。

2. 高质量发展阶段的内在要求

党的十九大报告明确指出,我国经济已经由高速增长阶段转向了高质量发展阶段。全面开放新格局的题中之义也是要以开放推动经济发展质量的提升。从单向引进外资到双向投资布局是开放型国家发展的重要规律,中国的改革开放也是从单向引资走向了全面开放。2003 年十六大报告中明确提出实施"走出去"战略是对外开放新阶段的重大举措,对外投资首次被作为战略提了出来。2015 年,十八届五中全会通过的《十三五规划建议》中明确指出"完善对外开放战略布局,推进双向开放,促进国内国际要素有序流动、资源高效配置、市场深度融合"。

对外开放的战略布局从引进外资走向了双向开放。2017年，十九大报告将开放战略提升到了形成全面开放新格局，提出创新对外投资方式，促进国际产能合作，形成面向全球的贸易、投融资、生产、服务网络，加快培育国际经济合作和竞争新优势。高质量发展同样也要求国际贸易能够提质增效，通过自贸港建设推动对外贸易向更高层次上发展。

3. 改革开放再出发的题中之义

2018年4月10日，习近平主席出席博鳌亚洲论坛年会开幕式并发表重要演讲时指出："改革开放是中国和世界共同发展进步的伟大历程。""中国开放的大门不会关闭，只会越开越大！""实践证明，过去40年中国经济发展是在开放条件下取得的，未来中国经济实现高质量发展也必须在更加开放条件下进行。"向世界宣示了中国改革开放再出发。深化改革开放有助于推动经济的高质量发展。第一，扩大开放领域。比如对文化、信息、教育、医疗服务、社会服务等产业与国际水平相比，国内相关产业发展滞后，亟待扩大开放领域，以开放带动发展。第二，从中国的开放历程看，扩大开放领域也是历史的经验。在制造业大发展后，必须提升服务业的发展，与此同时世界经济也在向服务化和网络化发展，中国经济需要升级工业化、发展服务业。第三，顺应世界经济发展，利用国外高级要素是实现转型升级的重要途径。过去，工业化改变了经济发展模式；今天，信息化将超越工业革命形成新的发展动力，而这种信息化带来了全球的要素流动，只有开放才有助于获得外部资源。

扩大开放与维护国家经济安全并不矛盾，并不能因为个别部门目标牺牲了开放的整体收益。不能因为监管困难而拒绝开放，正确的对策应是：通过健全安全审查、完善信息系统、构建企业诚信体系、加强独立第三方建设和建设政府综合执法体系等构建政治经济安全网。在扩大市场准入的情况下，我们完全能够通过事中事后监管方式创新、监管的国际合作以及利用国际通行的安全例外条款等方式维护国家经济安全。因此，随着我国逐步建立防范风险的治理体系，开放水平具有提高的基础。

四、自贸港发展面临的挑战——以海南为例

2018年4月11日，中共中央国务院发布了《关于支持海南全面深化改革开放的指导意见》（下称《意见》），《意见》指出海南省建立自贸港的战略定位包括四个方面：一是全面深化改革开放试验区；二是国家生

态文明试验区;三是国际旅游消费中心;四是国家重大战略服务保障区。①《意见》对海南自贸港的发展进行了总体部署,可以看出海南自贸港的定位结合了海南的区位优势和产业优势,具有很强的针对性。前景虽然美好,但是道路仍旧崎岖,海南自贸港的发展仍然可能面临诸多挑战。

第一,政策优惠空间有限,作用有限。根据近几年发展自贸区的情况来看,自贸港绝不是自贸区的缩小版,不是自贸区的简单升级。自贸港和自贸区在战略定位和功能上有一定差异。从战略定位上看,自贸试验区是一块"试验田",是在特定地区探索试验可复制推广到全国各地的经验。自贸区是全面开放的新高地,作为全球开放水平最高的区域,探索的是制度创新而不是政策洼地,而自贸港需要在市场准入、金融制度、税收等方面做出一系列特殊的政策安排。②因此,从政策设计上,自贸港具有先天的政策优势,推动海南自贸港的发展还是需要出台一系列的优惠政策,以政策吸引更多的投资和消费。

根据《意见》,海南自贸港的定位之一是打造旅游消费中心,"大力推进旅游消费领域对外开放,积极培育旅游消费新热点,下大气力提升服务质量和国际化水平,打造业态丰富、品牌集聚、环境舒适、特色鲜明的国际旅游消费胜地"。考虑到改革开放后,我国的开放程度已经大幅提高,从货物贸易的角度来看,能够给予更多优惠的空间已经有限。服务贸易可能主要在于准入方面,而海南将全岛纳入自贸区的开放领域具有重要意义,从根本上解决了地域限制问题。但是,以政策优惠推进旅游发展难度不小。一是旅游发展依靠的是旅游地自身特点对游客的吸引,旅游消费能够进行政策优惠的措施较少。给予政策优惠只能提高旅游的便利化程度,而不能从根本上解决吸引游客的目的。二是旅游消费的政策优惠幅度通常也比较有限。比如,建立免税商店,提高免税购物限额,这些优惠幅度也都有一定的限制,这个限制是政府的税率水平。因此,激发旅游消费还是要依靠旅游资源的管理和优化,而这些都和优惠政策关系不大。

第二,经济基础条件较差。纵观香港、新加坡等成功的自贸港,其基本特点之一就是当地经济基础条件较好,但是海南的经济情况并没有太大优

① 新华网:《中共中央国务院关于支持海南全面深化改革开放的指导意见》,http://www.xinhuanet.com/politics/2018-04/14/c_1122682589.htm。
② 魏建国:《自贸港不是自贸区的简单升级》,中国经济网,http://www.ce.cn/xwzx/gnsz/gdxw/201801/25/t20180125_27894435.shtml。

势。经国家统计局计算确定,2017 年海南全省地区生产总值 4 462.54 亿元,比上年增长 7.0%。人均 GDP 48 430 元,低于全国平均水平。2017年,服务业增加值 2 486.07 亿元,按可比价格计算,比上年增长 10.2%。其中,交通运输邮政仓储业增加值 233.59 亿元,增长 13.8%;批发和零售业增加值 503.85 亿元,增长 5.6%;住宿和餐饮业增加值 210.66 亿元,增长 6.9%;金融业增加值 318.21 亿元,增长 11.2%;房地产业增加值 437.54 亿元,增长 20.1%。2017 年,全省接待国内外游客总人数6 745.01 万人次,比上年增长 12.0%;其中接待旅游过夜人数 5 591.43万人次,增长 12.3%。旅游总收入 811.99 亿元,增长 20.8%。2017 年,对外贸易进出口总值 702.37 亿元,比上年下降 6.5%。其中,出口总值295.66 亿元,增长 110.4%;进口总值 406.71 亿元,下降 33.4%。实际利用外资总额 23.06 亿美元,比上年增长 4.1%。利用外资新设项目数 90个,比上年增加 2 个。从这一系列数据可以看出,海南的经济处在全国平均水平稍微向下的层次上,服务业占经济的比重为 55.7%,略微高于全国平均水平。第三产业的增长速度为 10.2%,增长并不强劲。而作为未来发展最具有潜力的旅游业来看,游客增长速度并不显著。因此,从整体经济发展水平和经济结构来看,海南建立自贸港从产业特征上看虽然更适合于开展以服务业为主的开放模式,但是,经济发展水平必然会制约自贸港的发展,因为经济水平影响消费、文化、营商环境等多个方面。在较高发展水平上建立较高开放水平的自贸港确实存在难度。这就是为什么自贸区从上海开始起步建立的原因,所以,留给海南的发展空间更大同时挑战也更大。

第三,辐射能力有限。海南在地理位置上是一个孤岛,从对外开放水平上看,海南的贸易和投资占 GDP 的比重高于全国水平,说明海南具有较高的对外开放水平。但是,由于其独特的地理位置和产业结构,海南的经济与内地经济的联系较少,因此,如果希望通过自贸港的辐射作用服务于内地经济发展可能存在较大的困难。海南此次开放是自贸港和自贸区同时成立,自贸港的要求是"不以转口贸易和加工制造为重点,而以发展旅游业、现代服务业和高新技术产业为主导,更加强调通过人的全面发展,充分激发发展活力和创造力,打造更高层次、更高水平的开放型经济"。说明海南的自贸港和传统意义上的自贸港有很大区别。在非贸易功能地位上发展自贸港,海南的探索不仅是在中国探索,更是在世界自贸港的发展中开了先河,这一挑战之大可想而知。

《意见》指出,海南的全面开放还肩负着建设现代化经济体系和推动形成全面开放新格局的重任,包括要深化供给侧结构性改革、实施创新驱动发展战略、提高基础设施网络化智能化水平、高标准高质量建设自由贸易试验区、探索建设中国特色自由贸易港、加强风险防控体系建设等。这些制度创新的要求，既有仅针对海南的，也有需要向全国复制推广的。同时还要求"在内外贸、投融资、财政税务、金融创新、出入境等方面探索更加灵活的政策体系、监管模式和管理体制，打造开放层次更高、营商环境更优、辐射作用更强的开放新高地"。考虑到海南较低的辐射能力，完成可复制可推广制度创新的任务将非常艰巨，这对于海南自贸港的发展也将产生较大挑战。

五、自贸港建设的几点建议

目前，海南是首先明确建立自贸港的地区，未来自贸港的成立可能效仿自贸区，批准若干城市成立更多的自贸港。各地可能针对各自的地区特点建立有独特优势的自贸港，最终形成类似自贸区的全国性网络。结合国外自贸港的发展特点，现提出以下建议。

(一) 深化"单一窗口"推进贸易便利化

从海南自贸港的地位我们可以看出，未来自贸港的发展可能有更多的模式。但是，对于具有港口优势的地区，比如上海、广州等地，自由贸易港的定位仍然可能需要保有转口贸易的功能。而转口贸易发展就要求贸易便利化程度较高，提升贸易便利化水平就是具有转口贸易功能自贸港的重要任务。因此，可以对标新加坡港的自由化措施，通过围绕"单一窗口"系统推行整个自由贸易港的电子化、自动化。

(二) 对标国际高标准

自贸港作为开放的前沿阵地，是我国对外开放先行先试的试验区，对标国际高标准是其基本功能之一。当前，国际投资贸易规则面临重构与逆全球化思潮再起并存，多边规则发展的道路可能更加曲折。而方向必然是高标准，以高标准的要求推动和保护贸易投资自由化。从高标准的要求看，我国在市场准入、环境标准等多个方面与国际高标准还有较大差距。在上海、天津等地自贸区探索的基础上，加快自贸港的制度创新具有较高的条件，一方面一些高标准的措施可以在自贸港继续实行，另一方面要探索推进自贸区未曾尝试的新标准。自贸港的高标准开放对于实现以开放促改革具有重要意义。

(三) 优化营商环境

营商环境是当今地区竞争的重要组成部分,是吸引企业和人才的重要因素之一。自贸港可在境内提供高度开放及自由化的经营环境,让国内企业熟悉国际商业的营运模式,了解全球货物及服务贸易的规则。同时,自贸港也将会成为引进跨国企业的首要平台,提高外资在中国内地经济的参与程度,国内企业可从中获得跨国管理及营运的学习机会,提升其在国际市场上的竞争力。例如,新加坡银行在国际大型银行进入本地市场后,从竞争中学习先进的银行业务操作及金融管理。这有助于提升本地银行向外拓展的能力,近年多家新加坡银行亦逐步发展成为服务东盟市场的大型区域银行。我国自贸港的建设在功能上将是有区分的,可以探索不同领域的开放措施。针对不同部门和产业的开放对营商环境进行有针对性的改善。

(四) 充分利用港口资源

中国的海岸线长,离岛资源丰富,发展自由贸易港也是开发港口资源的重要手段。充分利用已建成港口的资源和优势,以点带面式的集聚产业推动自贸港及其周边地区的发展。在未来探索自由贸易港的过程中,我们会形成一批新的贸易业态,比如说在离岸贸易、离岸金融、港口贸易等方面都会有更大的进展。国际上自由贸易港已经有了比较成熟的实践经验,我国在深化开放过程中,探索建立自由贸易港会使得我国开放的形势更加丰富,也会打造出更有竞争力的港口资源。

(五) 助推贸易转型升级

入世后我国的外贸迅速发展,一方面贸易量迅猛增长,另一方面贸易结构也发生了重要变化。尤其是2007年全球金融危机之后,加工贸易的占比不断下降,一般贸易占比逐步上升,2015年加工贸易和一般贸易占比基本持平,2017年加工贸易的占比下滑到了29%。贸易结构转变的同时是贸易增长动力的转换,一般贸易比加工贸易更具有内生动力。但是,加工贸易持续下滑对进出口增长并不有利,保持外贸平稳发展需要新的增长点。自贸港通过优化营商环境等以多种方式培育新的增长点。比如,加快服务贸易发展、吸引转口贸易等,从多个方面促进贸易转型升级。

(六) 打造开放新高地

从开放程度上看,自贸试验区的重点在于制度创新,在对外贸易上侧重货物流通方面的开放。自贸港相对于自贸区是全方位开放,不仅仅是制度创新,包括货物流通、货币流通、人员流通、信息流通,并涉及更重要的法律和监管方面的全方位变革。具体来看,在自贸试验区,实行负面清单和事中事后管理后,很多货物还是要申报的。而在自贸港,货物不需申报就能自由进入,自贸港将真正实现"境内关外"。有学者认为自贸港建设与上海自贸区建设存在一些差别,自由贸易港建设时将尝试完全取消贸易管制措施和最大程度地提高清关效率,并在金融等配套领域寻求突破,这使其较之上海自贸区建设有着更强的目标导向性,是我国自贸区改革中一次迈向国际最高水平的尝试。①不同自贸港可能有各自的功能定位,但在各个功能上都要达到开放的最高标准。

① 张磊:《上海自贸港建设的突破性与可持续性》,《WTO 经济导刊》2017 年第 11 期。

实体经济,怎么救?[①]

——从宗马之争说开去

俞晓晶

引言

    实体经济,应该算是 2017 年度经济类关键词之一。在媒体关注度上,宗庆后、董明珠和马云等商界大佬之间关于"实体经济行不行"的口水战,耗费了无数笔墨,自然也吸引了无数眼球。在政府关注度上,李克强总理对实体经济的定调,《政府工作报告》对于"以创新引领实体经济转型升级"的定调,甚至是十九大报告关于"把发展经济的着力点放在实体经济上"的定调,都凸显了实体经济的重要性。

    那么,为什么 2017 年对于实体经济关注出现了"井喷"?笔者认为原因有三:一是 2008 年金融危机及其后续所产生的负面影响,经过近 10 年的持续发酵,让我国实体经济真正跌进谷底,走到了黎明前最黑暗的时刻;二是互联网的持续繁荣并未真正显现出其对于经济发展的动能作用,反而与制造业"持续低迷"形成了鲜明的对比;三是经过 2015、2016 年的积累,"互联网+"与"+互联网"的正面效应初见端倪之时,其负面效应也集中爆发,以至于实体经济旧疾未愈,新症又添。

---

① 本文系国家社科基金一般项目"中国制造业与服务业协调发展研究"(课题编号:16BJY072)的阶段性研究成果。

一、实体经济的"冰火两重天"

什么是实体经济?

要理解"实体经济",还要从基本概念入手。在笔者看来,宗、董、马对于实体经济和虚拟经济的理解都有失偏颇——宗和董将实体经济等同于制造业,而马显然将其所从事的互联网界定在了虚拟经济范畴内。更有甚者,媒体"断章取义"将双方的争论定调在经济虚实之上,也有点似是而非。当前媒体报道的大量有关实体经济的内容,实际上存在着对于"实体经济"的两种误读:一是狭义理解实体经济,即将之理解为与物质生产有关的经济活动,制造业是实体经济,服务业是虚拟经济。宗、马等人形成争论并被媒体广泛炒作的基础估计就在于此。二是广义理解实体经济,即将之理解为与物质的、精神的产品和服务相关等经济活动,一些资本市场活动也被纳入到了实体经济范畴。

针对这两种误读,著名经济学家刘志彪教授撰文从"媒介"观区分实体经济和虚拟经济——主要是看起始于货币资本的增值性活动以什么为中介,它最终是不是创造财富——如果它以货币、价值符号和资产为媒介,仅仅分配财富,就是虚拟经济;而如果它以作为使用价值的商品和服务为交易媒介,在这个过程中创造财富,它就是实体经济。①这一定义,间接呼应了李克强总理在 2017 年第一次国务院常务会议上对实体经济的定调:"'实体经济'是一个相对于'虚拟经济'的概念,不是仅仅包含制造业,而是涵盖着一二三产业。网店是'新经济',但直接带动了实体工厂的销售;快递业作为'新经济'的代表,同样既拉动了消费也促进了生产。这些典型的新经济行业,实际上都是'生产性服务业',都是在为实体经济服务,也是实体经济的一部分。我们培育壮大新经济、发展新动能,不仅是打造经济发展的'新引擎',也是在改造提升传统动能,促进实体经济蓬勃发展。"

---

① 刘志彪:"界定实体经济与虚拟经济不能用老标准",《解放日报·思想汇》,2017 年 9 月 12 日。此外,根据成思危早年的定义,认为"虚拟经济"最早源自马克思在《资本论》中对于"虚拟资本"的描述,认为虚拟资本是在借贷资本(生息资本)和银行信用制度的基础上产生的,包括股票、债券、不动产抵押单等。后来,虚拟经济被理解为与虚拟资本以及金融系统为依托的循环运动有关的经济活动,简单的说就是以钱生钱的活动。随着信息经济的发展,以信息技术为工具所进行的经济活动(virtual economy,主要是网络游戏等虚拟世界的经济活动),以及用计算机模拟的可视化经济活动(visual economy),也被视为虚拟经济。

如果从上述的"媒介"观来看宗、马关于互联网的争论,那么毫无疑问,制造业确定是实体经济无疑,以互联网为载体、并且为"具有使用价值的商品和服务"的服务业也是实体经济无疑。那么,还有一部分以互联网概念进行资本炒作的服务,就应该归属于虚拟经济范畴内。本文将与互联网相结合的实体经济界定为新实体经济,而未与互联网结合的实体经济界定为传统实体经济。

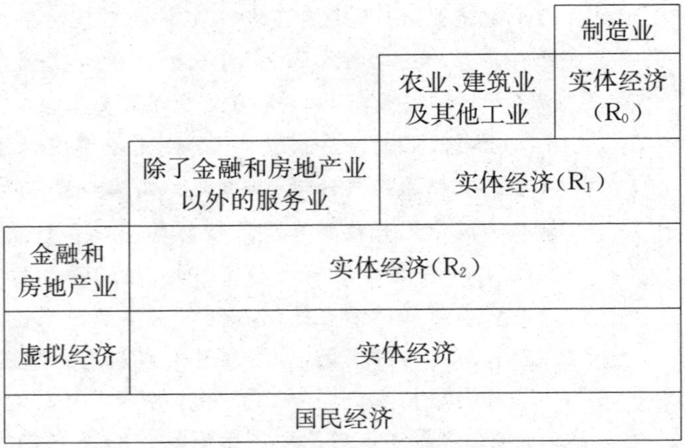

		制造业
	农业、建筑业及其他工业	实体经济（R_0）
	除了金融和房地产业以外的服务业	实体经济（R_1）
金融和房地产业	实体经济（R_2）	
虚拟经济	实体经济	
国民经济		

图 1　产业视角的实体经济分类框架

图片资料来源:黄群慧:《论新时期实体经济的发展》,《中国工业经济》2017年第 9 期。

实体经济的病痛,既在积累,也在当下。2008 年金融危机之后,伴随着国际市场低迷和贸易壁垒高企,国内劳动力、土地等要素价格的不断升高,中国制造业逐渐走入寒冬。制造业寒冬以及房地产市场和金融市场的火爆,进一步引发资金"脱实向虚",使得传统实体经济复苏面临重重困境,结构性供需失衡、金融与实体经济失衡、房地产与实体经济失衡等,成为严重的经济问题。近年来,随着互联网在从个人领域和消费领域过渡到生产领域,从大数据、云计算、物联网、服务联网等走进实际生产生活,实体经济复苏从中寻找到了"破题"之道。在此背景下,我国实体经济逐渐演变出非常明显的二元特征——一边是基于互联网繁荣的新实体经济,另一边是尚未感受到互联网"春天"的传统实体经济。任何事物都有两面性,互联网也不例外,其"双刃剑"效应在为破解传统实体经济难题的同时,使得以其为载体的新型实体经济亦是岌岌可危。

(一) 新实体高估值 VS 传统实体低估值

近两年,受到经营成本、投资回报等因素的影响,资金纷纷涌向以房地产和金融为主的虚拟经济以及以互联网为核心的相关行业,以至于制造业正面临严重"钱荒"。近年来,除了房地产业之外,繁荣兴盛的互联网行业亦成为创投和风投的关注热点。从全球市值排名前十的公司来看,2007 年到 2017 年发生了很大的变化。大众所熟知的互联网公司异军突起,占据了 top 10 榜单数个席位,而从事制造业的公司寥寥无几。

表 1   2007 年和 2017 年全球市值前十的公司排名

2007	估值(亿美元)	2017	估值(亿美元)
埃克森美孚	467	苹果	8 779
通用电气	394	谷歌母公司 Alphabet	7 071
微软	265	微软	6 500
工商银行	259	亚马逊	5 601
花旗银行	243	Facebook	5 083
AT&T 公司	238	伯克希尔哈撒韦	4 779
壳牌	232	腾讯	4 680
美国银行	230	阿里巴巴	4 464
中国石油	225	强生	3 759
中国移动	207	埃克森美孚	3 535

数据与资料来源:《富可敌国   互联网公司市值凭什么这么高?》,中国科技网,2017 年 12 月 20 日。

在国内,从滴滴快滴开始,这轮投资热潮逐步蔓延到了共享经济、人工智能。面对新模式、新业态的层出不穷,"互联网+"概念一次次被热炒,互联网相关企业的估值也一轮轮涨高。截至 2017 年 11 月,全国共有 160 家独角兽企业①,总估值 5 942.7 亿美元,分布于 19 个领域。其中,近 50% 的企业都成立于 2010—2013 年,有四家成立不足 3 年,23.9% 的估值占比来自互联网金融行业。

———————————

① "独角兽"企业指代创业 10 年左右并且估价超过 10 亿美元的企业。其中估值超过 100 亿美元的初创企业被称为"超级独角兽"。

表2 独角兽企业估值空间分布

估值区间	企业分布(家)	企业数占比(%)	总估值(亿美元)	估值占比(%)
10—20亿美元	101	63.1	1 173.1	19.7
20—49亿美元	37	23.1	999.6	16.8
50—99亿美元	13	8.2	934	15.8
100亿美元及以上	9	5.6	2 836	47.7
总　计	160	100	5 942.7	100

资料来源:《160家独角兽企业估值5 942.7亿美元! 全国独角兽发展现状分析》,工控网,2018年1月3日。

表3 独角兽企业成立时间分布

成立时间	企业数(家)	企业数占比(%)
2006—2009年	23	14.4
2010—2013年	79	49.4
2014年	36	22.5
2015年	18	11.2
2016年	4	2.5
总　计	160	100

资料来源:同上。

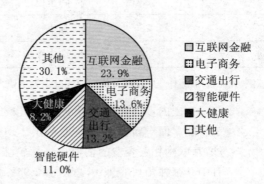

图2 独角兽企业各行业领域估值占比

资料来源:同上。

不可否认,互联网行业的高估值有其存在的合理性,其以用户数量为基础的盈利模式随着用户数量增加会逐渐显现。但这种高估值是否真的与其真实价值相符还有待观察。这是因为，大众如今所熟知且具有较高估值的互联网公司暴露出诸多问题：曾被预言为"互联网界未来模式"的乐视资金链断裂，互联网金融背景下的暴力催收和"裸贷"，滴滴的盈利模式依然难以显现，共享单车从烧钱大战、野蛮生长、恶性竞争到退出市场，今日头条估值过百亿却多次被监管部门约谈传播低俗信息……这些问题已经证明，互联网企业的价值不能仅仅以用户基础来衡量，还需要对其后续的发展质量进行评价。

因此，对于实体经济核心的制造业而言，一边是经营成本高、利润空间窄的难题始终无法破解，另一边是互联网行业的高估值吸引了大量的投资和投机资金，制造业压力倍增。2017年底，全世界最大的SIM卡公司——Gemalto SA公司（中文名为金雅拓）①被收购，价格仅仅为56亿美元，和动辄上百亿估值的互联网公司相差甚远。在国内，则是上市公司靠卖房、卖股权、获得政府补贴（而不是通过主营业务）来实现盈利，而小型制造业企业生存困难。

（二）新实体产能过剩 VS 传统实体产能过剩

如果说2017年之前，我国的产能过剩还主要集中在制造业领域，那么，2017年开始，由于互联网过度繁荣开辟了服务业产能过剩。同传统的产能过剩不同，互联网背景下的服务业过剩并不是由生产企业增加投资、扩大产能所引起的，而是由提供共享服务的企业（非直接生产企业）为增加市场投放、扩大用户基数所引起的。其形成机制却类似于我国制造业产能过剩的"潮涌"机制——企业对于哪个产业有新的发展前景具有相似的认知，投资会像波浪一样涌入该行业。在初期企业具有较高的预期投资回报率，但随着投资的大量涌入，就会出现产能过剩。

互联网背景下的共享过剩、平台过剩等，正在成为产能过剩的新型表现形式。

一是共享过剩。共享经济的初衷在于通过使用权的让渡实现对社会闲置资源的重新配置。2017年，共享产品满天飞，共享单车、共享充电宝、共享雨伞、共享篮球、共享KTV、共享健身房……似乎只要是个物品，都能打上"共享"的标签。然而，历经两年的共享热潮，让这些卖"共享"的企业，无一不走上了烧钱、抢用户、野蛮生长、恶性竞争再到优胜劣

---

① 从2009年开始直到现在，中国三大运营商的SIM卡均来自这家公司，甚至摩拜单车智能锁也采用了其数据传输设备。相关资料来源：《富可敌国 互联网公司市值凭什么这么高？》，中国科技网，2017年12月20日。

汰的路径。堆积如山的单车坟场、处处闲置的充电宝、人气低迷的 KTV 仓、健身仓，无一不成为了"过剩"的产物。共享经济意图对社会资源重新配置以达到最大化使用效率的初衷基本已经变成了对社会资源的极大浪费。共享经济正在变成共享过剩。

二是平台过剩。平台过剩是互联网繁荣的另一个负面产物。平台以减少中间环节、提供高效交互信息的方式将买方和卖方联系在一起。促进平台经济的健康发展也是近两年我国政府政策的主要导向之一。特别是在 2016 年 5 月，国务院《关于深化制造业与互联网融合发展的指导意见》，提出打造制造企业互联网"双创"平台的首要任务。一时间，各种平台蜂拥而上，数量大规模扩张。平台之间为了争夺用户也是无所不用其极。然而，在不断增长的数量背后，是平台质量整体不高的现实：一方面，部分平台用户数量难以达到形成网络效应所需的最低规模，有平台之名但不能有效服务市场；另一方面，部分平台满足于提供低端基础服务，随着平台进入成长期，用户降低活跃度或数量减少，逐步僵化成为"伪平台"。

（三）智能制造：馅饼 VS 陷阱

制造业一直以来都在实体经济中居于核心地位。但是，随着工业化与信息化深度融合的发展，以数字经济为代表的先进制造业和正在经历"三去一降一补"的传统制造业呈现"冰火两重天"。其中得到政府大力支持的智能制造，也有可能面对从"馅饼"沦为"陷阱"的风险。

《中国制造 2025》发布之后，智能制造成为拯救中国制造业的一把钥匙。不可否认，在推出智能制造示范项目之后，一批中国制造企业开启智能制造转型，中国"智"造的版本正在不断被刷新。

智能制造是由智能机器和人类专家共同组成的人机一体化智能系统，通过机器自主分析、推理和决策实现制造的柔性化和智能化。智能制造不仅仅是生产工具和生产车间的智能化，而且包括全部生产过程和管理过程的智能化，是信息系统和物理系统的深度融合，是对原有生产模式和商业模式的全面颠覆。需求与生产的同步，供应商和制造商的信息对接，售前售后的快速响应等，成为智能制造的核心特征。

智能制造应该算是互联网与传统实体经济结合的典范，未来很有可能成为打破实体经济二元结构的重要突破口。但是，"秉持"着中国新兴产业发展的一贯路径，智能制造也正在从"馅饼"变成"陷阱"。在我国，新兴产业一旦被政府关注，各级地方政府就蜂拥而上，无论本地区是否具有发展该新兴产业的基础和优势，都可以将发展该新兴产业作为重点工作大力推进。多数企业也会盲目跟进、"疯狂执行"，该投资的投资、该转型的转型，无论自身是否具有相应的实力和能力，其最终的结果往往是事倍功半。智能制造也不例外——"中国制造2025热，工业4.0热，结果投资人来了，媒体人来了，工业部门的专家来了，大学老师来了，外国专家来了，还有可怕的、不懂工业的人也来了，成功的案例来了"——网络某评论人的描述形象地表现出了我国智能制造当前发展的"怪象"。

真正令人担忧的是"成功的案例"来了。当前，一些政策制定者、推动者和实施者们，对于"智能制造"却存在以下三种误读：一是将智能化等同于自动化，认为机器换人、自动化流水线就是智能制造，而忽略了网络化、数字化等相关流程的改进。二是将智能制造等同于智能工厂，认为建起智能工厂、智能车间就实现了智能制造，而忽略商业模式、生产模式和组织模式的同步更新，后者实际上是智能制造更加核心的内容也是更具难度的"高峰"。三是将发达国家经验作为参考依据，请来德国、美国的专家进行设计，甚至是照搬国外的生产线、智能工厂等，忽略了自身的发展基础、发展要求和发展特点。在这些误读之下，一个个看似"成功"的案例被树为典型，并迅速蔓延推广开来。

所谓成功的案例实则掩盖了智能制造可能的"陷阱"。陷阱之一，路径模糊。发展智能制造是我国制造业转型升级的大方向。大多数企业想做智能制造，但不知道如何做。目前国内在建和已经建成的具有一定规模的智能车间、智能工厂等，大多数都是参考国外案例。而智能车间、智能工厂也似乎在演变成一种标准化的产品，其是否适应中国制造业企业的生态环境，能否实现向上向下的兼容性和弹性，模式、架构、人才和组织能否实现同步更新，都是值得深入探讨的问题，同时也是需要时间解决的问题。一旦某个环节走偏，颠覆的不仅是制造业企业本身，更有可能是中国制造业的"满盘皆输"。

陷阱之二，沉没成本。我国制造业发展不平衡、层次结构差异很大，当前发展智能制造面临着"2.0补课、3.0示范、4.0示范"的三重任务。但实际上，对于工业互联网、工业4.0发起国的美国和德国，在践行新理念之路上也是慎之又慎，德国的许多中小企业根本就不知道4.0是什么，更不要提实践。而我国在制造业基础技术积累尚不稳固的前提下，政府大力扶持、企业大力投资，不断更新设备、升级流水线、建造智能车间工厂，暂且不论后续的管理、人才、技术是否能够跟得上节奏，一旦未来主流技术路线发生偏移，前期巨额投入就可能变成沉没成本。

陷阱之三，人才匮乏。上一轮缺人缺的是能够从事简单加工生产的一般劳动力，这次缺人缺的不仅是高端机器人，还包括高端技术人才。

机器换人是解决当前我国劳动力成本高企的路径之一。为了赶上机器换人的热潮，一大批机器人制造商开工生产，部分企业为了"机器换人"而换，双方一拍即合，导致大量低成本、低技术含量的机器人产品迅速充斥市场。同时，自动化的流水线的确减少了劳动力投入，但是需要具有更高技术能力的人员对机器进行维护和升级，特别是从机器换人到实现智能生产，中间还需要很多的技术投入和技术改造，而能够适应和提升自动化、智能化水平的高端技术人员非常匮乏。

二、实体之痛源自体系之变

实体经济二元特征，其所暴露出的是当前我国实体经济发展不平衡不充分的现实，一边是遭遇寒冬难于复苏的传统实体经济，另一边是基于互联网（虚假）繁荣发展的新实体经济。而实体经济"旧疾"不愈、"新症"不断的根本原因，还在于互联网时代经济体系变革要求与其对传统路径依赖之间的矛盾——沿用旧有的方式来发展新实体经济。中国用三十年改革开放和"摸着石头过河"，依托工业化理论并结合自身发展实际，形成了政府主导的经济发展模式，构建了以制造业为核心的产业体系，以及与发展模式和产业体系相适应的制度体系。2008 年的一场金融危机，对全球经济造成破坏的同时，也让中国经济转型显得尤为迫切。在此后的十年特别是党的十八大之后，新旧理论体系的对接、新旧发展模式的过渡、新旧比较优势的变迁、新旧产业体系的转换以及新旧制度体系的更替，开始渐进、同步进行。

（一）新旧理论体系的对接

理论体系直接关系着中国经济未来战略的选择。中国过去的发展道路在很大程度上参考了工业化及其相关理论。工业化是指制造业和第二产业在国民收入中所占比重及制造业和第二产业中就业的劳动人口占总劳动人口的比例持续上升的过程。总体而言，中国经济发展的道路一直遵循着工业化发展规律，实现了经济起飞和跨越式发展，并且在这一过程中结合自身发展要求和发展特点形成了具有中国特色的工业化理论体系。

随着部分省市服务业比重超越制造业比重，服务业增速加快并超越GDP 增速，后工业化与服务经济理论的地位也逐渐上升。特别是在2008 年金融危机之后，我国制造业持续低迷以至于一些省市表现为服务业增加值比重显著提升，关于工业化、后工业化的争论也是愈演愈烈。

实际上,后工业化理论作为工业化理论的延伸,总体上是对于现今发达国家(尤其是美国)经济发展规律的总结。而在金融危机之后,美国所强调的制造业回归和再工业化战略都强势证明了后工业化理论的弱点。尤其是对于制造业基础相对薄弱的发展中国家而言,其经济理论可借鉴的程度是应该受到质疑的。

互联网在生产领域的广泛应用,实际上颠覆了工业化理论中"以制造业为核心"的发展理念,要求制造业与服务业在经济体系内实现一体化高度融合,这也就意味着互联网背景下制定发展战略需要寻找新的经济理论来进行支撑。实际上,金融危机的爆发以及之后互联网效应的持续发酵,使得发达国家也在不断反思传统的工业化与后工业化理论,希冀能够探寻出互联网背景下的经济发展规律。对于我国而言,新的理论体系构建就更是难上加难。一方面,互联网的出现,颠覆了众多传统的经济学理论,一系列由于互联网出现而备受质疑的理论尚需要进行深入的研究和论证,另一方面,同改革开放之初相比,其他国家发展互联网经济可供参考的经验少之又少,甚至还不如中国。这就意味着,作为互联网经济"先行者"的中国,要形成新的、能够指导实践的理论体系势必需要更长的探索时间和更高的"试错"成本。

(二) 新旧发展模式的过渡

"政府主导"是改革开放之后,我国经济发展模式的重要特征之一。改革开放之后,我国以政府的"有形之手"成功培育出了市场的"无形之手"。随着政府与市场在资源配置领域内不断走强,两者的冲突也越来越明显。因此,党的十八届三中全会提出要"充分发挥市场在资源配置中的决定性作用和更好的发挥政府作用"。这也就意味着,原有政府主导的发展模式正在向市场决定的发展模式过渡。

服务业的"产能"过剩,智能制造的重复建设,甚至是近年来我国频繁出现的新兴产业产能过剩问题,在很大程度上应该归因于发展模式过渡阶段中政府与市场的碰撞。产业培育期政府引导过度,成长期市场用力过猛、政府监管缺位,才使得这些新兴产业还没有进入成熟期,就迎来大批企业倒闭潮,迅速进入衰退期。

在这场互联网热剧中,政府引导过度的表现形式已经从单纯的政策激励转变成为部分体制壁垒的降低。降低体制壁垒,是我国市场机制能否发挥决定作用的关键。然而,对于互联网行业,这一壁垒似乎降得快了一点。为了不对互联网行业形成阻力,政府大开体制之门,对于一些互联网乱象"睁一只眼闭一只眼"。这种忽视,有些其实并不是政府有意为之，而是对监管扼杀新经济的一种担忧——该管还是不该管，政府自己心里也没底儿。因此，从滴滴打车、共享单车等案例也可以看出，在网络负效应产生极大社会影响的阶段，政府的监管才开始到位。

互联网行业体制壁垒的松动与传统行业体制壁垒的牢固，形成了对传统行业的"挤出"效应。这也在一定程度上解释了为什么同样在互联网发展迅速的美国，互联网对于线下经济的影响并没有那么大。而在我国，原本就由于成本高、税负重等因素而岌岌可危的传统行业中，没有搭上互联网列车的，必定是死路一条。但是能够搭上互联网列车的，也是前途迷茫，能够脱颖而出的恐怕只在少数。

(三) 新旧比较优势的变迁

比较优势是塑造竞争优势、关系战略方向的重要因素。在上一轮发展实践中，我国凭借廉价劳动力、土地、资源等领域的比较优势融入全球价值链体系。但随着传统要素红利的逐步丧失，我国的竞争优势正在减弱，而在价值链中的地位难以提升。当前，中国发展转型的现实状况，是中高端升级与制高点战略需要协同，既要追赶、补课，同时也要赶超，原有比较优势减弱，新的比较优势尚未形成。

从当前工业化与信息化深度融合的实践中可以看出：第一，在要素比较优势中要素构成发生了巨大变化——原来比较关注的劳动力和资本，甚至是技术要素，正在被数据资源所取代；第二，成本优势已经不足以构成比较优势，而是从资源优势来确定。谁拥有数据资源、谁能更好地利用数据资源，就有可能在本轮新产业革命的竞争中胜出，甚至可能成为行业领导者和标准制定者，占据价值链高端。数字经济在我国的蓬勃发展，已经为构筑先发优势提供了可能。由于巨大的人口规模、生产规模和比较全面的产业链条，我国所能获取数据资源的优势是其他国家所无法比拟的。互联网大会上有企业家指出："中国互联网独特的地方是，7亿网民说同样的语言，遵守同样的法律，产生统一规则的数据，可以推动算法的创新，从而促进算力的提升。"中国互联网的特殊性，加上中国现有的消费规模、生产规模，为资源向数据转化、进而向产业化转换提供了可能。

然而，问题在于，数据的高效应用还有待进一步突破，要将其塑造成为我国未来发展的比较优势还具有一定难度。一方面是数据收集与隐私保护、信息安全之间的矛盾，还需要在产权、法律等领域进一步突破和完善；另一方面，数据融合、数据存储、数据处理和数据分析等技术还有待进一步提升，如何从纷繁复杂的大数据中分离出可用数据，进而形成有效数据集合,直接关系着数据使用的效率。这在一定程度上解释了为什么轰轰烈烈的共享经济、平台经济中的大多数企业最后都无法生存,原因在于,其本可以凭借所拥有的数据资源的转换和再利用实现盈利模式的转变,却因为数据利用的技术瓶颈而无法突破。

(四) 新旧产业体系的转换

互联网背景下实体经济的特征呈现出新的变化。互联网从技术手段转变为服务手段。互联网属性的变迁,"创造性破坏"了国民经济体系,实现了产业结构的去中心化、经济活动的泛数据化以及社会生活的物联网化①。在传统经济体系中,互联网更多的是作为技术"媒介",在制造业和服务业中改进生产方式、提高交易效率。但在当前互联网经济中,互联网已经从技术"媒介"上升为服务"媒介",提供一揽子的菜单服务,菜单中的服务选项包括各类服务行业的服务内容,整体呈现出的是待选择的服务包。这种特点使得个体服务业的封闭边界被弱化。服务内容也发生了显著变化,隐藏在互联网边界的后台服务、显现在互联网经济上的过程服务以及依托于线上却发生在线下的服务活动成为其主要组成部分。

然而,自改革开放之后,制造业与服务业之间表现出四种"病态协调"关系:一是工业和制造业优先发展的传统观念与体制机制配备,人为割裂两者有机联系,导致制造业与服务业低密度关联;二是外资长期占据制造业高端,并将高端服务锁定至母国,导致本国制造业与服务业低层次共生;三是对低成本要素和标准化生产的路径依赖,以及创新要素有效供给不足,导致制造业与服务业低效率协同;四是简单追求规模扩张,导致制造业与服务业低端化扩张。

这种人为割裂制造业与服务业的发展方式,同互联网所要求的产供求一体化以及制造业与服务业交互式协调相互背离,能够适应新的技术范式、生产范式、效率范式和融合范式的产业体系还处于新旧交替时期。特别是在我国,基于互联网而繁荣的服务业更多集中于生活领域,推动互联网繁荣的企业大多数原本归属于服务业领域,并没有真正从事制造业的经验(正如宗庆后炮轰的),其所"拥有"基于互联网的理念和模式缺少制造业载体和基础。而以制造业为主体的,正在进行探索的、能够真正服务于制造业、实现产业变革的集成创新和模式创新都还处于初始阶段,大多数制造业企业并不具备有效利用数据和管理新型制造的能力。

---

① 赵振:《"互联网+"跨界经营:创造性破坏视角》,《中国工业经济》,2015 年第 10 期。

这也是为什么宗庆后、董明珠等为代表的制造业企业家们,在互联网繁荣发展的同时并没有感受到其正向溢出效应,反而认为互联网抢了自己的"饭碗";这也是为什么以互联网为载体的智能制造,很有可能从"馅饼"沦为"陷阱"。

(五) 新旧制度体系的更替

为适应互联网引发的生产方式和生活方式的变革,我国已经出台一系列政策助力互联网发展。从《中国制造2025》开始,一系列与互联网、大数据和人工智能相关联的政策先后出台,政策效果也在不断发酵。然而,"政策先行、监管滞后"的推进方式,也让多头管理、无人管理成为常态。

就政策体系而言,我国从2015年开始就陆续推出了一系列的规划推进互联网及其在相关领域的发展,包括中国制造2025、国务院关于积极推进"互联网+"行动的指导意见、工业和信息化部贯彻落实《国务院关于积极推进"互联网+"行动的指导意见》的行动计划(2015—2018年)、国务院关于深化制造业与互联网融合发展的指导意见、新一代人工智能发展规划以及大数据产业发展规划等。再加上各省市、各部门出台的相关配套实施方案和措施,政策体系的复杂性可见一斑。但是对于享受政策的企业而言,特别是一些从事新兴行业、新兴业态的企业,从复杂的政策条线中寻求到适合自身发展的条款和清晰的路线并不是件容易的事。

表4 推进互联网的相关政策

日 期	发布机构	文 件
2015 年 5 月	国务院	中国制造 2025
2015 年 7 月	国务院	关于积极推进"互联网+"行动的指导意见
2015 年 9 月	国务院	促进大数据发展行动纲要
2015 年 11 月	工信部	贯彻落实《国务院关于积极推进"互联网+"行动的指导意见》的行动计划(2015—2018 年)
2016 年 5 月	国务院	关于深化制造业与互联网融合发展的指导意见
2016 年 5 月	国家发改委、科技部、工信部	"互联网+"人工智能三年行动实施方案
2017 年 2 月	发改委	战略性新兴产业重点产品和服务指导目录
2017 年 7 月	国务院	新一代人工智能发展规划的通知
2017 年 10 月		十九大工作报告

就管理体系而言，我国现行的经济社会管理体系是按照传统工业化思路进行设计的，其管理效率在经济起飞和跨越式发展阶段相当显著。随着我国经济社会的逐渐转型，原有管理体系的不适应性渐渐显现。特别是近年来以互联网为载体的新产业、新业态的出现，经济社会对于管理体系的职能要求已经发生了显著变化，而管理体系的改革明显已经跟不上节奏。多头管理、无人管理，重经济、轻社会，事后为主、事前为辅，已经成为管理常态，从共享单车企业繁荣、大量单车乱停放以及企业倒闭后续管理问题暴露的一系列连锁反应就足以证明。

三、拿什么拯救你，实体经济

这场轰轰烈烈的互联网对实体经济的革命，其所表现出的是新实体经济、旧实体经济之间的碰撞与冲突，而其所折射出的是中国经济"新"、"旧"体系交替所产生的困惑与迷茫。如何解决好实体经济问题，成为当前我国经济发展中的首要任务。

(一) 一个战略任务

破解实体经济之二元结构的战略任务就在于，推动互联网、大数据、人工智能与实体经济的深入融合。

早在2015年的十八届五中全会第二次全体会议上，习近平主席就提出要把政策基点放在企业"特别是实体经济企业上，高度重视实体经济健康发展，增强实体经济赢利能力"。2015年、2016年和2017年的中央经济工作会议，也非常重视实体经济的问题，提出"加大对实体经济支持力度"、"着力振兴实体经济"等重要论断。党的十九大报告中五处提及"实体经济"：第一处是对于当前实体经济发展水平的基本判断，即"实体经济水平有待提高"；第二处是对于"实体经济"的定位，将其视为产业体系的重要组成部分；第三处则明确了实体经济作为经济发展着力点的重要地位；第四处明确了如何发展实体经济；第五处强调了金融支撑实体经济的重要作用。

党的十九大报告中关于"实体经济"的相关论述（节选）

同时，必须清醒看到，我们的工作还存在许多不足，也面临不少困难和挑战。主要是：发展不平衡不充分的一些突出问题尚未解决，发展质量和效益还不高，创新能力不够强，**实体经济**水平有待提高，生态环境保护任重道远；……

我国经济已由高速增长阶段转向高质量发展阶段,正处在转变发展方式、优化经济结构、转换增长动力的攻关期,建设现代化经济体系是跨越关口的迫切要求和我国发展的战略目标。必须坚持质量第一、效益优先,以供给侧结构性改革为主线,推动经济发展质量变革、效率变革、动力变革,提高全要素生产率,着力加快建设**实体经济**、科技创新、现代金融、人力资源协同发展的产业体系,着力构建市场机制有效、微观主体有活力、宏观调控有度的经济体制,不断增强我国经济创新力和竞争力。

(一)深化供给侧结构性改革。建设现代化经济体系,必须把发展经济的着力点放在**实体经济**上,把提高供给体系质量作为主攻方向,显著增强我国经济质量优势。加快建设制造强国,加快发展先进制造业,推动互联网、大数据、人工智能和**实体经济**深度融合,在中高端消费、创新引领、绿色低碳、共享经济、现代供应链、人力资本服务等领域培育新增长点、形成新动能。

……

(五)加快完善社会主义市场经济体制。……深化金融体制改革,增强金融服务**实体经济**能力,提高直接融资比重,促进多层次资本市场健康发展。……

——摘录自党的十九大报告《决胜全面建成小康社会　夺取新时代中国特色社会主义伟大胜利》

推动互联网、大数据、人工智能与实体经济深度融合,是推动我国经济高质量发展、加快建设现代化经济体系的核心议题。没有高水平的实体经济,就难以建设现代化经济体系,难以实现高质量发展,更难以为人民提供满足美好生活需要的各类产品和服务。

(二) 三个重新认识

要破解实体经济的二元结构难题,推动互联网、大数据、人工智能与实体经济深度融合,首先需要重新认识互联网、制造业和产业体系。

1. 重新认识互联网:没有互联网是万万不能的,但互联网不是万能的

互联网在经济发展中所起到的作用是毋庸置疑的,然而互联网归根到底还是经济发展的工具,具有极强的"两面性",不加管制的放任必然会导致负面作用的扩张。新实体经济高估值、产能过剩都是这种负面作用的具体表现形式。因此,要破解实体经济二元结构的难题,首先要重新认识互联网——没有互联网是万万不能的,但是互联网也不是万能的。

互联网应用从 20 世纪 70 年代开始逐渐普及，并成为经济社会生活中不可或缺的重要组成部分。互联网 1.0 是企业信息网状化生成与传播的工具，本质是类似于 ERP 的信息系统，其功能是提升营销和生产效率，而效率提升并不能帮助企业创造出熊彼特所说的"新竞争手段"，不具备创造性破坏的特性。但是互联网 2.0 时代，互联网彻底实现了产业结构的去中心化、经济活动的泛数据化、社会生活的物联网化，它已经不单纯是企业可用的资源，而是成为企业能力的衍生。相比于互联网 1.0，互联网 2.0 实现了社会生活的"泛互联网化"并推动了新一代 IT 的出现，这至少为企业带来了四种新能力：一是基于云计算、社会计算、大数据分析等新一代 IT 而产生的信息取得和整合能力；二是互联网"脱媒"功能使企业—消费者直接互动而产生的市场感知能力；三是企业信息透明化、企业间联系数字化而产生的关系整合能力；四是通过对移动互联网超大体量数据的实时处理与运用而产生的超前预测能力。[①]

然而，上述互联网新能力的发挥取决于经济的成熟水平、社会的诚信态度、技术的创新实力以及制度的适应能力，这些因素直接影响着互联网经济线上线下融合发展的效率和质量。经济发展不成熟意味着线下产品和服务的质量相对不高，社会发展缺乏诚信意味着链接线上线下交易的基础不牢固，技术创新实力和制度适应能力则制约着互联网经济的发展层级。因此，互联网经济良性循环的结果还需要整个经济社会系统的共同维护。

2. 重新认识制造业：高质量的制造业是建立在高质量的服务业基础上的

制造业一直都层次鲜明地归纳在实体经济的范畴之内。发展高水平的实体经济、破解当前实体经济二元结构的突破点也在制造业。然而，随着工业化与信息化深度融合，制造业呈现出一些新的特点。

随着智能工厂和智能产品的出现，制造业要素投入、生产模式、产品模式将发生变化。在要素投入方面，对于普通劳动力的依赖程度更低，对于技术和高技能人才的依赖程度更高，最直接的影响是价值在生产链中的分布——生产环节处于价值链低端的状态可能不再持续。在生产模式方面，数字化、可视化、全流程监控将成为可能。在产品模式方面，个性化产品将大量出现。因此，未来制造业的收益将主要来自以越来越多的服务"包装"产品，这些包装包括产品使用、内置传感器和公开数据在内的各种信息，收益来源更多地来自交叉产业的战略联盟以及更快的

---

① 赵振：《"互联网＋"跨界经营：创造性破坏视角》，《中国工业经济》2015 年第 10 期。

开发新技术。制造业企业的形式可能将成为无产品的制造商（通过销售技术知识以及将生产过程分离），或成为再制造企业，或成为合作消费（collaborative consumption，消费者不完全拥有产品）型企业。

相应的，制造业与服务业的关系也在因"网"改变。一般认为，制造业与服务业的区别主要体现在两个层面：一是提供的产品不同，制造业提供有形产品，服务业提供无形产品；二是生产过程和消费过程的可分离性，制造业的生产过程和消费过程是可分离的，服务业的生产过程和消费过程是不可分离的。然而，在金融危机之后、互联网持续发酵的这十年，新产业、新模式、新业态层出不穷，使得有形产品和无形服务、生产过程和消费过程变得密不可分。一边是以西门子、通用电器、博世为代表的制造业巨头，纷纷制定了向服务转型的战略规划，为用户提供整体解决方案的软件开发成为其战略主基调。另一边则是谷歌、亚马逊、中国 BAT 等为代表的服务业巨头，纷纷制定了基于互联网、大数据和人工智能的战略规划，谷歌的眼镜、Facebook 的无人机，正在为他们铺垫进军制造业之路。

制造业服务化趋势越来越明显。客户参与将成为制造业赖以生存的重要载体，其参与的深度与广度影响着制造业服务化程度。随着个性化需求时代的到来，客户参与生产过程的形式将从原先在价值链前端和后端参与转变为全价值链参与。一方面，个性化需求决定了客户参与的广度和深度增加。从设计环节开始，客户就可能要求参与到生产链中，并在全生产链流程中提出意见和建议，以改变产品的外观、性能等多种指标，从而确保产品能够最大化适应自身需要。除了生产链全程参与之外，客户的参与还将深入到包括产品维护、产品回收等其他环节。另一方面，数字化、可视化生产时代为客户全价值链参与提供可能。数字化、可视化生产时代的到来最直接的动力就是满足客户的个性化、差异化产品需求。在智能化生产模式下，制造业价值链的数字化使得客户参与变得更加直接、更加灵活——只需要通过视频远程就可以实现对产品全过程的监控，通过数字化指令就可以实现对产品外观、性能等指标的直接修改。而这种灵活性进一步为制造业企业主动进行服务化提供了可能。

互联网时代，产业已经突破原有的"生产同类产品的企业集合"这一定义，而成为"以用户产供求一体化为目标"的企业集合。从需求链、供应链和技术链来看，互联网背景下所有活动都是从需求链的建构和塑造作为出发点，通过需求链倒入重新改变生产链的内容，内含需求链的生产链体系得以形成，加之基于供求一体形成的交互信息对线下生产的直接作用，产供求一体化的趋势最终得以形成。技术链通过产供求链发挥引力作用，无论是交互信息的搜集、分析和智能化决策，都促使着产供求的均衡。①产供求一体化意味着制造业与服务业之间不再是基于投入—产出的产业关联关系，而是在产供求一体化中形成的以用户为核心、以信息和数据为驱动的交互关系。这种交互关系，能够在需求链上实现用户体验价值提升；在生产链上实现线下生产、物流与线上信息的无缝衔接，促进产品功能价值的提升；在技术链上，以集成创新与模式创新实现产业社会价值（主要指产业对国民经济的促进作用）的提升。互联网服务变迁直接影响制造业效率。未来实体经济的发展趋势就在于以互联网为载体的服务业与制造业的一体化融合。要发展高质量的制造业，就必须首先发展高质量的服务业，特别是以研发为主的现代服务业。

3. 重新认识产业体系：实体经济、科技创新、现代金融、人力资源协同发展的产业体系

党的十九大报告提出，要"着力加快建设实体经济、科技创新、现代金融、人力资源协同发展的产业体系"。这一论述打破了基于产业结构所形成的传统认知，而将实体经济以及支撑其发展的三大关键要素（创新、资本和人力）作为子系统模块，纳入到产业体系之内。科技创新、现代金融与人力资源是促进实体经济发展的关键要素，直接关系实体经济发展的效率和质量。而实体经济与科技创新、现代金融、人力资源之间的整体性和协同性，则关系着产业体系和国民经济体系发展效率和发展质量。

从产业体系来看，构建现代产业发展新体系，是十八大以来我国经济领域建设的重要任务之一。当时的一个重要背景是我国制造业遭遇技术瓶颈，而生产性服务业发展相对滞后。如今，五年前的老问题依然没有得到有效解决，又出现了新问题。如前所述，互联网时代的制造业与服务业关系发生了翻天腹地的变化，从原先的"制造业为主、服务业为辅"转变为同等重要的地位，从原先的投入—产出关联关系进一步转变为基于平台信息交换的交互关系，从原先的上下游链条式转变为产供求一体化。这些变化意味着原先以"一、二、三"产业为基础的产业体系必须进行相应调整。以实体经济和三大要素体系作为子模块的产业体系，是基于国民经济发展以及供给侧改革而提出的新的产业体系观，直接避免了用传统产业观看待现代产业体系的认识误区，也避免了未来产业发展继续陷入"要制造业还是要服务业"的选择误区。

① 这一部分主要参考胡晓鹏：《马云现象的经济学分析 互联网经济的八个关键命题》，上海社会科学院出版社 2016 年版。

从支撑体系来看，我国在科技创新、现代金融和人力资源的积累方面已经取得了一定的成效。从科技创新来看，我国 2017 年研发经费投入总量 17 500 亿元，研发经费投入强度（研发经费与国内生产总值之比）为 2.12%①，已经超过欧盟 15 国 2.1% 的水平。而国际科技论文总量居世界第二，国际科技论文被引量已经超过德国、英国，居世界第二位。从金融发展来看，2017 年我国银行业金融机构总资产 252 万亿元，广义货币余额也超过 160 万亿②，成为支撑经济增长的强大"蓄水池"。从人力资源来看，尽管近年来，我国总的劳动力人口在逐年下降，但是随着对技能人才培养力度的不断加大，高技能人才逐年增加，2016 年新增 290 万人，2017 年新增超过 280 万人，高技能人才总量达到已接近 5 000 万人③。但是不可否认，我国拥有的这些规模庞大的要素资源体系并没有被充分利用——科技创新成果转化率和产业化率不甚理想，而金融体量巨大的背后是钱在体系内打转，很难落到实体经济，人力资源结构与未来经济发展需要之间也存在着不适应、不匹配等结构问题。更为重要的是，未来中国经济发展的方式已将不再是依靠大量资金投入和廉价劳动力投入来实现增长，而将取决于创新的效率以及复合型人才的投入。因此，强调实体经济、科技创新、现代金融、人力资源协同发展对于产业体系和国民经济发展具有重要意义。

(三) 四大实施路径

在当前信息化与工业化深度融合的背景下，破解实体经济二元结构，推进互联网、大数据、人工智能与实体经济的深度融合，关键在于打通互联网与实体经济结合的通道、打通关键要素与实体经济结合的通道。基于此，本文认为可以重点探索以下四条路径。

一是网络化、数字化与智能化新兴产业发展路径。这些产业直接关系着未来我国的产业竞争力以及在全球价值链中的地位。我国网络应用以及基于网络应用所形成的数据优势和资源优势，目前在国际上也具有领先地位，为相关产业发展奠定了良好的基础。当前，应该进一步致

---

① 数据来源：国家统计局。
② 数据来源：银监会网站。
③ 2016 年数据来源：《我国高技能人才总量达 4 791 万人》，新浪网；2017 年数据资源：人社部：《2017 年中国新增高技能人才超过 280 万人》，中国新闻网。此外，根据人社部 2014 年公布的数据推算，可以认为中国技能劳动力结构存在"两个 25%"现象，即技能劳动力占全部劳动力的比重约为 25%，高技能劳动力占技能劳动力比重约为 25%。

力于夯实产业基础，在关键领域率先突破。

二是传统产业数字化、网络化、智能化升级路径。传统产业（尤其是传统制造业）依然是我国实体经济的重要组成部分，以数字化、网络化和智能化改造和升级传统产业对于破解实体经济二元结构具有极其重要的意义。开篇提到的宗庆后和董明珠等传统制造业企业主，尽管在炮轰互联网，但实际上他们也已经逐渐开始依靠互联网对企业生产、销售等环节实施改造，向智能化升级。

三是系统集成、跨界融合为支撑的服务型发展路径。当前，数字技术和互联网技术将成为基础核心技术，以此为载体的大数据、云计算、物（服务）联网、M2M 通信技术、人机互动技术将普遍应用，基于互联网、大数据、人工智能深度融合所引发的系统集成、模式创新可能成为新的突破点。新业态、新模式、服务型制造、系统制造、个性化定制等将是重要的表现形式。

四是以双创为引领的平台经济发展路径。作为生产性服务业，平台的建立和运行将大大拓宽互联网与实体经济之间通道。依托信息网络技术，以大型制造业企业双创平台和第三方双创平台为主要抓手，将互联网新应用与平台建设结合起来，将平台数量扩张与平台服务效率、功能深化结合起来，将平台的内生性与准入性、开放性结合起来，将平台盈利能力与功能提升结合起来，以平台服务创新、以平台扶持小微、以平台发展平台的"平台生态"，实现以平台改造传统实体经济、以平台发展新实体经济的目标。

(四) 五个政策基点

基于上述分析，破解实体经济二元结构的五个政策基点在于降低成本、保护产权、扩大开放、激励创新和培育人才。

降低成本是促进实体经济发展的老话题了。自金融危机遭遇倒闭潮之后，降低资本成本、劳动力成本、税费成本及其他制度成本等就成为制造业复兴的关键词。特别是提出供给侧改革之后，"降成本"成为"三去一降一补"[①]的重要组成部分。对于我国而言，除了生产成本，降成本包含三个层次的主要内容：一是继续降低企业的税负水平，继续完善增值税改革，放宽中小企业的税额标准，对小微企业实行减税政策等；二是继续降低制度性交易成本，减少和降低与企业运营有关的行政性费用，

---

① "三去一降一补"是习近平总书记根据供给侧结构性改革提出的政策，包括去产能、去库存、去杠杆、降成本、补短板。

简化企业开办、运营、退出的行政性手续,提升营商环境;三是破除妨碍市场公平竞争的主要壁垒,打破部分行业的国有垄断,全面实施和完善市场准入的负面清单制度,通过降低隐性成本激发市场主体活力。

保护产权在互联网和双创背景下变得更加迫切。早在互联网上一轮发展过程中,产权保护就已经成为我国亟待解决的问题之一,但始终都未能得到很好的落实。保护产权意味着保护创新。十八大以后,中央出台了《关于完善产权保护制度依法保护产权的意见》,并不断推动产权保护的制度化、法制化。在此基础上,应以"提高侵犯成本、降低维权成本"为核心原则,从完善顶层设计开始逐步推动产权保护立法、执法、保护、沟通等在内的整体框架和体制机制的建立。

创新是破解我国经济发展矛盾的根本出路。只有"抓好创新驱动,掌握和运用好关键技术",才能提升制造业的发展质量,才能发展高质量的实体经济。一是提升基础技术领域的创新水平,夯实创新的技术研究实力;二是推进创新成果的产业化应用和市场推广,实现产学研的良性循环;三是在一些关键技术和核心技术领域,如中国铁路、中国航天等,尽快实现突破和赶超,建立相关产业的技术标准和应用标准;四是重视内容创新、模式创新等不同于技术创新的新形式。

培育人才不仅是要提升整体国民的基本素质,更要致力于破解当前发展中所存在的结构性矛盾。一是激励企业家精神,与创业企业之间建立风险共担、产权激励等机制,形成利益共同体,更好地发挥企业家作用;二是人才培养双轮驱动,既要不断加强核心领域领军人才的培育,也要不断强化基础领域复合型人才的培育;三是鼓励企业—科研院校在相关领域开展合作,形成以科研院所学科人才支撑应用、以企业技术人才推进学科建设的联合培养机制。

扩大开放在新时代有了新的内涵。在本轮扩大开放中,服务业是重点领域。服务业领域的扩大开放,是我国经济发展转型的内在要求,同时也是符合我国经济转型的总体战略方向。通过服务业扩大开放,一方面有助于为实体经济提供更高质量的服务,另一方面也有助于我国经济更好地同世界经济体系接轨。本轮服务业扩大开放包括以下三个层次的主要内容:一是服务业市场的开放,特别是对外资的开放,境外投资者可以通过跨境服务业延伸服务链条,提升服务业的供给质量;二是服务业领域的准入,既包括对外来资本的准入,也包括对内资——特别是民营资本的准入,实现同等的国民待遇,促进不同类型资本在服务业领域的公平竞争;三是简化服务业开放的相关法律法规体系,接轨国际监管制度。

四、结语

发端于 2016 年底、井喷在 2017 年的实体经济论战, 经历了从争论到定调、从认识到深化的过程, 也让笔者有机会重新审视这一"大国重器"。

实体经济的重要地位是毋庸置疑的, 其所承载的是高质量发展的中国经济新时代。以线上线下链条式组合起来的新实体经济必然是未来转型发展的新趋势。但必须强调, 它与传统实体经济之间并不是对立关系——新实体经济"新"的本质要体现在互联网、大数据等先进技术在实体经济中的应用和延伸。少了应用、少了延伸, 片面强调互联网, 无疑是舍本逐末。因此, 网络大咖"马云们"、实业大家"宗庆后们", 握手言"合"似乎比"口水战"的意义要更深远一些吧!

"野蛮生长",怎么管?

——共享单车管理难题

何 源

一、"野蛮生长"中的共享单车

(一) 共享单车的由来

2016 年初,对于多数人而言,共享单车也许还是一个陌生的词汇。2016 年底,若还没亲身体验过"摩拜"或是"ofo"恐怕就会被归入落伍之列。实际上,践行"共享"理念的自行车早已出现。1965 年,阿姆斯特丹的一群青年,将涂成白色、不上锁的自行车置放于街道、地铁站、商场等公共区域,供人们免费使用。这些自行车无押金、无租金、无固定还车点,任何人均可使用。这一"白色自行车计划"被认为是世界上最早的公共自行车系统起源。可惜的是,最终很多自行车或丢失或被损毁,该计划最终宣告失败。

世界上真正意义上的现代商业化共享单车公司直到 2007 年才出现,这是法国巴黎的 verlib 公司。据统计,在第一年该公司就吸引了 2 750 万用户,2011 年的时候平均每天有 85 811 人使用它的自行车。截至 2015 年在巴黎的共享单车数量就超过了 2 万。目前,verlib 是世界上在共享单车服务领域最成熟的公司。

我国的公共自行车服务系统直到 2005 年才在北京出现。彼时仅表现为一些个体户经营的自行车租赁服务,并未引起人们的注意。2008年 5 月 1 日,杭州率先启动公共自行车租赁系统,随后武汉、上海、广州等城市开始推动公共自行车租赁服务。

传统公共自行车在极大地方便了公民绿色出行之余,也显露出明显

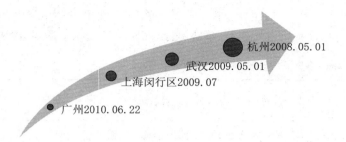

杭州2008.05.01
武汉2009.05.01
上海闵行区2009.07
广州2010.06.22

的缺点——对于停车桩的依赖。在网点较少的区域,使用者常常是想借时借不到,要还时还不了,还只能骑到"附近",而不是"目的地"。①某些区域性质的公共单车还不能跨区骑行。与此相较,没有固定停车点、没有固定使用时间、随用随取的摩拜单车 2016 年 4 月在上海运营伊始,便引发了共享单车的热潮。

(二) 共享单车的"蓬勃"生长

关于共享单车创业,在网上流传过一个段子:"现在共享单车进入市场最大门槛不是资金、不是团队、不是成本,而是颜色。红橙黄绿蓝白,留给新品牌的颜色不多了。"仿佛一夜之间,多个城市突然遍布五颜六色的单车,数量迅速增加、品牌竞争激烈、大批资本涌入。

1. 数量迅速增加

共享单车自出现以来,发展势头极为迅猛,各大城市大街小巷都能看到各色单车的身影。以上海市为例,2017 年 8 月底,上海市交通委公布,目前全市的共享单车数量已达 150 万辆,投放的共享单车企业有 12 家。上海自行车行业协会预估,上海能够满足老百姓出行的共享单车数量应该在 50 至 60 万辆,150 万的投放量已远远大于上海所能够承载的单车数量。根据上海自行车行业协会统计,这 150 万的投放中,ofo 占了 70 万辆,摩拜占了 50 万辆左右。在运维人员配备不充分的情况下,就导致了乱停乱放现象。

2. 品牌竞争激烈

目前,在全国范围内已将产品正式投入市场的共享单车企业大致包含 20 余家。②其中,在上海"安家落户"较具影响力与知名度的共享单车

① 易其洋:《公共单车与共享单车应是"好哥俩"》,《宁波日报》2017 年 1 月 12 日。
② 20 余家共享单车包含 ofo、摩拜单车、小鸣单车、优拜单车、小蓝单车、Hellobike、1 步单车、骑呗、由你单车、悠悠单车、永安行、Funbike、CCbike、快兔出行、奇奇出行、小鹿单车、海淀智享、小白单车、贝庆单车、酷骑单车等。

主要包含 ofo、摩拜单车、小鸣单车、优拜单车、贝庆单车、小白单车与猎吧出行、享骑出行与租八戒等 9 大品牌，具体如表 1 所示：

表 1　上海共享单车市场各品牌单车情况

品牌	成立时间	背景/特点	投放地点	车型	押金	收费
ofo	2014	首家无桩单车共享公司/旧车回收计划	校园、地铁口、繁华商圈等人流密集路段	24 寸 2.0 版；20 寸 3.0 版	99 元	1 元/30 分钟；0.5 元/30 分钟
摩拜	2015	引爆共享单车的公司；自主研发智能锁	地铁口、公交站、大型商业圈	经典版/轻骑版	299 元	1 元/30 分钟；0.5 元/30 分钟
小鸣	2016	蓝牙车锁、虚拟桩技术	城市核心商圈	蓝色单车	199 元	0.1—0.5/30 分钟
优拜	2016	与上海永久单车合作；将接入 30 万辆公共单车	已有单车覆盖度不高的区域	哈雷/火星	298 元	1 元/30 分钟
贝庆	2016	上海贝庆环保科技公司	虹口区重点商业区及地铁站附近	轻盈红色单车	199 元	1 元/60 分钟
小白	2016	小米集团旗下品牌；新增手机架、杯架	浦东地区	白色单车	299 元	1 元/30 分钟
猎吧	2016	智能电动单车	虹口区、长宁区、徐汇区等中心城区	白色电单车	299 元	1 元/30 分钟
享骑	2016	智能电动单车	80% 中心城区	绿色电单车	299 元	2—3 元/30 分钟
租八戒	2016	智能电动单车	松江大学城及周边商圈	橙色电单车	30 元	1 元/15 分钟

如上表所示，各类共享单车的经营范围已逐渐由单车扩展至电动车领域，它们分别在政府存量资源、先发优势与口碑、产品款式设计、高新科技应用、定价等方面拥有自己独特的竞争优势。然而，共享单车这把火燃烧不足一年，部分运营者便已经历寒潮。2017 年 6 月，运营仅 5 个月的悟空单车宣布退出共享单车市场，3Vbike 宣布因大量单车被盗停止运营。8 月，町町单车因非法集资、资金链断裂被列入异常

企业经营名录。11月,供应商和用户围堵了小蓝单车北京办公点要账、要押金。其中,暴露出单车运营安全、市场秩序、押金监管等诸多问题。

3. 大批资本涌入

网约车发展初期的"烧钱"模式延续至共享单车的领域,投资者们用"资本"表明了对这一新兴行业的支持。在2016年整体资本寒冬的环境下,共享单车行业却迎来资本的狂欢,并一直延续至2017年。2017年1月4日,摩拜宣布完成2.15亿美元的D轮融资。3月1日,ofo宣布完成高达4.5亿美元的D轮融资。2月28日,永安行宣布完成A轮融资。共享单车作为新的"互联网＋创业风口"组合,满足了人们短途出行的需求,从而拥有巨大的市场潜力。同时,共享单车的APP使用频率很高,每天可能都要打开几次,APP本身便具有巨大潜在商业价值的变现机会。加之前两年投资滴滴的巨大成功,也给予资本对共享单车市场巨大的信心与想象。

(三) "蓬勃"走向"野蛮"

随着投放量与注册用户量的不断增长,共享单车"野蛮生长"的一面也逐渐显露出来。作为新兴的共享经济领域,共享单车市场成熟度不足,相关规制规则也并不完善。政策真空导致共享单车目前存在"三乱"的弊端,即停放乱、管理乱与押金乱。

1. 共享单车"停放乱"

2017年3月初,一段"摩拜单车被卡车运走"的视频和一则"上海黄浦扣押4 000多辆共享单车"的新闻在网络上广泛传播,激起热议。被扣押的4 000余辆共享单车目前被置放于上海市黄浦区车辆停放管理公司制造局的停车场,场面壮观,犹如橙黄蓝相间的"彩色花田"。该事件可追溯至2016年下旬的黄浦区非机动车违规乱停现象集中整治,在车辆停放管理公司与共享单车企业交涉无果的情况下,2017年2月车管公司开始陆续扣留共享单车,其背后折射出的正是作为新兴事物的共享单车与政府管理缺位之间的紧张矛盾。①共享单车在为居民出行提供便利的同时,也出现了乱停放、侵占盲道与人行道等现象,既给行人与机动车带来安全隐患,也影响了市容市貌。但是,简单粗暴的扣留收缴行为不仅存在违法之虞,也增加了车管公司的人力时间成本,造成单车企

---

① 毛锦伟:《共享单车乱停放矛盾如何解》,《解放日报》2017年2月28日第006版。

业的资产损失,同时不利于用户的需求,甚至会给人们留下政府借机敛财、报复执法的负面印象。如何合法合理地规制单车违规停放现象,是共享单车为政府提出的一道考题。

2. 共享单车"管理乱"

共享单车给人们带来巨大便利的同时,也被称为"一场大规模的公民素质试验"。关于不文明使用共享单车的事例随处可见。有的用户为了自己用车方便,就私自把车推进公司、带回家中,或者私自上锁,从而给其他用户带来麻烦。ofo的机械锁只有四位密码,只要记住一辆车的密码,便可反复骑行,不必去扫码付费。于是出现各种把车藏起来、刮花二维码和车牌号码、加私锁等行为。在百度搜索一下,各种小黄车开锁技巧应有尽有,如"小孩解锁小黄车""国外牛人徒手解锁小黄车密码锁教程"等。更有甚者,还恶意损毁、丢弃单车,令管理人员十分棘手。时而有单车被挂在树上或是丢进河中的新闻出现。

但最令人感到担忧的应当还是未成年人骑行问题。根据我国《道路交通安全法实施条例》规定,驾驶自行车必须年满12周岁。但是,在实地调查中,徐家汇商圈、南京西路步行街与闵行莘庄商圈处都会看到明显不满12周岁的儿童歪歪扭扭在骑行单车的身影。虽然各共享单车APP在实名注册上均对年龄进行了限制,但儿童只要请成年人帮忙注册账号仍可使用。而且ofo的密码锁存在若干使用漏洞,如用户忘记复位、传授破解密码方法的视频等,均使得12周岁以下的儿童有机会使用单车。

3. 共享单车"押金乱"

根据共享单车的使用规则,每位新注册用户均需要缴纳数十元到数百元不等的押金。由于注册用户的数量巨大,押金总额是一笔极为庞大的数额。用户很少会每次骑行完毕后申请退回押金,巨额押金均处于平台控制之下。这就带来两个问题:一是押金的存放与使用,二是押金的退还。关于第一个问题,ofo与摩拜均表示押金收取是规范用户文明用车、爱护单车的需要,而对于押金的使用,ofo与摩拜平台均表示会存放在专门机构,不会依赖其开展业务。[①]但对此缺乏相应的监管机制。关于第二个问题,已有不少上海网友反映押金难退问题。押金退款往往需要几天时间,在这"一充一退"的时间差中,押金的安全性如何得到保障,也是广大用户担忧的问题。

---

① 房志勇:《共享单车押金谁来监管?》,《天津日报》2017年2月21日第008版。

二、共享经济：一种新型的商业模式

　　要思考共享单车的法律规制，就必须进一步认识这一现象的本质——共享经济的产生与发展。我们关注的真正问题，应当是面对共享经济这种新兴的商业模式，传统的法律规制手段是否足以应对？如果不能，应当如何处理。回答这一问题的首要前提，便是对共享经济形成一个准确的理解。

(一) 共享经济的形成基础

　　"共享经济"这一概念最早于1978年由得克萨斯州立大学社会学教授马科斯·费尔逊(Marcus Felson)与琼·斯潘思(Joe L. Spaeth)提出的，他们将个人汽车的共享与租赁描述为"个人对个人"的合作式消费，认为可以极大地降低交通成本。在我国，共享经济是不久前开始流行的概念，中共十八届五中全会公报首次提出"分享经济"之后，李克强总理于2015年9月在夏季达沃斯论坛强调通过分享、协作方式搞创新创业，大力发展我国的分享经济。共享经济的产生与迅猛发展离不开消费理念的变革及科学技术的发展。

1. 消费理念的变革

　　在日本东部和夏威夷西部之间的太平洋海面上，有一座为现代消费主义所建的"纪念碑"，现在被称为"泛太平洋垃圾带"。这个浮在海面上的巨型垃圾场，是地球海面上面积最大的垃圾堆填区。垃圾堆重达350万吨，其中90%以上由塑料组成，瓶子盖、玩具、鞋子、打火机、牙刷、塑料网、包装盒、购物袋等。泛太平洋垃圾带的出现，彰显出现代消费主义带来的巨大负面影响。在过去50年里，我们所消费的社会资源和服务，是50年前所有的社会资源和服务的总和。经济的发展需要我们不断消费，需要我们不断购买和使用产品，需要我们不断淘汰产品。广告商也开始大肆宣传各种一次性用品，教育人们一次性用品比循环利用更便利，更卫生，节约时间。当成千上万的人无意识地共同重复这样的行为时，会产生灾难性后果。

　　与物质爆炸相伴而来的并非幸福感的提升。人们总是花大量的金钱和精力去买大堆的东西，而总是在开始的时候就没想过为什么要买那么多。喜剧演员乔治·卡林(George Carlin)在他的成名作中这样说："现在生活的意义已经变成寻找不同的地方来存放你的东西……你有没有注意到，别人的东西都是垃圾，而自己的东西怎么看都有用？"[1]我们拥有的物质不仅占据了我们现有的生活，还占据了我们的思想。

据此，"消费一切"的价值观逐渐得以扭转。人们开始意识到，应当从物质中解脱出来，更重要的是摆脱欲望的束缚。同时，人们发现对物质的无尽追求令自己付出巨大的代价，那就是与朋友、家人、邻居以及这个美丽的星球越来越远。因此人们在消费时，开始从"这能给我带来什么"逐渐发展到"这能给我们带来什么"。《今日美国》(USA Today)杂志在2006年发起的投票显示，在16岁至25岁的年轻人之中，69％的人在购物的时候，会考虑品牌商在社会效益和环境保护方面的态度；83％的人会倾向信任那些承担社会效益和环境保护的企业。[2]在过去的工业时代里，我们见证了高速发展的市场经济给人类生活带来的巨大飞跃和变革。推动这种发展的是我们人类对自身利益和生存的原始欲望。如果我们能把花在过度消费上的注意力转移到社团共享上来，或许能避免过去犯的错误。从这个意义上来讲，共享经济的本质其实是一种消费方式的革命，即由传统消费方式转换至一种能在个体需求、集体社团和地球环境中找到平衡点的新的社会机制——协同消费。

协同消费的基础是四大核心原理：群聚效应、闲置产能、社会公共资源以及陌生人之间的信任。首先，群聚效应，是社会学术语，用来描述在社会系统里，某件事情的存在已达到足够力量，而能够自我运转并为之后的成长提供动力。[3]任何事物，从默默无闻到畅销市场都可以用群聚效应来解释。达到群聚效应中的风潮阶段，可被描述为"引爆点"。共享单车无疑在2016年迎来了市场的"引爆点"，从而形成巨大的群聚效应。其次，关于闲置产能，如果你有一辆自行车，但你并非疯狂的自行车运动爱好者，你会每天都花很多时间骑车么？肯定不会。那么这辆自行车在不被使用时便是闲置产能。协同消费的核心便是解决这些社会闲置产能，重新分配商品的使用价值。再者，公共资源是指社会成员共有的资源，"公地的悲剧"已经说明滥用公共资源的恶果，诺贝尔奖获得者埃莉诺·奥斯特罗姆提出了被认为是公共资源领域最有影响力的结论，她认为人们可以通过自我组织保护公共资源。在协同消费中，每个参与者都

① George Carlin's classic stand-up routine about the importance of "stuff" in our lives from his appearance at Comic Relief(1986).

② Sharon Jayson, "Generation Y Gets Involved," USA Today(October 24, 2006), www.nytimes.com/2008/06/26/opinion/26kimmage.html.

③ Philip Ball, Critical Mass: How One Thing Leads to Another(Farrar, Straus and Giroux, 2006).

在为别人创造价值,虽然这不是有意为之的行为。最后,大部分的协同消费都要求我们去相信未谋面的陌生人。在网约车市场中,司机与乘客要彼此信任;共享住房市场中,房东与租客要互相信任;共享单车市场中,经营者与用户要互相信任。在一个开放、相互信任、相互付出的平台上,个体一旦有不负责任的破坏行为,就会被整个社群知道,从而被淘汰。

2. 科学技术的发展

早期公共自行车服务系统也具有"共享"特征,之所以未能找到"引爆点",很大原因在于其取用不方便。用户需要到固定的地点去存取自行车。因此,共享单车的随用随取、随用随放极大地方便了用户。这主要得益于移动互联网技术的进步、GPS智能锁移动支付的快捷和智能手机的普及。科学技术的发展是共享单车爆发式增长的原因之一。

以摩拜单车为例,它从一开始便用前沿技术打造共享单车,在技术创新方面一直走在市场的前列。具体而言,摩拜单车主要运用了智能电子锁、动力发电、远程解锁等技术。

——智能电子锁:看似简单的车锁,里面却包含了卫星定位、远程开锁等。简单来讲,就是在锁内集成了带有独立号码的 SIM 卡,通过通信网络、与云端保持通信能力,能及时将车辆所在位置及状态报送云端。

——电源:摩拜单车自带发电功能。它设计有一个小型发电机,用户骑车的同时也能够给蓄电池源源不断地充电。根据能量守恒定律,动能转换为电能,这也是摩拜单车骑起来要费点儿力气的原因。

——远程解锁:使用摩拜单车时,只要扫描二维码便可开锁用车。这是单车硬件结合云端技术的结果。当用户扫描二维码时,APP 就会将二维码信息通过用户的手机网络传送给云端,云端接收后识别车辆,然后通知车辆将车锁打开。

因此,摩拜单车并非一个简单的自行车产品,更是一个科技产品。它利用技术创新,并结合用户体验,设计出完善的系统,所以获得较广阔的发展前景。除了单车之外,网约车、共享住房等也均使用了先进的科学技术。这使得用户体验得到持续优化、管理实现精细化、模式可供快速复制、资源整合更加有效。

(二) 共享经济的"灵魂"

共享经济的发展促生了实体物品与所有者之间的一场革命。例如,我们不需要汽车,我们仅需要汽车带来的便利;我们不需要房子,我们仅需要房子带来的居住体验;我们不需要单车,我们仅需要单车解决的出行难题。换言之，我们不需要产品本身，需要的仅是产品背后的使用价值。正如《连线》杂志的创始人凯文·凯利所说："使用权胜过所有权！"①

　　传统上，自由被理解为个人所有与个人行为上的自由，数字社会的兴起则渐趋打破这一观念。一种全新的观念正在兴起，那就是，除了一台电脑甚至一台 iPhone 之外，其他所有的私人占有都是多余的。虽然我们还是会珍视具有强烈个人情感依附性的物品，如日记、老照片、纪念品等，但我们满足欲望和自我定义的方式开始变得无形化和无纸化。当我们在网站上下载音乐而非购买 CD 时，我们正从实体产品的消费走向服务的消费，虽然这可能是无意识的。未来，越来越多的消费者会接受亚里士多德（Aristotle）提出的理念——从整个人类社会发展上来看，共享使用比私人占有具备更大的优势。

　　既然占有不再被认为是必须的，那么如何使物品流转起来便成为关键。通俗来讲，共享经济被理解为把自己闲置的、多余的东西拿出来，分享给有需求的人，并收取一定的报酬。在汽车和房屋领域的确是这样的。但是在自行车领域会面临许多问题，例如谁来统一调度？车子坏了怎么办？每个人自行车的型号、颜色都不一样，用户很难区分。因此，有闲置自行车的人，为了避免麻烦，不会将自行车拿出来分享。这种情况下，由运营商统一出资购买自行车进行运营，用户只需下载一个 APP，缴纳一定押金，或者甚至不需要缴纳押金，便能够以较为低廉的价格任

① Kevin Kelly，"*Better Than Owing*，" posted on his blog Technium（January 21，2009），www.kk.org/thetechnium/archives/2009/01/better-than-own.php.

意骑行。这样的商业模式也使得共享单车摆脱了停车桩的束缚,大大提升了自行车使用的便捷性。它不但满足了人们短距离出行的需求,也有助于解决交通拥堵、环境污染等问题,符合政府提出的"绿色中国""健康中国""大众创业、万众创新"理念。

作为消费领域具有深远意义的革命,共享经济对产品设计与品牌塑造的影响也非常显著。就设计理念而言,与以前专注于产品创造相比,设计师把注意力转移到互动的促进上来,从以前的消费角度转移到参与角度。当产品还处在构思阶段时,设计师就开始思考产品的用户体验,而不只是产品实物本身。以共享单车为例,单车设计师需要考虑一切复杂因素,从用户骑行的体验,到如何避免被偷走或恶意破坏,再到如何应对恶劣天气。当产品投入使用后,设计师需要在用户反馈基础上做出相应改进,如车锁需要升级,投放量需要修改等。除了设计自行车外,他们更需要设计一套成功的产品服务系统,所谓"协同设计"。就品牌塑造而言,"品牌即社群"的理念逐渐形成。根据马斯洛的需求理论,金字塔的顶层是得到别人的尊重、归属感和自我价值的实现。与过去基于"我"为中心的高度消费主义不同,协同消费系统构建的是一种基于"我们"的关系。品牌商以前是通过商业广告的行为来诱导我们购买更多的产品,而现在他们通过挖掘人性深处的基本需求和动机,引导我们追求可持续发展的价值以及协同消费带来的福利,最终促成协同消费体系的发展。这些价值包括友谊、尊重、互助、专业技能、快乐、空间甚至时间。例如 ofo 的宣传视频及其宣传语"在车上,真正置身于城市中,就更真切地感受到微风、光影,邂逅风景",使得用户已经不再是用户,而更像是社区的会员。他们就像加入了一个俱乐部,能享用所有的益处:身份地位、兴趣分享、产品使用等。

三、国外怎么管?

2017 年下半年,国内共享单车的两个巨头 ofo 与摩拜开始进军海外。12 月 7 日,ofo 正式宣布进入法国巴黎,从而完成了其宣称的年底进入 20 个国家的目标。12 月 20 日,摩拜单车宣布与日本最大移动社交网络服务商 LINE 达成战略合作。那么,国外对于共享单车这一新兴的消费方式与商业形态采取怎样的态度? 又是怎样监管的呢? 相关经验在一定程度上也可供我国借鉴。

2018 年 2 月 15 日,美国最大的共享单车服务 LimeBike 宣布完成 B+轮 7 000 万美元融资。该公司的目标是在未来两年之内投放 100 万辆单车。迅猛发展的共享单车市场对政府的监管也提出了挑战。目前,美国的共享单车运营总体较为有序,其主要原因在于,它采取了牌照发放的准入模式。该模式主要分为两个阶段:第一,牌照发放,政府将设置若干标准,对满足标准的企业发放经营牌照。例如,西雅图规定在满足一定标准的情况下,仅能有三家企业进入市场,旧金山则规定了一个非常详细的准入标准,包括保险、自行车的质量等。第二,动态跟踪,企业在投放单车时,会根据政府规定的数字和节奏进行投放。在西雅图,政府规定每英里不能超过多少辆单车。例如第一个月先投放 1 000 辆,若无法满足用户需求,再增加至 2 000 辆,逐步增加,避免浪费。旧金山政府则会持续监管运营中的单车是否持续满足相关标准。为此,政府对共享单车的各个方面均制定了监管规则。例如,2017 年 6 月,西雅图交通运输局(SDOT)颁布了《共享单车许可管理办法》(*Bike Share Permit Requirements*,以下简称"办法")。其中,对车辆的质量安全、停放、运营、数据共享与许可申请条件等五个方面进行了规定。

(一) 共享单车的质量安全

《办法》对车辆的质量安全进行了极为详尽的规定,包括车辆本身、灯光、用户交互系统、头盔、保险及补偿协议等。

1. 经营者投放的自行车车辆,必须符合《联邦规例》(CFR)第 2 章、第 16 章、第 1512 条规定的自行车要求的标准。电动自行车必须符合国家公路交通安全管理局(NHTSA)对低速电动自行车的定义以及与普通自行车相同的要求。这意味着电动自行车应该有完全可操作的踏板,一个不到 750 瓦的电动马达,以及由一个重达 170 磅的骑者操控的最高时速低于 20 英里的电动自行车。如果电动自行车上的电池或电机由 SDOT 认定为安全程度不足以进行公共使用,政府有权终止发出的任何许可证。

2. 所有的自行车都应符合《华盛顿公约》(RCW)规定的在黑暗时期的灯光要求。这包括一个发出白光和后红色反射器的前光。

3. 经营者应当应提供一种机制,令客户能够通知公司自行车有安全或维修问题。

4. 在国王郡骑自行车时应戴上头盔。在人行道上骑自行车的人应向行人让路。允许运营商同意西雅图市不负责教育用户了解关于头盔要求和其他法律。政府也不负责教育用户如何骑自行车或如何操作自行车。允许操作人员同意教育用户关于在西雅图和国王郡骑自行车和使用自行车的法律,指导用户戴头盔,并遵守适用法律。

5. 所有被许可的经营者应办理商业一般责任保险,包括附加的文件自行车共享保险条款中包含的内容。在发出许可证之前,所有被许可方都应签署并记录一份赔偿协议,以便城市享有向经营者索偿的权利。

(二) 共享单车的停放

随着单车的数量日益庞大,其乱停乱放成为城市与交通管理的重要难题。为此,《办法》中对共享单车的停放进行了规范。

1. 共享单车只能停放于两种区域:一种是人行道的景观/设施区,例如人行道旁种植的景观树或是街灯等公共设施旁边;另一种是交通运输局划出的专门停车位置,例如共享单车专用停车架。经营者负有告知顾客如何正确停放自行车的义务。

2. 规定了五种不能停放共享单车的区域:不得停放在人行道的拐角处;不得停放在不超过 3 英尺的景观/设施区或没有景观/设施区的区域,但在没有人行道的街区,如果不妨碍行车线和行人区,可以停放;不得停放于政府明确禁止共享单车停放的街区;不得停放于毗邻或在下列区域内的景观/设施区:停车场、过境区(巴士站、候车亭、旅客等候区、巴士停留区和临时区等),但装有专用停车架的除外,不得停放于装载区、残疾人停车区域、有行人通过的街道设施(长凳、停车收费站、巴士站、交通信息标志等)、轮椅坡道、入口通道以及车道。

3. 自行车连续 7 天停在一个地方不动,会被拆除并送往仓库,费用由经营者承担。

4. 自行车停放时应直立。

5. 自行车只能停靠在景观/设施区的硬质路面上(例如混凝土、沥青)。

(三) 共享单车的运营

《办法》还对共享单车的经营者进行了规定:

1. 经营者必须在西雅图市设置一个营运中心,且该中心必须有 24 小时的客户服务电话号码,以便客户报告安全问题、投诉或提出问题。

2. 营运中心应当设有与西雅图交通运输局的联系人。当交通运输局提出对共享单车的调度要求时,联系人应当在两个小时内作出反应。

3. 经营者应当向交通运输局提供每辆自行车 80 美元,总额不超过 1 万美元的履约保证金。保证金用于将来可能发生的公共财产维修和车辆维修费用。

4. 营运中心所服务的区域,每平方英里不超过 340 辆自行车。

5. 第一个月,营运中心可投 500 辆自行车,第二个月可投放 1 000 辆自行车,第三个月可投放 2 000 辆自行车。在第三个月后,允许的经营者可以扩展到超过 2 000 人,假设他们满足了许可证的其他要求。

(四) 数据分享

随着用户数量的增多,共享单车背后是海量数据的产生。《办法》对共享单车中数据分享也颇具预见性地进行了规定。

1. 允许经营者通过一个文档化的应用程序接口(API)向交通运输局提供整个西雅图共享单车的实时信息。具体包括:自行车所在位置、自行车识别号码、自行车类型、油位(电动自行车)。

2. 政府允许经营者通过 API 显示实时数据。

3. 政府有权向公众发布实时自行车可用性数据。

4. 经营者在许可证到期前向所有用户发送由交通运输局提供的客户调查。

5. 经营者应当记录自行车维护活动,包括但不限于自行车号码识别与维护。这些记录应该每周发送给交通运输局。

6. 交通运输局有权在一个随机的自行车样本上临时安装 10 个 GPS 追踪器,用于研究、记录与分析。

7. 经营商应当按照性别和年龄,每月向交通运输局报告客户的数量与类别。性别区分为男性与女性。年龄将区分为 5 岁以下、5—17 岁、18—24 岁、25—34 岁、35—44 岁、45—54 岁、55—64 岁、65 岁以上。

8. 交通运输局有权雇用第三方研究人员评估共享单车的试点情况。所获得的数据将与第三方研究人员共享,但仅用于评估和/或执行本许可证的要求。

(五) 费用

经营者在成功申请到许可证后,还应当按照《办法》相关规定缴纳下列四种费用:

1. 年度许可费,申请人应当每年缴纳 146 美元的许可费用。

2. 街道使用费,申请人应当向交通运输局缴纳街道使用费。每小时的收费标准为 209 美元。根据评估,试点期间共享单车使用街道时间估计为 8 小时。因此,在递交申请时,申请人须支付 1 672 美元街道使用费。许可证废止后,根据实际使用时间多收取的街道使用费应退还给申请人,不足的由申请人补齐。

3. 行政管理费，试点期间，申请人应向交通运输局缴纳每辆车 15 美元的管理费用。

4. 挪车费，经营者应当支付城市工作人员挪动、安置自行车的费用，如从禁止停车的区域将自行车挪至其他区域。费用的计算应相当于城市工作人员每小时的工资再提升 15％。

（六）申请

任何有意申请共享单车经营许可的公司应向交通运输局提交申请。申请应依照下列程序进行：

1. 申请书应列明《办法》中规定的所有上述政策，以及申请人的承诺。

2. 准备好《办法》中要求的所有办理保险的相关文件。

3. 准备好自行车和电动自行车的投放位置示意图。

4. 载明初次投放车辆的数量，以及试点期间的扩张计划。

5. 载明车辆投放的区域，以及试点期间的扩张计划。

6. 制定如何告知用户正确停放自行车的计划。

7. 制定如何提供共享单车的公平服务的计划。

8. 缴纳 1 672 美元的街道使用费。

由此可见，对于共享单车这种新型商业模式，美国并未允许其野蛮生长。经营者需从政府获得运营权后，才开始投放。通过 6 个月的试运营期，政府可以对共享单车的运营情况进行有效观察以及相关数据收集。在对数据与信息进行分析的基础上，将会出台长期性、稳定性法规。

四、国内怎么管？

与美国不同，共享单车在我国兴起之初，尚不需取得专门的经营许可，因而呈现出"野蛮生长"的态势，造成了种种弊端与问题。现而今，政府对共享单车市场的监管已由"政策真空"逐渐向"法律（法规、规章、规范性文件）规制"过渡。

（一）已有规制方式

目前，我国已存在的对共享单车市场的规制主要包括：综合性规制、标准化规制、合作性规制与自我规制等四种方式。

1. 综合性规制

我国现行法律体系中并没有专门针对共享单车的规定，实践中各城市的共享单车发展规模与影响力也各不相同,因此各地政府陆续开始尝试以政府规章或是规范性文件的形式出台相关指导意见。目前,除了2017年5月交通运输部发布的《关于鼓励和规范互联网租赁自行车发展的指导意见(征求意见稿)》之外,各城市也已陆续出台相关管理办法。具体如表2所示:

表2　各城市出台的共享单车指导意见

城市	规范名称	发布时间	发布机构
成都	《关于鼓励共享单车发展的试行意见》	2017.03.03	成都市交委、公安局、城管委
深圳	《关于鼓励规范互联网自行车服务的若干意见》	2017.04.01	深圳市交通运输委员会、深圳市城市管理局、深圳市公安局交通警察局
北京	《鼓励规范发展共享自行车的指导意见(试行)》	2017.09.15	北京市交通委员会、北京市发展和改革委员会、北京市公安局、北京市财政局、北京市规划和国土资源管理委员会、北京市城市管理委员会、北京市工商行政管理局、北京市城市管理综合行政执法局、首都精神文明建设委员会办公室、北京市互联网信息办公室、中国人民银行营业管理部
天津	《关于鼓励规范发展互联网租赁自行车的指导意见》	2017.09.26	天津市交通运输委同市发展改革委、天津市市容园林委、天津市委宣传部、天津市建委、天津市市场监管委、天津市公安局、天津市金融局、天津市旅游局、天津市通信管理局、天津银监局、天津市网信办、人民银行天津分行
三亚	《关于印发三亚市规范发展共享单车的指导意见(试行)》	2017.09.30	三亚市人民政府
上海	《鼓励和规范互联网租赁自行车发展的指导意见(试行)》	2017.10.27	上海市人民政府
福州	《关于规范共享单车管理的实施意见》	2017.11.23	福州市人民政府

以上海市为例,《鼓励和规范互联网租赁自行车发展的指导意见(试行)》体现了政府对共享单车行业"既要支持,又要规范"的态度,并会对共享单车车辆质量、骑行秩序、服务品质、押金退还等问题制定相应监管制度,对其进行综合性规制。调查发现,上海居民对《意见》的出台大体

持期待的态度。但由于之前网约车新政带来的一些负面后果,《意见》正
式内容还需要在充分调研与论证的基础上审慎形成。

2. 标准化规制

除了政府规章与规范性文件,行业规范对于促进共享单车行业的有
序发展也具有重要作用。2017 年 3 月 23 日,《共享单车产品标准》与
《共享单车服务标准》两个团体标准征求意见稿在上海市质监局官网发
布后,即刻引起社会广泛关注。根据国务院印发的《深化标准化工作改
革方案》(国发【2015】13 号),团体标准属于市场自主制定标准范畴,是
指具备相应能力的学会、协会、商会、联合会等社会组织和产业技术联盟
等协调相关市场主体共同制定的满足市场和创新需要的标准,通常供市
场自愿选用,增加标准的有效供给。两份团体标准征求意见稿分别针对
共享单车的产品质量与服务品质进行了规范,《产品标准》包含车辆硬件
设施、报废年限等要求,《服务标准》则明确了卫星定位和互联网运行的
功能以及被广泛关注的押金退还时限。两份团体标准被赋予了促使上
海市共享单车由"野蛮生长"向"规范时代"转变的殷切期望。其中,重要
的标准如表 3 所示:

表3 上海市共享单车团体标准主要内容

规范对象	规范内容	具体要求
自行车	使用年限	连续使用三年即强制报废(有桩共享自行车除外)
		报废后不允许拼装、修理后再投入市场
		最大重量≤100 kg
	硬件标准	必须配备支架、泥板、锁具等,允许配置适当大小前车篮,不得配置载人、载货的附加设施
服务运营单位	社会责任	客服全年 24 小时开通;用户投诉 48 小时内应有处理结果;用户咨询应在 5 个工作日内向当事人反馈;处理记录归档保存
		主动购买人身和第三者上海保险
		严格保护用户的个人隐私和信息安全
使用者	实名制	运营单位应对用户提出实名制登记或注册要求
	身高范围	1.45—1.95 m
	年龄要求	12 岁以上
	用户责任	明确用户违反共享单车使用规则和交通法规的责任

3. 合作性规制

在共享单车规制过程中,除了黄浦区车管公司扣押违停单车"一刀切"式执法的教训,上海市涌现出多种多样的合作规制,取得了较好的效果。

第一,政府与单车企业合作。在整顿地铁口共享单车违停现象时,上海市轨道公交总队在摸清实际情况的基础上,与多家单车企业进行约谈,要求其做到以下几项内容:对单车用户进行宣传、教育,告知其正确的停放范围;在单车集中停放区域设置明显的标志,并定期安排专人管理;若因单车需求增加,需增设停车位,则必须向轨道公交总队报备,在其指导下完成,不得自行画线。①这一做法取得了良好的效果,在较短时间内使得地铁站周边的共享单车停放秩序实现较大改善。同时,这也为之后轨道交通非机动车整治活动提供了经验与模板。

第二,社会团体与单车企业合作。社会团体一般是由社会成员自愿联合成立,按照其章程开展活动的非政府、非营利的社会组织。社会团体行为的性质比较复杂:一方面接受政府的管理,是行政法上的相对人,另一方面根据章程规定或者法律授权行使对其成员的管理和服务职能。在各类社会团体中,行业协会的地位最为突出,往往行使着市场准入、标准制定和惩戒会员的权力。②上海市共享单车团体标准便是由上海自行车行业协会与天津市自行车电动车行业协会牵头,联合生产企业、运营企业、检验检测机构等共同编制而成,也造就了国内首个依托区域协作制订的团体标准。充分发挥行业协会的作用,加强协会与企业之间的合作,是此次上海共享单车规制过程中的一大亮点。

第三,政府多部门间合作。作为新兴经济形态,共享单车的规制无疑是一项复杂的工程,牵涉到方方面面。它涉及规划,如民建市委便提出将"骑行"专用车道的建设纳入交通整体规划;涉及交通秩序,例如不文明骑行、乱停放等不遵守交规的行为;涉及金融监管,如平台上的巨额押金、资金池问题;涉及产品与服务质量,如车辆管理、服务运营企业服务等。因此,在起草《关于促进本市公共租赁自行车系统发展的指导意见》过程中,上海市交通委员会、上海市规划和国土资源管理局、上海市经济和信息化委员会和上海市公安局及其他相关部门均参与其中,保证《意见》的全面与科学性。

4. 鼓励自我规制

为了树立品牌形象,吸引更多用户,单车企业通常也乐于主动采取

①　吴艺:《上海破解"共享单车"无序停放难题》,《人民公安报》2017年2月22日。
②　何海波:《行政诉讼法(第二版)》,法律出版社2016年版,第123页。

措施进行自我规制。例如，ofo为了解决押金退还不畅与安全性受质疑的问题，与芝麻信用合作，在上海推行"信用免押"模式，即芝麻信用分高于650分的用户，可以免除押金直接使用单车，从而为共享单车行业提供了新的竞争模式，也能够在很大程度上缓解用户对押金的质疑与担忧。除单车企业之外，用户自身也是一个潜在的庞大规制主体。摩拜单车对于用户举报违停的行为会给予信用积分奖励，由此滋生出名为"单车猎人"的群体。这一群体通常由自愿寻找并举报违停单车的用户组成，他们把寻找违停单车的过程称为"打猎"，致力将共享单车升级到不依靠道德，而是依靠规则和法治能解决的层面，追寻的最终目标是"无猎可打"。这也说明，用户是可以被引导与影响的，只要建立合适的规则，用户的自我规制潜力就会被激发出来。

(二) 已有规制的问题

共享单车作为一种新兴消费方式与商业形态，对于传统的法律规制无疑产生极大的冲击。现有法律规制尚不足以完全保证共享单车市场的有序运行。主要问题如下：

1. 规制主体不够清晰

在表2中，我们可以看到，共享单车的规范性文件通常由多个部门联合发布，可见其规制主体也是呈现多元化特点。有观点认为，交通运输部发布的《关于鼓励和规范互联网租赁自行车发展的指导意见（征求意见稿）》虽然由多个部门共同发布，但最终意见接纳单位，即牵头单位为交通运输部运输服务司城乡客运管理处，便可理解为共享单车被划入交通运输部的规制范围之内。[①]这一观点是值得商榷的。因为，即使在交通运输部发布的《意见》中，也存在明确的规制分工。详情可参见表4。

但是，中央与地方在分工上并未保持一致。例如，国内首个发布《关于鼓励共享单车发展的试行意见》的成都市，所确定的规制分工便与交通运输部的《意见》有所不同。详情参见表5。

多元化的规制主体与各不相同的分工，给实践中共享单车的规制带来较大的障碍。各个部门之间的职责范围有待进一步清晰，彼此间的协调机制有待建立与完善。

---

① 谭波：《我国"共享单车"监管的城市立规反思——基于十多个城市样板对比》，《江汉大学学报（社会科学版）》，2017年第6期。

表4　交通运输部《意见》中各部门分工

序号	具体部门	相应职责要求
1	交通运输部门	互联网租赁自行车发展政策制定和统筹协调
2	公安部门	查处盗窃、损毁互联网租赁自行车等违法行为,查处互联网租赁自行车交通违法行为,维护交通秩序
3	住房城乡建设部门	城市自行车交通网络、互联网租赁自行车停车设施规划并指导建设
4	公安交通管理部门和城市管理部门	共同指导互联网租赁自行车停放管理
5	电信主管部门、公安、网信部门	根据各自职责,负责加强互联网租赁自行车服务的网络安全监管,保障用户信息安全
6	发展改革、价格、人民银行、工商、质检等部门	按照各自职责,对互联网租赁自行车经营行为实施相关监督检查,并对违法行为依法处理

表5　成都市《意见》中各部门分工

序号	具体部门	相应职责要求
1	交通运输行政主管部门	负责共享单车运营企业的监督管理
2	城市管理行政主管部门	负责共享单车停放秩序和环境卫生的监督管理
3	公安机关交通管理部门	负责共享单车通行管理和停车点位的规划设置
4	区(市)县政府	施划、停放标志的设置和停放秩序的管理,倡导绿色文明出行
5	其他有关部门	按照各自职责,对共享单车经营实施相关监督管理

2. 规制文件不够规范

从程序层面来看,目前大部分城市出台的共享单车的指导意见尚属于规范性文件层级,并非政府规章,因此无需受到《规章制定程序条例》的约束。正是如此,各指导意见的出台较为随意,缺乏必要的程序规制。以发布主体观之,有的文件是单个机关发布,有的文件是多个机关联合发布,还有的文件直接由政府办公厅发布。以具体环节观之,对于前期立项、中期审查以及后期通过与公布,充分听取公众意见方面都较为欠缺。以部门态度观之,既存在怕麻烦,趁机"弃权"的部门,又存在借机"扩权"的部门,部门利益也大大影响了指导意见的科学性与规范性。

从内容层面来看,文件并没有找准规制重点。交通运输部发布的

《关于鼓励和规范互联网租赁自行车发展的指导意见(征求意见稿)》中,在数据保护方面仅规定经营者应当"依法合规采集、使用和保护个人信息""不得侵害用户合法权益和社会公共利益,不得超越提供互联网租赁自行车服务所必需的范围"。但是《意见》并未能像西雅图的管理准则一样规定明确的数据使用路径。"社会公共利益""所必需的范围"也都是含义较为模糊的不确定性法律概念,这为实践中指导意见的落实增加了操作上的困难。

3. 规制方式不够灵活

目前主要规制方式包含不作为、制定法规、谈判(约谈)和诉讼四种,不同的规制方式对应着不同的市场状况。当市场运行良好且消费者权益未受损害时,政府应采取不作为方式;当市场出现明显"失灵"状况时,基于维护市场秩序与保护消费者权益之理由,政府就需要通过立法或执法进行积极干预。而谈判是可以为被规制对象和有关部门之间建立沟通机制。诉讼则是最后的手段,也能为相关行业确立规制,重大、典型案例的判决结果将会对相关行业产生重要影响。规制模式的选择既要考虑规制对象的行业属性和法律结构,也要考虑不同规制方式的作用和特点,灵活地做出判断。

4. 规制理念不够先进

关于共享单车市场规制的探讨,其意义已远远超过问题本身,更是对共享经济以何种姿态进入市场的一种关心:究竟是以野蛮的姿态横冲直撞进来,还是以合法的面貌优雅地闲庭信步于市场之间。对于难以预见到的市场创新,现有的法律体系往往与其并不完全契合。此种情况下,政府倾向于采取"全有全无"(all-or-nothing)的规制策略,要么视新兴行业为传统行业的变形,将其纳入既有规制框架中,要么任由新兴行业"野蛮生长"。在共享单车领域,其传统行业则为政府主导经营的城市公共自行车。若政府强力介入新兴市场,借助公权力的优势占据主导经营地位,这既不符合尊重市场规律的原则,也不利于共享单车市场的发展与竞争的促进,无疑是一种倒退行为。

五、挑战与应对:共享经济的法律规制

作为一种新型商业模式,在共享经济中,交易双方依托移动互联网技术,将闲置产能的提供者与相应的需求者加以联系,实现互利与共赢的局面。可见,共享经济是信息技术革命发展到一定阶段才出现的新的产物,因此具有浓厚的创新属性。创新通常被认为应具有三个属性:第一，不仅仅是新的创意，还可用于实践；第二，包括技术创新、商业创新和社会创新；第三，造福于社会与人民。共享经济无疑具有这三个特征。以共享单车为例，大街小巷的单车已经说明这不仅是一个创意，更是已经转化为成熟的商业模式。共享单车不仅拥有云端、智能锁等技术创新，也是商业形态与社会消费方式的创新。它满足了人们短途出行的需求，符合"创新、共享"的绿色发展理念，释放出制度红利。正因如此，共享经济从多个维度对传统法律规制体系产生了冲击与挑战，迫使规制体系进行更新与变革。

（一）法律规制理念的革新

21世纪初，西方管制经济学理论对我国产生了重要影响，引起规制研究的高潮。来自安全生产、环境保护、食品安全等领域的严峻挑战，使得传统规制理论已经不能满足现实的需要。近年来，最受关注的规制理念当属"回应型规制"。这一理念也是与共享经济模式相适应的规制理论。它的特征概括为回应、塑造、协同与关系性。①

1. 代表性特征——"回应"

"回应"的内涵是对规制对象进行差别性对待，它与传统的"命令控制式监管"有所不同。传统监管主要具有三个特点：制定详细的法律标准；依靠惩罚强制执行；无差别待遇。例如，国家按照统一的出租车管理标准对违反规定的出租车司机进行行政处罚。在支持回应型规制的学者看来，传统监管模式存在着诸多弊端：（1）条文主义，在面对共享经济这样极富创新性，且复杂多变的商业形态时，立法者为求全面会制定过于详细的条文，使得约束过多。（2）一刀切的要求很难适应被规制对象的自身情况。（3）惩罚性举措会导致被规制者产生抵触心理。因此，回应型规制要求规制者应当仔细区分被规制对象的情况，以此为基础选择恰当的策略。

2. 价值内核——"塑造"

"塑造"是指通过形塑其他非政府规制主体的主体意识和能力，形成政府规制、企业自我规制与第三方组织参与的协同规制路径。传统监管理论将规制主体单一地理解为政府，将手段理解为强制。但实际上，手段应当是多种多样的。政府之外的行业协会、企业、非政府组织等都可以成为规制主体，手段除了强制与惩罚之外，还包括表扬、激励与说服教育等。"塑造"的根本目的在于激发被规制对象的主体意识和公民精神，

---

① 杨炳霖：《回应性监管理论述评：精髓与问题》，《中国行政管理》2017年第4期。

促使其积极主动地履行责任。目前,我国对于共享经济的规制虽在一定程度上发挥了非政府主体的作用,但主要力量仍然是政府。传统监管向回应型规制的转型有待进一步加强。

3. 主要手段——"协同"

传统监管理论认为,监管更多依靠政府强制力保证实施,协商对话并不能发挥太大的作用。随着现代民主的发展,协商的能力是对政府的基本要求。规制对象并非仅仅是消极服从者,而是具有主体意识的主体。协商讨论能够使得政策在实施前尽可能达成共识,以便减少政策实施障碍。正如在共享单车乱停放问题上,政府就通过与经营者的约谈在一定程度上促进了问题的解决。同时,政府还应该主动与其他规制主体建立一种协同合作关系。有学者将美国与英国的护理院监管进行比较,发现后者更为有效。原因便在于,英国的政府利用其他主体力量,例如银行在审查贷款申请时施加压力,来达成特定的规制目标。[①]

4. 核心基础——"关系性"

整个回应性规制理论都建立在"关系性"的基石上,即规制主体与规制对象间的紧密关系。"关系性"是回应性规制的核心,它的消失将导致整个规制体系的瓦解。首先,"关系性"要求信息的有效沟通与传递。规制主体必须通过大量信息的获得来辨别规制对象的形态。其次,近距离规制非常重要。例如,西雅图交通运输局便要求共享单车的经营者必须设立与其的专门联系人,以便经常交换信息,了解对方动态。

(二) 法律规制原则的革新

规制原则需要在回应性规制理念下提炼而出,同时可以指导具体的规制方法。一方面,共享经济为人们生活带来极大便利,是商业形态与消费方式的巨大创新;另一方面,共享经济也的确带来了许多问题,影响了社会秩序。因此,相应的规制原则既要体现对共享经济的鼓励,又要对其进行规范。同时,基于回应性规制理念的要求,差异性规制应当被重视。有学者将共享经济的规制原则概括为:激励性规制原则、新型规制原则、差异性规制原则与公共性规制原则。[②]

1. 激励性规制原则

激励性规制实质上体现了政府对于新兴商业形态持有包容、开放的

---

① Braithwaite J. Relational Republican Regulation. *Regulation & Sovernance*, 2013(1).

② 蒋大兴、王首杰:《共享经济的法律规制》,《中国社会科学》2017年第9期。

心态,这一原则也符合法律原则的要求。激励原则是一种宪法自由的表现。共享经济中的服务提供自由、劳动自由与营业自由均属于宪法保护的个人基本权,只要基于公共利益的需要才能予以限制。从实践层面来看,"一刀切"的禁止策略可能会将具有巨大市场需求的商业形态逼至地下运行,反而无法对其形成有效规制。

2. 新型规制原则

新型规制,主要是指焦点的确定与方式的回应。共享经济模式带来的问题是多元化的,例如交通安全、消费者保护、个人信息安全等。在这些问题中,需要区分传统问题与新型问题。传统问题例如消费者保护问题,也是传统法律规制中的重点。在共享经济中,由于新的交易主体——平台的出现,消费者保护问题出现了演化,但仍属于传统问题范畴。新型问题例如信息规制,共享经济中信息失真和信息消化能力不足容易导致交易中信息不对称现象的出现。因此,对信息真实性与有效性的规制应当成为共享经济规制的重点之一。

3. 差异性规制原则

共享经济是一种新型商业形态的总称。这一概念范畴下包含着多种具体行业形态。其中,较为人所熟知的包括网约车、共享住房与共享单车等。不同行业形态具有不同的特点,相应的规制重点、规制节奏、规制策略等也应当有所不同。举例而言,网约车领域的规制重点应当是司机的法律地位问题,共享住房行业规制则更应关注税收规制和外部性规制,而对于传统行业冲击并不是很大的共享单车,则更多应关注其乱停乱放导致的交通秩序问题以及押金安全的监管问题。

4. 公共性规制原则

公共性规制,强调的是引导共享经济为公共利益作出贡献。政府可以通过采购扶持、授权许可等方式,引导共享经济的经营者承担公共服务、回馈社会、造福人民。例如,通过共享单车开展一些活动,宣导绿色出行,减少污染的环保理念等。

(三) 规制方法的革新

传统的监管方法已不适应于具有创新属性的共享经济。在规制理念与规制原则的革新引导下,规制方法的革新是最直接影响共享经济领域规制效果的一环。

1. 重视实验性规制

实验性规制强调通过多次实践,对不同方法进行总结与提炼。就立法技术而言,实验性规制中通常包含日出条款、日落条款和审查评估条款。①(1)"日出条款"是指，某种条件具备时便可展开规制。(2)"日落条款"是指，为某一规制设定期限。各地的指导意见均加有"试行"或"暂行"字样，在一定程度上是"日落条款"的体现。(3)审查评估条款则是指，经特定主体审查并评估后，可延长适用或指定新的规制方法的做法。

2. 加强自我性规制

100％依靠企业自律与100％依靠政府命令的两极模式在实践中通常是不存在的，共享经济中较为常见与合适的规制方式往往是"合作规制＋自我规制"。在合作规制模式中，政府制定目标和预期的结果，社会团体与标志性企业就如何实现这些目标和达成预期值具体制定解决方案和行业标准，或者通过谈判建立与企业间不同的责任分配机制去实现既定目标。近日出台的上海共享单车两项团体标准与上海市轨道公交总队通过与多家单车企业约谈，就地铁口附近单车停放秩序问题达成责任分配的一致，正是合作监管理念的体现。

自我规制是共享经济规制方式中的一种重要方式。首先，单车企业为了吸引更多的客户，因此拥有动力通过设定规则树立良好、正规的品牌形象。其次，单车企业为了自身有序运行，也会通过自我规制建立一定的监督机制，例如摩拜设立的举报积分制度。最后，单车公司内部的法律结构也需要保留一定的规制空间以进行创新与自我调适。

为了妥善整治共享单车不文明现象，近日摩拜单车对用户信用积分规则进行了修改，加入了一些奖惩措施：高信用等级的用户可以获得更高的现金红包奖励以及优先体验摩拜推出的最新服务；如果出现不文明用车行为，用户的信用分降为一般等级，摩拜将会以当前单价的双倍向用户收取骑行费用；而当用户的不文明用车次数增加到一定范围的时候，信用等级会被降为较差级别，骑行费将会变为每30分钟100元。

3. 关注信息性规制

共享经济的发展需要陌生人之间形成对彼此的信任。因此，需要对共享经济中的信息、信用模式进行专门规制。在传统的商业模式中，交易信息及互相的信用评价通常仅由交易中所涉当事人获悉。但共享经济模式下，由于互联网和大数据技术的兴起，实现了信息和信用的外溢。交易当事人之外的第三方也会很容易得知信用评价等信息，例如共享住房市场中的房东与租客互评都可以被第三方毫无障碍地看到。因此，对信息失真和信息吸收失灵的规制就显得尤为重要。可以借鉴的方法是，

---

① 高秦伟：《分享经济的创新与政府规制的应对》，《法学家》2017年第4期。

打破好评与差评的二元评价体系,导入多元化的评价体系,对消费者的隐私进行合理保护,并坚决打击制止报复行为等。

微博博主@汪莫言的家通过共享住房 airbnb 租给一位微信昵称为若风的上戏学生用来完成他的一个"小作业",若风保证"器材都放到车里,不会影响你家东西"和"出了问题一定赔偿"。但事后,博主发现自己的家变成了"垃圾堆",墙壁也有十几处被拍摄机器刮伤的印记,而博主却被若风拉黑并逃避赔偿。

六、结语

著名作家托马斯·弗里德曼曾这样写道:"通常情况下,在重大事物发生过程中,我们意识不到它的重要性"。[1]共享经济的兴起,标志着人类的消费系统已经发展到了它的关键节点,前途一切光明。这个时代将来会被定义为这样一个关键阶段,消费系统正在摒弃以前的产品消费导向模式,并且勇敢地面对这种转变对商业模式带来的冲击与影响。同样的,法律规制体系也应当同样勇敢地面对共享经济对传统规制模式多维度的挑战。共享经济不仅带来商业形态与消费观念上的巨大转折,也是法律规制的一场重大革命。

---

[1] Thomas Friedman, "The Inflection Is Near?" *New York Times* (March 2009), www.nytimes.com/2009/03/08/opinion/08friedman.html.

无现金社会来临？

——支付革命的背后

罗 力

　　自从物物交换过渡到金属货币，人们的交易都离不开货币。不过，在不同的时代，货币具有不同的形态。当前，世界上的货币形态主要是纸币，也就是"现金"，但随着信用卡和借记卡的推广，以及在互联网技术背景下网络支付和移动支付等为代表的新型电子支付的普及，越来越多的支付场景可以不经由现金实现，一场"去现金化"的运动正在多个国家紧锣密鼓地进行中，支付电子化、货币电子化和数字化将是趋势，无现金支付将成为潮流，可被看作是人类支付方式的第三次革命。从前人们在出门前必须要在心里默念一遍"伸（身份证）手（手机）要（钥匙）钱（钱包）"，用来提醒自己不要遗忘重要物品。而如今，最让人们万万不能忘的，恐怕只有手机了。这也从一个侧面印证了无现金社会正慢慢来临的事实。

　　目前，瑞典1 600多家商业银行已有900多家不再提供现金服务，农村地区不再保留自动取款机，商业企业拒收现金已经合法化，2016年，瑞典现金交易数量仅占所有支付的20%，远低于世界平均水平75%。去现金化程度已经很高的丹麦规定，从2016年开始，除了医院、药店与邮局等关键服务机构，多数商业门店都可以取消收银机，只接受使用信用卡支付或移动支付等形式。丹麦中央银行在2017年初宣布关闭其在丹麦境内所有的印钞部门，今后不再印刷和制作包括纸币和硬币在内的丹麦克朗现金。2016年5月，欧洲央行宣布永久停止生产500欧元钞票，自2018年起停止发行500欧元钞票。荷兰央行研究估计，2010—2016年，荷兰现金支付次数下降约32%，从4 370亿次下降至2 950亿次；现金支付金额下降27%，从520亿欧元下降至380亿欧元。

美联储研究估计，2012—2015 年，美元现金交易数量占比从 40.7% 下降至 32.5%，金额占比从 12.4% 下降至 11.4%。新加坡已经成为东盟地区最为成熟的无现金支付国家，也一直是东南亚地区信用卡普及率最高的国家之一。2017 年，新加坡网络支付和移动支付的交易额达到 120 亿新元（约合 587.86 亿元人民币），其中移动支付交易额达到 4 700 万新元（约合 2.3 亿元人民币），新加坡凭借自身优势，也没有放慢向移动支付演进的步伐。

在我国，"无现金"正在强势进入人们的视野，成为 2017 年的一个热词。2017 年两会期间，多位人大代表、政协委员都提出了有关推进"无现金社会"的建议或提案，提出从国家层面全面推进"无现金社会"建设，让每个老百姓身处的场景都能提供无现金服务。其实自 2000 年以来，中国的货币发行量（M2）从 13 万亿元上升到了目前的 150 万亿元，但流通中的现金（M0）占比则越来越低。换句话说，每发行 100 元钱的货币，实际上真正被印刷成纸币的仅有 4 元钱，其他 96 元钱都是以存款记账的形式存在。优于现金联盟（Better Than Cash Alliance）早前发表报告，就我国的无现金交易发展作了回顾与前瞻，指出 2010 年我国尚有六成零售交易用现金付款，但 2015 年已下降至四成，预计 2020 年还会进一步下降至三成；而以网络和手机进行交易的百分比，则由 2010 年的 3.5%，大增至 2015 年的 17%，估计到 2020 年，其占比会上升至 28%。

2017 年 10 月，市场研究机构福雷克斯奖励（Forex Bonuses）发布了一项排名，评出 10 个在实现无现金社会方面领先世界的国家。在这份新鲜出炉的名单中，中国排在加拿大、瑞典等国之后，名列第六。报告显示，该排名主要基于 6 项标准：人均信用卡拥有量，人均借记卡拥有量，带有非接触式支付功能的银行卡数量，过去 5 年非现金支付增长情况，非现金方式支付交易的数量，以及人们对移动支付的了解情况。此次研究涉及了全球排名前 20 的经济体，但最终仅有 10 个国家上榜。令人惊讶的是，这项排名中位列榜首的国家是加拿大。其原因是加拿大人均拥有 2 张以上的信用卡，57% 的支付交易以非现金的方式完成。在排名第二的瑞典，59% 的消费通过非现金方式完成，47% 的民众意识到可以使用移动支付来完成交易。而在英国，41% 的银行卡带有非接触式支付功能，人均拥有 1.48 张借记卡。至于中国，虽然在多项标准中得分很高，但信用卡在中国普及率不高，现金支付在中国社会仍非常流行，非现金支付仅占所有交易的 10%。

中国银联日前发布的《2017 移动互联网支付安全调查报告》显示，从线下实体消费，到网上实物类消费，再到水电气等"指尖上的城市公共服务"，移动支付覆盖的人群和支付场景越来越广。《2017 智慧生活指数报告》显示，我国有逾八成受访者放心不带现金出门，认为反正可用手机支付，他们出门吃饭或者在街边买个小吃、在菜市场买菜，也能用手机扫二维码支付，甚至"刷脸"支付；去海外"买买买"也可以用手机支付……刚刚过去的 2017 年，移动支付进入集中爆发期，仅在第三季度，我国第三方移动支付交易规模约达 29.5 万亿元。中国人民银行在 2017 年 12 月 6 日发布的《2017 年第三季度支付体系运行总体情况》显示，移动支付业务保持较快增长。三季度，全国共办理非现金支付业务 434.95 亿笔，金额 923.80 万亿元，同比分别增长 32.55% 和 2.26%。银行业金融机构共处理电子支付业务 381.35 亿笔，金额 523.47 万亿元。非银行支付机构处理网络支付业务 778.33 亿笔，金额 38.98 万亿元，同比分别增长 76.78% 和 47.99%。数据分析公司易观在 2017 年年底发布的《中国移动支付行业专题研究 2017》显示，2016 年中国移动支付市场规模达到 35.33 万亿元，预计到 2019 年将达到约 296 万亿元，"无现金社会"的成长将会加速。

一、无现金社会是什么？

"无现金"是指货币由纸币向数字化转化的体现，这既有支付方式的改变，也有货币存在形态的变化。从目前来说，"无现金"主要是支付方式的改变，包括银行卡支付、票据支付、电子支付、预付卡支付等形式。从全球范围来看，目前银行卡支付、票据支付和电子支付占据了"无现金"支付的主要份额。

银行卡是历史最为悠久、交易规模也最大的非现金支付方式。银行卡分为借记卡（储蓄卡）和贷记卡（信用卡）两种，其中借记卡支付使用的是银行账户的存款，也就是存款货币；贷记卡支付则是先透支了个人信用，相当于银行提供了短期无息贷款，多用于个人消费领域。相比现金交易，银行卡携带方便，交易安全，并且可以在自动取款机或柜台取出或预借现金。很多银行为鼓励消费者使用信用卡消费，还推出了各类优惠活动，因此信用卡成为现金良好的替代品。我国《票据法》中规定的"票据"，包括汇票、银行本票和支票，是指由出票人签发的、约定自己或者委托付款人在见票时或指定的日期向收款人或持票人无条件支付一定金额的有价证券，即某些可以代替现金流通的有价证券。

而电子支付是依托电子化货币或数字货币技术，采用移动支付、网上银行、微支付、非接触式终端等支付技术，将移动设备、终端设备、互联网、应用提供商以及金融机构相互融合,为无现金社会经济模式提供货币支付、缴费等金融服务的主要交易结算技术。电子支付的形式多种多样,诸如闪付、扫码支付、NFC 支付等都属于电子支付。而刷脸支付、声波支付、静脉支付、虹膜支付等则属于新兴电子支付模式。从本质上看,电子支付的模式与银行卡很类似。以支付宝为例,用余额宝支付实际上就是使用了预存在里面的存款货币,而用蚂蚁花呗支付则是提前透支个人信用,分别对应着银行借记卡和贷记卡的模式。银行卡有的优点,电子支付不但有,而且做得更出色。比如,电子支付的各类"宝宝"理财产品,就在提供几乎同等流动性的前提下,有着比借记卡活期利率高得多的收益率。

与传统纸币交易相比,无现金支付的优势显而易见。无现金支付更加安全便捷,省去现金携带的不便和安全隐患;也可降低收受假币带来的经济损失;更加绿色环保,因为据分析称,如将中国现有的纸币换新一次约需 10 年时间,因此从绿色经济角度来讲,生产及流通等相关运行环节的成本将会大大降低;不仅如此,消费者也不用在银行排队存取款,这也提升了交易效率。当无现金支付在一个社会交易中占据比较大的比重时,这就标志着这个社会逐渐进入无现金社会。值得指出的是,无现金社会并不是说在整个社会中完全没有现金的存在,也不全面排斥现金的使用,而是鼓励更多的使用以电子支付为主的非现金支付方式,且社会中对现金的使用率比较低,这就像社会上提倡"无车日"一样,"无车日"作为一种绿色出行的倡导,并没有强制措施,当天路面不可能真的没有车,开车上路也不会被处罚。无现金社会的建设有利于提高资金交易透明度,遏制使用现金可能带来的包括"洗黑钱"、偷税漏税及行贿受贿等违法犯罪行为,也有利于提升社会商业运行效率和公共服务供给效率,增强城市科学化管理水平,提高人们生活的便捷性。

二、无现金社会为何会加速到来?

首先,突飞猛进的信息通信技术创新、应用普及和蓬勃发展的互联网经济,是无现金社会加速到来的重要推手。一方面,信息通信技术创新,不仅带来了 4G 与 WiFi 网络的兴起和发展,而且使得智能手机和平板电脑等移动终端的成本大幅降低,智能终端成为便捷的交易终端,这就使得支持移动支付发展的硬件条件逐步具备,普及率进一步提高。据第 41 次中国互联网络发展状况统计报告发布的数据显示,截至 2017 年12 月,我国网民规模达 7.72 亿,其中手机网民数达 7.53 亿,较 2016 年底增加 5 734 万人。网民中使用手机上网人群的占比由 2016 年的 95.1％提升至 97.5％,网民手机上网比例继续攀升。我国移动支付用户规模持续扩大,用户使用习惯进一步巩固,网民在线下消费使用手机网上支付比例由 2016 年底的 50.3％提升至 65.5％,线下支付加速向农村地区网民渗透,农村地区网民使用线下支付的比例已由 2016 年底的 31.7％提升至 47.1％。另一方面,近年来以百度、阿里巴巴、腾讯、京东和摩拜为代表的中国电子商务、社交软件、共享经济等移动应用层出不穷,带动了海量的交易量。这些发展迅猛的互联网经济,为无现金支付提供了丰富的场景,需要与之相适应的支付工具和方式。与此同时,支付技术正在进一步发展和成熟,较好地实现了线上线下支付融合,降低了传统刷卡支付所需的硬件投入成本。传统刷卡支付需要依托通信网络和 POS 机,这会产生购置和维护费用,而打印使用一张二维码的成本非常低。支付宝已经可以实现离线二维码支付,即在商家扫码时消费者手机无须联网,而银联的云闪付只需在 POS 机上挥动手机支付,无须手机联网,不必打开任何 App,只要点亮屏幕靠近 POS 机即可完成支付。"云闪付"通过动态密钥、云端验证等多重安全保障,支付时不显示真实银行卡号,可以有效保护用户隐私及支付敏感信息。

其次,第三方支付机构发挥了举足轻重的作用。高盛公司近期发布的一份研究报告显示,在无现金交易中,目前中国 40％的零售交易通过第三方支付完成,而在美国,第三方支付的比例仅为 7％。第三方支付机构在近年来蓬勃发展,以两家巨头为例,因电商交易而崛起的支付宝、因微信红包而崛起的微信支付,在如今的市场竞争中,他们早已不满足于线上支付的市场空间,通过以扫码支付为代表的移动支付创新,触角早已渗透到更为广阔的线下应用场景中,进一步融入到我国居民日常生活的方方面面,这也有助于改善非现金支付环境,更好地引导用户转变到非现金支付的交易习惯。2017 年 2 月 28 日,支付宝正式上线收钱码,并宣称计划用 5 年时间把中国带入无现金社会。4 月 18 日,支付宝一手牵着黄焖鸡米饭,一手牵着联合国环境署,在杭州成立了首个"无现金联盟"。7 月 6 日,支付宝在官方微博宣布,将在 2017 年 8 月第一周,携手各个城市及无现金联盟,共同打造全球首个"无现金城市周"。与此同时,天津、福州、贵阳、杭州、武汉 5 个城市相继宣布加入支付宝的"无现金城市计划"。以福州为例,当地政府提出到年底时全市 90％的线下门店都支持移动支付。支付宝则不仅拿出 10 亿元红包补贴迎战,还通过在微信群里发放支付宝口令红包,将触角延伸到了微信的"腹地"。"财付通"(旗下的业务"微信支付")在 2016 年不断降低接入门槛,推出

"微信买单"，让小微商家通过傻瓜式接入，彻底摆脱技术包袱，低门槛、自助化、普及化，迅速打开了生活服务O2O领域的线下支付市场，让微信支付进一步融入各行各业的毛细血管。在2017年将8月8日定为"无现金日"，也启动了"无现金日"活动，8月1日至8月8日，用户使用微信支付进行消费即可获得鼓励金等优惠。两大巨头之间的火药味越来越浓的移动支付补贴大战也是进一步吸引公众使用无现金支付的推动力。另外，值得指出的是，移动支付之所以能在较短的时间内被各大商铺、小微商家接受，相比传统刷银行卡需要支付不菲的手续费来说，第三方支付机构也会向商家收取手续费，但费率明显低于银行卡。比如使用支付宝的商家收款码，实际的手续费率约为0.35％，而使用个人收款码则是免费，这意味着移动支付的收款成本明显低于银行卡，这就使得移动支付的场景不但能快速覆盖此前银行卡统治的领域，还能下沉到银行卡所不能及的小额场景中，比如离老百姓日常生活更为接近的菜市场、水果摊、烧烤店等个体工商户也开始频繁使用移动支付，这进一步推动了无现金支付对现金支付的替代。

第三，政府部门也发挥了不可替代的作用。一方面，各级政府部门出台了一系列政策法规，为发展无现金支付创造良好的环境。2015年，中国人民银行出台了《关于推动移动金融技术创新健康发展的指导意见》，首次明确了移动金融发展的方向性原则和保障措施。2016年9月，国家发展改革委、商务部等七部门联合发布《关于推动电子商务发展有关工作的通知》，其中就提到，推动电子支付创新应用，大力发展移动支付，促进电子商务信用信息共享，构建适应电子商务发展的支撑环境。2016年11月，国务院办公厅印发《关于推动实体零售创新转型的意见》，鼓励社会资本参与无线网络、移动支付、自助服务、停车市场等配套设施建设。2016年12月，国家发展改革委、中央网信办和商务部联合印发关于印发促进电子商务发展部际综合协调工作组工作制度及三年行动实施方案（2016—2018年）的通知，其中在电子商务基础设施建设专项行动中，提出要打造电子商务支付安全服务工程，鼓励和规范支付业务创新，维护支付服务市场公平竞争环境，为电子商务提供安全、便捷、高效的支付服务。2015年底，中国人民银行颁布实施《非银行支付机构网络支付业务管理办法》，其中网络支付实名化的开始也预示着央行开始加强对支付机构的管理。《中华人民共和国网络安全法》由全国人民代表大会常务委员会于2016年11月7日发布，自2017年6月1日起开始施行，该法律能够有效保障网络安全，维护网络空间主权和国家安全、社会公共利益，保护公民、法人和其他组织的合法权益，促进经济社会信息化健康发展。面对第三方支付在清算中所占的比重日渐加大，央行于 2017 年 8 月 4 日印发了《中国人民银行支付结算司关于将非银行支付机构网络支付业务由直连模式迁移至网联平台处理的通知》，规定自 2018 年 6 月 30 日起，支付机构受理的涉及银行账户的网络支付业务全部通过网联平台（网联清算有限公司）处理。各银行和支付机构应于 2017 年 10 月 15 日前完成接入网联平台和业务迁移相关准备工作。这意味着微信、支付宝这样的非银行支付机构告别直连模式，其交易数据也将统一交给网联平台。网联平台的成立，通过可信服务和风险侦测，可以防范并处理诈骗、洗钱、钓鱼以及违规等风险，在一定程度上能够纠正第三方支付机构违规从事跨行清算业务，改变支付机构与银行多头连接开展业务的问题，有利于行业监管。这些法规从表面看是在约束第三方支付行业，但从另一个角度看更多的是针对消费者、商家的变相保护，不论商家还是消费者都是电子支付的受益者，提高第三方用户的体验感，才能获得更多使用者的青睐。

另一方面，各级地方政府大力开展"互联网＋政务服务"工作，引入社会力量，充分利用支付宝、微信等第三方平台提供开展预约查询、证照寄送，以及在线支付等服务。据第 41 次中国互联网络发展状况统计报告发布的数据显示，截至 2017 年 12 月，我国在线政务服务用户规模达到 4.85 亿，占总体网民的 62.9％。其中，通过支付宝或微信城市服务平台获得政务服务的使用率为 44.0％，为网民使用最多的在线政务服务方式，较 2016 年底增长 26.8 个百分点。2017 年 12 月，浙江省省长袁家军表示，浙江将努力打造新兴金融中心，充分发挥杭州移动支付之城，网商银行等互联网金融，泰隆银行等小微金融等诸多优势，探索建立无现金浙江，加快建设网络金融安全中心、网络金融产业中心、移动支付中心、保险创新中心与一体化新金融中心。支付宝总部所在的浙江省商务厅于 2017 年 5 月 8 日发文，称"拟进一步发挥蚂蚁金服的支付结算优势，在全省范围推广生活服务领域电子支付"。

三、我们该如何培育无现金社会？

随着信息通信技术和数字经济的发展，有关国家完善和支付相关的相关法律法规和行业标准及对各种支付方式加强监管，并对网络金融犯罪保持高压打击态势，维护公民个人信息安全，以及不断提升企业和个人无现金支付的安全性和便捷性，"无现金社会"正在加速成长，并日益成为可能，但由于我国复杂的社会、经济方面因素，预计我国去现金化过程还要经历相当一段时期,现金支付与无现金支付也并非"有你无我"的关系,而是为消费者的支付方式提供了更多的选择。在此过程中,包括政府部门、中国人民银行、商业银行、第三方支付机构、手机硬件制造商等在内的有关各方应尊重市场规律和消费者选择,统筹协调,循序渐进,为消费者特别是弱势群体提供包括现金在内的多种支付方式,处理好去现金化可能引发的种种问题。

首先要进一步加大网络信息基础设施建设力度,提升社会经济生活的数字化程度,推广移动支付普及应用。无现金支付不是在任何场景下都能畅通无阻,支付网络的普及成本始终存在,即使在发达国家要建成无所不在的支付网络也并不容易,因此一方面要依赖科技进步,让离线支付更加普及,另一方面,通过不断降低移动网络、移动终端的成本,让移动终端的普及率进一步提高。鉴于目前移动支付领域存在着多种技术标准,不同的技术标准需要不同的解决方案,这无形中增加了移动支付产品的开发和应用成本,下一步要制定出台统一的移动支付业务标准体系,以标准促进产业的发展。另外可由中国人民银行牵头,商业银行、支付机构、清算组织等共同参与,进一步完善无现金支付基础设施,加快"网联"平台建设,推进和规范非银行支付机构发展。

第二要加快《中国人民银行法》、《人民币管理条例》、《现金管理暂行条例》等修订工作,进一步打造非现金支付法律体系建设。目前我国出台的移动支付相关法律文件大多属于规范性文件,法律效力有限,法律体系尚未健全,其监管部门主要是中国人民银行、银监会、工业与信息化部等部门,监管主体不明确,容易出现多头监管,并且还缺乏常态化、规范化、体系化的监督执法手段。为顺应经济社会信息化、数字化潮流,有必要出台相关的法律、政策、行业标准,规范发展支付服务平台,为非现金支付发展创造宽松的环境。一是建立完善的移动支付法律体系,规范市场秩序和行业标准。二是明确各个部门的权责,避免出现权责不清、相互推诿的现象。值得注意的是,随着"无现金社会"的日益临近,这意味着大众的支付行为只能通过少数金融机构搭建的支付模式进行,如果不使用这些金融机构的支付模式,甚至可能在社会上无法生存。而且,当大众的资金变成少数金融机构软件中的数字后,意味着金融机构的经营情况将与大众积累的财富捆绑在一起。因此还要加大对这些金融机构的监管力度,否则很有可能引发系统性金融风险。

第三要协调各方,保持对网络金融犯罪高压打击态势,创造安全稳定的网络环境,防止个人信息泄漏,保障消费者支付安全。正如现金支付同样存在安全问题一样,非现金支付对安全的要求,显然比现金更高。

电子支付固然更方便,电子支付技术还存在安全漏洞,网络诈骗案常有发生,并且假如遭遇地震、大规模停电、断网、遇到黑客攻击等突发事件,电子支付就无法进行。扫码支付同样存在安全隐患。越来越多的中老年人开始用手机下单、支付,但他们更容易受优惠信息吸引,对于来路不明的二维码防范意识差,更容易遭受网络诈骗。每一起非现金支付安全事件,不仅会给用户带来经济损失,还会伤害其对互联网经济的信任度。移动支付运营商在技术防范上也缺乏更有力的制度设计,在事后补救上缺乏更有效的善后措施,会导致用户被骗而不能及时追回损失。另外,电子交易会让每一笔交易都留有痕迹,个人消费和支付记录会被全程和全面地记录下来,个人信息安全和隐私保护面临非常大的挑战。一旦被记录的个人账号、支付密码、个人消费和支付信息及其他相关敏感信息被大规模泄露,将造成极为严重的社会影响。因此有关执法部门要加大网络安全和个人信息安全执法力量建设,提高个人信息违法成本,扭转我国目前个人信息保护领域"九龙治水"的局面。网络运营商和服务商需要提高风险管控能力,最大程度降低信息安全风险。移动支付程序开发商除了尽可能对其应用程序进行技术加固,保证其不存在漏洞和恶意代码外,还要在开发过程中严格贯彻"从设计出发保护个人信息"的理念,让个人信息保护成为应用程序的默认设置。移动支付程序运营商要按照《中华人民共和国网络安全法》的要求,将 2018 年 1 月刚刚出台的国家标准《个人信息安全规范》(GB/T35273-2017)内化成组织制度,并加大资金投入,添置有关硬件和软件,增设岗位、配备人手和培训员工个人信息安全素养,并适时开展组织个人信息安全风险评估,将个人信息保护作为默认模式,进一步强化组织个人信息安全管理,降低个人信息泄露和滥用的风险。

第四要加大对相关企业违法宣传推广行为和拒收现金行为的关键和打击力度,切实尊重消费者多种支付行为习惯,维护消费者自主选择权,保持适度的人文关怀。根据《中华人民共和国人民银行法》第三章第 15 条规定——中华人民共和国的法定货币是人民币。以人民币支付中华人民共和国境内的一切公共和私人的债务,任何单位和个人不得拒收。另外,在《中华人民共和国人民币管理条例》中也对人民币的制造使用等问题都有详细描述。人民币作为我国法定货币,任何个人和单位无权要求消费者不使用人民币,这侵犯了消费者的权益。非现金支付并非适用于所有人,尤其是网络信息基础设施不太完善的地区、尚未拥有信用卡或智能手机的人群等。据第 41 次中国互联网络发展状况统计报告发布的数据显示,截至 2017 年 12 月,我国非网民规模为 6.11 亿,其中城镇非网民占比为 37.6%，农村非网民占比为 62.4%，上网技能缺失以及文化水平限制仍是阻碍非网民上网的重要原因。我国还有相当于 4 倍瑞典人口的农村贫困人口，其年均生活费低于 2 300 元，难以负担电子支付的相关费用。与此同时，65 岁以上人口达 1.4 亿人，老年人对于非现金支付技术和设备也并不是非常熟悉，或者不太接受纯电子化的形式。如果不切实际地推进建设"无现金社会"，将可能扩大支付和消费领域的"数字鸿沟"，使这部分人成为数字时代的弱势群体，这不仅会加深"技术歧视"，而且违背"无现金社会"建设的初衷。"无现金社会"不是拒收现金，而是提倡公众更多采用非现金支付手段，像 2017 年个别商家甚至"拒收现金"行为，这只会引发政府部门和公众对"无现金社会"的反感，有关商家须保留一些现金窗口，充分尊重消费者支付结算习惯，包括使用现金支付的习惯，及时纠正拒收现金的做法，由消费者自主选择适合自己的支付方式。

第五要发挥政府、企业和社会的力量，加大非现金支付知识、上网知识和信息安全知识宣传普及力度，提升人们的个人信息安全素养，适度转变人们的支付行为习惯。一方面，要肯定非现金支付的意义，通过加强宣传推广支付结算知识，让更多消费者了解各种非现金支付结算方式的特点，毕竟非现金支付存在一定门槛，使用非现金支付工具需要一定操作知识技能，支付习惯的转变比较缓慢，以消费者使用银行卡支付为例，有关机构花费了 20 余年时间才让消费者逐渐适应刷卡消费。虽然非现金支付的概念在支付宝和微信等商家的大力推广下已经比较好地被消费者所接受，但一、二线城市的接受度还是远高于三、四线城市及广大农村地区。同时，年龄差异在支付行为习惯方面也比较明显，相对来说，中老年人对非现金支付的接受还需要一定时间。另一方面，要通过开展多种形式的宣讲活动，让更多消费者养成良好的手机使用习惯，注意保护个人隐私，比如要设置手机开机密码，但不能用生日、手机号等作为密码；各种密码最好是用数字和字母复杂组合的高级密码，并且与其他密码进行有效区分；不要泄露自己的支付密码和手机校验码；最好不要开通小额支付免密码功能；不要把银行卡、身份证和手机放在一起；要通过正规渠道下载安装手机软件；不要随便连接免费 WiFi，不扫不明二维码，更不要随意点击陌生人发送的链接等。

第六要加快建设社会信用体系，全面提升国民信用水平。国外的"无现金社会"得以迅速发展的一个重要原因是其拥有较好的全民信用体系。比如，瑞典拥有建立在个人或企业信用基础上的金融消费体系。信用账单和个人身份证号相关联，只有信用记录良好的个人才能使用这种电子支付方式。而我国社会信用体系中行业自律尚未形成,交易过程中诚实守信的意识还很薄弱,可将分散在金融、公安、社保等部门的信用信息进行有效整合,建立完善的信用体系,为发展无现金支付构建良好的信用生态环境。既要加强对失信用户的管理,比如可在有关征信平台上公布失信单位或个人的名单,对失信单位或个人的支付活动进行限制,又要对信用良好单位或个人进行正向激励,让其更加珍惜和爱护自己的信用。

机器抢人饭碗？

——人工智能对就业的影响

曹永琴

一、引言

　　近年来人工智能发展取得了重大突破。自 1956 年达特茅斯会议诞生"人工智能"一词以来，软件开发人员一直在试图教会计算机如何像人类一样思考。在这期间，虽然人工智能涉及的不同学科、不同技术发展起起伏伏，但人工智能整体上一直处于不断增长的趋势；且在过去十年中，计算能力大幅提升，深度学习算法不断提高，机器学习变得更加强大。与此同时，全球数据量呈爆炸式增长，全球数据资料存储量 2020 年将达到 40 ZB(ZB：十万亿亿字节)，2016—2020 年的年复合平均增长率约为 40%；数据量的急剧增长也大大推动了这些算法的发展，人工智能发展进入了加速增长的新阶段。经过 60 多年，人工智能的发展已接近临界点，完全具备实现大规模商用的潜力。

　　人工智能对人类形成了较大的冲击。作为当前最热门的科技名词，人工智能这个已经存在 60 多年，近年来因为谷歌的 AlphaGo(阿尔法狗)人机大战引起了社会各界的广泛关注。尤其是，人工智能给围棋界带来了深远的影响：2016 年 3 月，AlphaGo 与围棋世界冠军、职业九段棋手李世石进行围棋人机大战，以 4 比 1 的总比分获胜，给围棋界带来较大的震动；2016 年末 2017 年初，AlphaGo 与中日韩数十位围棋高手进行快棋对决，连续 60 局无一败绩①；在江苏卫视《最强大脑》第四季节

---

① 在此期间，AlphaGo 在中国棋类网站上以"大师"(Master)为注册账号。

目中,百度人脸识别技术的惊艳出场给众多观众留下了深刻印象。

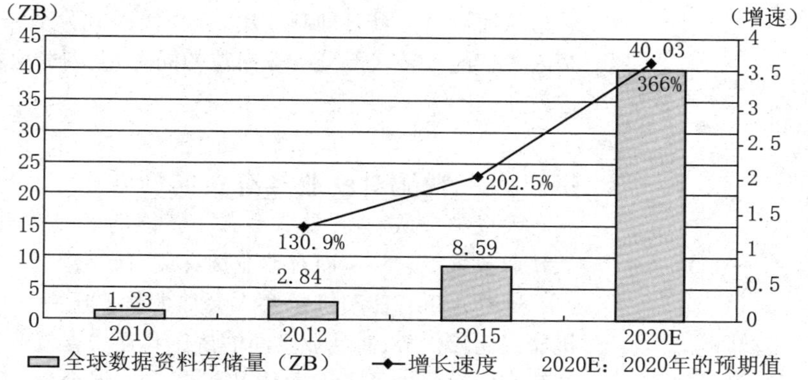

图 1　全球数据量及其增速(2010—2020E)

数据来源:公开资料整理。

AlphaGo 的横空出世使得越来越多的人开始担心人工智能会威胁到人类。人工智能在带给人们生活极大便利性的同时,人们开始越来越担心其会否对人类生存产生威胁,而其中最大的担忧是人工智能和机器人对劳动力就业的影响。随着人工智能和机器人产业的快速发展,不管是替代体力劳动的机器人,还是替代脑力劳动的人工智能,其最终结果都是替代人。因此,机器人和人工智能在提高生产力的提高,人们有理由担忧:机器人和人工智能在给我们整个社会带来更多财富的同时,会不会抢走我们的饭碗?

本文从人工智能发展入手,重点研究机器人和人工智能给人类就业所产生的影响,主要研究以下四个方面内容:一是综述人工智能和机器人对人们就业岗位影响的相关争论;二是全球工业机器人和劳动市场发展现状分析,总结其发展特点;三是机器人在各领域的广泛应用给就业带来的机遇和挑战,包括会造成哪些领域就业岗位的减少和会创造出哪些新的就业机会;四是面对人工智能和机器人对劳动力就业的影响,政府、企业和微观个体应该如何应对?

二、人工智能和机器人对就业影响的相关争论

关于人工智能对就业影响的争论由来已久。自 1959 年美国英格伯格和德沃尔制造出世界上第一台工业机器人以来,人们就开始关注以机

器人为代表的自动化对就业的影响。从现有研究文献来看,关于人工智能对就业影响的争论主要在于两个方面:一个观点是人工智能会取代劳动力从而对就业具有抑制作用,会替代现有劳动力就业;另一个观点则是人工智能在替代部分就业岗位的同时,会创造出新的就业岗位从而促进就业。

(一) 人工智能对就业具有负向影响

大量学者认为,机器人和人工智能的发展会通过加大就业压力、降低就业数量等途径从而对就业具有负向影响。

一是人工智能和机器换人会加大就业压力。马红军等人(2016)从机器人比较优势、对就业空间的挤压和辽宁省就业供给测压力不断加大等三个方面分析了人工智能和机器人发展会对就业形成较大的压力。熊国荣和李贤秀(2016)则从机器人的高效处理大数据、减少报道差错以及昼夜工作、不付薪资等方面分析了机器人在替代人工的比较优势,从而对新闻记者就业造成较大冲击。

二是人工智能和机器人的大量运用将影响就业结构进而对就业具有负向影响。阿西莫格鲁和奥托尔(Acemoglu & Autor,2011)、奥托尔和多恩(Autor & Dorn,2013)认为,美国智能工业机器人的大量使用降低了中等技能劳动力的就业率和工资水平。费里和奥斯本(Fery & Osborne,2013)定量分析了工业自动化的影响,认为机器人和人工智能的发展会导致相应比例岗位的流失;卡茨和马戈(Katz & Margo,2014)的研究进一步证实了大规模机器运用对减少相关就业岗位的数量。马丁·福特(Martin Ford,2015)用数据证明在过去的几十年间机器人对美国人的就业具有较大的影响,且机器人取代了人的劳动;近年来美国制造业回流所产生的岗位更多地给了机器人。古斯(Goos et.al,2014)对欧洲的研究表明欧洲也存在智能工业机器对劳动者的替代。钟岩和马永莉(2005)对中国的研究表明,机器人对劳动力具有较为显著的替代效应。马岚(2015)研究了日韩机器人和人工智能发展对就业的影响,并认为中国极可能出现机器人对人工的规模替代。马红军等人认为,机器换人主要替代就业人口中的中低端劳动力,同时对高素质技能型人才的需求则会有较大的增加;由于辽宁省高素质技能型人才是人才结构的短板,因而机器人的大量应用对辽宁省总体就业具有负向影响(马红军,2016)。吴明和王宁从替代效应入手分析智能制造对劳动力就业市场的负向影响效应,认为工业机器人会降低劳动密集型企业对人工的需求进而对就业具有一定的负向影响作用(吴明和王宁,2017)。周文斌(2017)

认为机器人对劳动密集型企业的一般就业岗位具有较大的替代性,但同时会创造大量与机器人和人工智能相关的岗位。杜娟(2017)认为,机器人的使用不仅会替代大量低技能岗位,甚至会影响中高技能岗位和劳动收入。

(二) 人工智能对就业具有正向影响

尽管有大量学者认为机器人和人工智能的运用会对就业产生较强的负面影响,但也有一些学者认为机器人和人工智能的大量运用会增加与此相关的就业岗位,同时促进劳动力结构优化和产业结构调整,从而对就业具有正向影响。霍纳森(Jonathan,1986)研究了工业机器人对人类社会的影响,发现迄今为止还没有证据表明机器人的大量使用会对劳动力市场造成明显的干扰。马泰克(Martech,2013)研究了美国2000—2008年间数据,结果发现由于机器人因无法像人类一样灵活操作、许多高危领域需要机器人使用、自动化机器替代低技术含量岗位而使得市场上新增一些高级岗位等三个方面使得美国劳动就业量不降反升。米什等人(Mishel et.al.,2013)则认为20世纪70年代后高技能劳动者与低技能劳动者的就业岗位分化与二者相应的工资变化息息相关,而不是因为工业机器人的大量使用;佩雷托(Peretto,2013)的研究进一步证实了米什(Mishel)等人的研究。布林霍夫森和迈克菲(Brynjolfsson & Mcafee,2014)和奥托尔(Autor,2015)则认为机器人和人工智能的大量运用会催生新的岗位出现,从而对就业具有正向影响。

吴明和王宁认为,尽管智能制造和机器人会在一定程度上影响就业,但智能制造和机器人的上下游产业链的研发、生产、销售等环节也将创造出新的就业机会(吴明和王宁,2017)。邓洲(2016)认为,机器在替代劳动者原有岗位的同时,会创造出与智能制造和机器人相关的研发、生产、操作、维修等相关领域的新的就业;且在2000—2010年间,美国、日本、德国、韩国、中国、巴西六个国家中,除了日本,其余五国的制造业机器人数量都有所增加,除美国之外的,其他国家失业率与制造业机器人数量呈负相关关系。吕洁等人(2017)认为,工业机器人的运用对低技能劳动力具有替代效应,但会促进一国劳动力结构转型。

(三) 文献小结

对现有研究文献的综述我们可以发现,国内外学者关于机器人和人工智能发展对劳动力影响的观点大致分为乐观派和悲观派。悲观派认为,机器人和人工智能的广泛运用将会替代现有的劳动力,尤其是对中低端、可重复型的劳动者具有较大的冲击,从而对就业具有显著的负向影响。乐观派则认为,机器人和人工智能的发展并不是造成就业岗位流失的主要因素,且新技术将创造新产业新业态就业,围绕机器人技术将产生专业技能培训、机器人租赁等新兴服务和业态,不仅直接创造了相关工程、金融、租赁等新领域的就业机会,而且进一步促进了机器人的应用,有助于机器人制造业提高就业吸纳能力。大部分文献也都认为,人工智能和机器人会对部分岗位形成较大的冲击,但同时会创造大量新的就业机会。

三、全球工业机器人和劳动力市场的现状分析

近年来,工业机器人在全球得到了广泛运用,呈现出三大特点:一是全球机器人市场持续增长,年销量连年走高;二是全球工业机器人发展高度集中,且呈现出地区集中、行业集中等特征;三是全球主要国家和地区工业机器人安装连年增加,且主要国家工业机器人使用密度连续多年增加。在工业机器人在全球广泛应用的同时,全球劳动力市场发展仍较为稳定,全球失业率保持稳定运行趋势,人口老龄化对劳动力市场的影响越来越大;与此同时,工业机器人的大量使用并未引起全球和主要国家的失业出现大幅攀升。

(一) 全球工业机器人应用情况

1. 全球机器人市场持续增长

随着科学技术的快速发展和全球制造业智能化发展进程的加快,尤其是中国智能制造的大力推进,极大地促进全球工业机器人产业的发展;目前,全球正在使用的工业机器人已经超过 150 万台①,机器人产业进入了快速发展阶段。

一是 2002 年以来全球工业机器人销量呈持续上升趋势。在全球范围内,机器人的运用越来越普及,尤其是在工业方面的运用;2016 年全球工业机器人订单量 258 900 台,存货 1 779 000 台;中国工业机器人订单达 85 000 台,存货 332 300 台。根据国际机器人联合会(IFR)的数据可以发现,全球工业机器人销量呈现出不断增长的态势,从 2002 年的

---

① 《2017 年全球工业机器人年供给量分析》,www.chyxx.com/industry/201711/586162. html。

6.9 万台上升至 2016 年的 29.4 万台;尽管在 2009 年因为全球金融危机影响整个工业制造业进而影响到全球工业机器人的销量,当年工业机器人销量出现较大幅度的下降,降幅达到 46.90%,全年销量下降至 6 万台,但之后工业机器人销量持续增加。据国际机器人联合会预计,2017—2020 年全球工业机器人销量仍将呈快速增长趋势,至 2020 年销量将超过 50 万台。

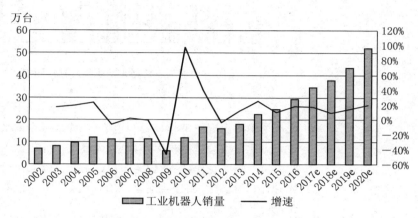

图 2　全球工业机器人销量及其预测(2002—2020e)

资料来源:国际机器人联合会(IFR)。

　　二是全球工业机器人销售额持续上升。伴随着全球工业机器人产业的快速发展,2010 年以来全球工业机器人销售额也随之呈现出快速增长趋势:2014 年销售额①超过了 100 亿美元,销售额从 2010 年的 57 亿美元大幅增加至 2016 年的 132 亿美元;预计 2017 年销售额将进一步达到 147 亿美元。销售额年增速均为正值,除 2015 年增速为一位数之外,其他年份增速均高于 10%,2014 年增速最快,达到 32.10%。

　　2. 全球工业机器人发展高度集中

　　一是亚洲成为工业机器人的重要销售地。随着亚洲国家对自动化程度和智能制造的重视,亚洲地区的工业机器人销量呈快速增长态势。2016 年亚洲地区工业机器人总销量达 19.1 万台,占 2016 年全球工业机器人销量 29.4 万台的 65.0%;IFR 预计 2017 年亚洲工业机器人总销量将达到 23 万台,在 2020 年将突破 35 万台,亚洲地区在未来的工业机器

――――――――――――

① 这一销售额数据不包括软件、外围设备和系统工程的费用(整个工业机器人系统市场产值大约是工业机器人销售额的 3 倍)。

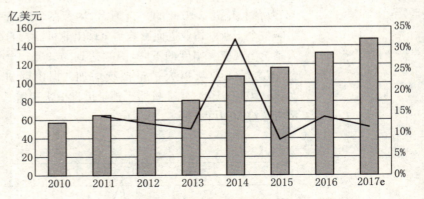

图3 全球工业机器人销售额及其预测（2002—2017e）

资料来源：前瞻产业研究院。

人市场中将占据越来越重要的地位；亚洲地区在未来的工业机器人市场中所占比重将会进一步提升，也成为促进工业机器人行业快速发展的重要力量。与此相比，欧洲和美洲地区工业机器人销量将呈稳中有升的态势；据国际机器人联合会预计，2020 年欧洲工业机器人销量将达 8.3 万台，美洲则达到 7.3 万台。

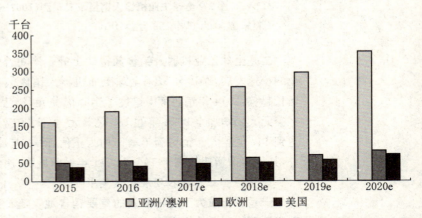

亚洲/澳洲　欧洲　美国

图4 2015—2016 年全球工业机器人年销量分布和 2017—2020 年销量分布预测图

注：单位为千台。

资料来源：国际机器人联合会（IFR）。

二是汽车行业和电子/电气行业成为工业机器人流向的主要领域。在 2014—2016 年间，工业机器人在汽车行业和电子/电气行业的销量仍保持稳定增长态势：2016 年汽车行业的工业机器人销量达到 10.3 万台，同比增长 6%;电子/电气行业的工业机器人销量达到 2.6 万台,同比大幅增长 41%。与此同时,工业机器人在食品行业的销售也有较大增长,同比增长 20%。但是,工业机器人在金属、化工/橡胶和塑料方面的销量则有不同程度的下降。

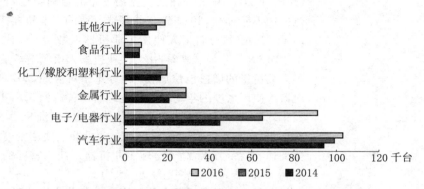

图 5　2014—2016 年不同行业全球工业机器人年销量图

注:单位为千台。

资料来源:国际机器人联合会(IFR)。

**　三是中国已经成为工业机器人最大的市场。** 从 2016 年全球工业机器人的销售数据来看,工业机器人销量最大的五个地区分别是中国、韩国、日本、美国和德国;其中,中国的销量达到 8.7 万台,远远高于其他国家的销量,占全球工业机器人销量 29.4 万台的近三分之一,达 29.59%。而销量排名前五的地区的总销量达 21.84 万台,占全球工业机器人总销量的 74.29%。

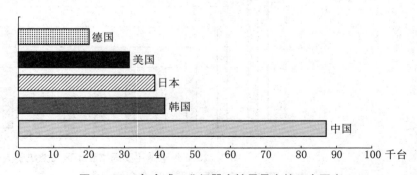

图 6　2016 年全球工业机器人销量最大的五个国家

注:单位为千台。

资料来源:国际机器人联合会(IFR)。

3. 全球主要国家和地区工业机器人安装情况

一是随着信息技术的快速发展,工业机器人在全球的使用率逐步提升,工业机器人使用密度逐年上升。通常情况下,自动化程度高越高的国家机器人的使用密度也相对较高。根据国际机器人联合会(IFR)于 2018 年 2 月在法兰克福发布的最新报告,自动化生产在全球范围内不断加速,2016 年全球制造行业的工业机器人使用密度已达到 74 台/万人(每万名工人使用工业机器人数量)①,比 2015 年大幅增长了 12.12%。分地区来看,作为工业机器人市场增长最快的亚洲地区,机器人装机量的增速也位居榜首;与此相对应地,2010—2016 年间,亚洲机器人使用密度的年均增长率也位居榜首达到 9%,美洲其次为 7%,欧洲年均增长率则达到 5%。但总体来看,亚洲机器人密度仍然较低,2016 年为 63 台/万人,低于全球工业机器人使用密度的平均值;其次是美洲达 84 台/万人,高于全球工业机器人使用密度的平均值;最高的是欧洲,其机器人平均密度为 99 台/万人。

二是全球工业机器人使用密度排名前八位的国家和地区分别为:韩国、新加坡、德国、日本、瑞典、丹麦、美国和意大利。自 2010 年以来,韩国工业机器人使用密度一直居于首位,2016 年韩国工业机器人使用密度达到 631 台/万人,远远高于全球工业机器人使用密度的平均水平,是全球平均值的 8 倍多;其工业机器人使用量的增长主要来自电气/电子和汽车产业的持续装机。同时,排名前八位的国家其机器人使用密度均高于全球平均水平,排名第八位的意大利其工业机器人使用密度也达到 185 台/万人,是全球机器人使用密度平均值 74 台/万人的 2.5 倍。

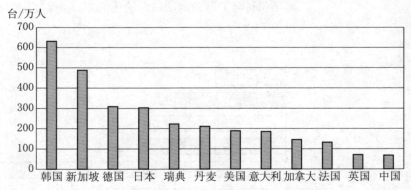

图 7　2016 年全球主要国家和地区工业机器人使用密度

资料来源:国际机器人联合会(IFR)。

①　在 2015 年,全球平均机器人密度为 66 台/万人。

三是中国是工业机器人密度增速最快的国家。近年来,随着中国自动化程度的快速提升和国家对智能制造的重视,工业机器人使用密度也逐年上升;机器人使用密度已经从 2013 年的 25 台/万人快速增长至 2016 年的 68 台/万人,机器人密度已经居于全球 23 位,接近世界平均水平。但同时,与韩国、新加坡、德国、日本等自动化程度较高的国家相比,中国存在较大的差距,也说明中国工业机器人的市场潜力巨大;国际机器人联合会预计,2018 年超过 1/3 的全球工业机器人将被安装在中国,随着大量工业机器人的安装使用,未来中国工业机器人密度将会进一步快速增加。

(二) 全球劳动力市场现状分析

1. 全球失业率维持较为稳定态势

一是全球经济逐步回暖。来自世界银行的数据表明,得益于发展中国家和新兴经济体的经济增长,2017 年全球经济增长率比 2016 年的 3.2％有所增加,达到 3.6％,比早前的预期增长高 0.2 个百分点。全球经济的逐步回升为全球就业创造了良好的经济环境。

二是近三年来的全球失业率较为稳定。据国际劳工组织统计数据,2016 年全球失业率为 5.7％,预期 2017 年和 2018 年略微高于 2016 年0.1 个百分点,达到 5.8％。同时,由于全球劳动力新增人数的快速增长,使得近三年来失业人数有一定程度上升,2016 年全球失业人数 1.98 亿人,预计 2017 年和 2018 年的失业人数分别达到 2.01 亿人和 2.04 亿人。具体来看,发达国家的失业率高于新兴经济体的失业率,而新兴经济体的失业率又高于发展中国家。

表 1　2016—2018 年全球失业状况及其预测

	失业率（％）			失业人数（百万人）		
	2016 年	2017 年	2018 年	2016 年	2017 年	2018 年
世　　界	5.7	5.8	5.8	197.7	201.1	203.8
发达国家	6.3	6.2	6.2	38.6	37.9	38.0
新兴经济体	5.6	5.7	5.7	143.4	147.0	149.2
发展中国家	5.6	5.5	5.5	15.7	16.1	16.6

资料来源:国际劳工组织:《2016 年 11 月计量经济学趋势模型》。

三是不稳定就业有待改善①。不稳定就业的工人缺乏相应的社会保障，面临较大的风险；同时，不稳定就业工人占总体就业人数比重较大，据国际劳工组织研究，预计2016—2018年不稳定就业工人占总就业量的近一半，分别达到46.8％、26.5％和26.2％。尽管不稳定就业人数占总就业人数的比重呈下降趋势，但随着新增就业人数的上升，不稳定就业人数将逐年上升：预计从2016年的13.96亿人上升至2018年的14.19亿人。

表2　2016—2018年全球不稳定就业状况及其预测

	不稳定就业人员的就业率（％）			不稳定就业人员的就业人数（百万人）		
	2016 年	2017 年	2018 年	2016 年	2017 年	2018 年
世　　界	42.9	42.8	42.7	1 396.3	1 407.9	1 419.2
发达国家	10.1	10.1	10.0	58.1	58.2	58.1
新兴经济体	46.8	46.5	46.2	1 128.4	1 133.6	1 138.8
发展中国家	78.9	78.7	78.5	209.9	216.1	222.3

资料来源：国际劳工组织：《2016年11月计量经济学趋势模型》。

2. 人口老龄化加大劳动力市场压力

人口老龄化是一个世界性问题。受医疗技术的提高、社会保障体系的完善、人们对自身健康的重视等多重因素的影响，人们的预期寿命逐年上升；据世界卫生组织（WHO）报告，全球人口的平均寿命在2000年至2015年间增加了5岁，达到71.4岁。再加之由于婴儿出生率的下降导致全球人口增长持续降低，人口老龄化问题日趋严重；据联合国预测，1990—2020年世界老龄人口平均年增速度为2.5％，世界老龄人口占总人口的比重从1995年的6.6％上升到2020年9.3％②，人口老龄化成为了一个世界性难题。

人口老龄化对劳动力市场产生了巨大的压力。由于全球人口增速趋缓，劳动力市场中新进入的劳动力不足于抵消快速流失的退休劳动力，人口老龄化将会较为显著地影响劳动力市场。一是人口老龄化的加剧会降低劳动适龄人口在人口中所占的比重。当老龄人口比重上升的幅度大于少年儿童人口比重下降的幅度时，劳动年龄人口比重将会下降，造成劳动力平均年龄增加，进一步影响到劳动力的创新能力。据世

---

① 不稳定就业指个体经营者和无报酬家务工从事的工作。

② 资料来源：《老龄化社会》，百度百科，https://baike.baidu.com/item/老龄化社会/474558。

界劳工组织报告,到 2030 年,劳动力的平均年龄将从 2017 年的 40 岁增加到 41 岁,这个增长速率在欧洲、东亚,特别是中国将更快①。二是人口老龄化会加剧劳动力需求,增大劳动力市场压力。老龄化人口的大量增加会派生出相应的社会需求,刺激了老年产业的发展,对劳动力市场结构将产生较大的冲击。

3. 工业机器人应用与失业之间的关系

一是工业机器人使用密度较高国家的失业率与工业机器人的使用并不存在紧密的关系。一方面,全球工业机器人使用密度持续上升,已经从 2015 年的 66 台/万人上升至 2016 年的 74 台/万人;随着各国对智能制造的重视,各国工业机器人使用密度也持续上升。**另一方面,2010年以来,典型国家失业率呈下降趋势**。韩国、新加坡、日本、美国、加拿大和英国的工业机器人使用密度都在世界排名靠前,尤其是韩国、新加坡和日本的工业机器人使用密度分别排名在第一、第二和第四位,但三国的失业率均处于较低水平,且近年来均处于较为稳定的水平。具体来看,日本失业率从 2010 年的 5.06% 下降至 2016 年的 2.3%;2016 年韩国的失业率为 3.7%;新加坡的年均失业率在连续 4 年徘徊于 2.8% 的平稳水平后,于 2016 年上升至 3%;美国的失业率从 2010 年的 9.61% 下降至 2016 年的 4.36%;加拿大的失业率从 2010 年的 7.99% 下降至 2016年的 6.36%;英国的失业率则从 2010 年的 4.63% 下降至 2016 年的 2.26%。总体上来看,这六个国家的失业率均呈下降趋势。

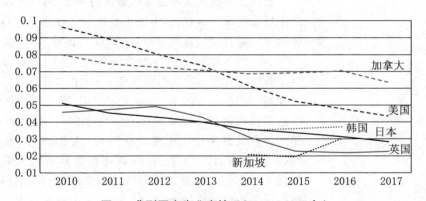

图 8　典型国家失业率情况(2010—2017 年)

资料来源:东方财富网数据中心。

---

① 资料来源:《2018,就业将走向何方? ILO 发布 2018 年全球劳动力就业趋势报告》,搜狐财经,http://www.sohu.com/a/221518669_100017096。

二是工业机器人使用密度最高且逐年上升的韩国其失业率一直保持在稳定的较低水平。韩国政府一直高度重视智能制造,自2008年起就发布制定了《智能机器人促进法》《智能机器人基本计划》《机器人在未来战略展望2022》《第二次智能机器人行动计划(2014—2018年)》、《智能机器人基本计划》第二期等多项规划政策,设立第四次工业革命委员会,加大对中小企业使用机器人的补助。这使得自2010年以来,其国内自动化水平一直很高,工业机器人使用密度始终居于全球首位;2016年韩国工业机器人使用密度达到631台/万人,是全球工业机器人使用密度平均水平的8倍多。但从近三年的数据来看,韩国失业率始终处于较低水平的稳定状态,2014年至2016年的失业率分别为3.5%、3.6%、3.7%;同时,就业人数则出现连年增加的趋势,每年就业人数都有一定程度的增加。

表3 韩国失业率和就业人数

	失业率(%)	就业人数(万人)
2014 年	3.5	2 559.9
2015 年	3.6	2 593.6
2016 年	3.7	2 623.5

资料来源:根据公开资料整理。

三是工业机器人密度增速最快的中国,国内城镇登记失业率也始终处于稳定状况。一方面,中国工业机器人使用密度连年上升。近年来,中国加大对智能制造的重视,自2012年连续发布《服务机器人科技发展"十二五"专项规划》《智能制造装备产业"十二五"发展规划》《关于推进工业机器人产业发展的指导意见》《中国制造2025》《机器人产业发展规划(2016—2020)》等多项规划政策,促进了中国智能制造的发展,促进了国内自动化程度的提升。国家对智能制造的重视使得中国近年来工业机器人使用密度快速增长,从2013年的25台/万人增加至2016年的68台/万人,已经非常接近世界平均水平;且近三年来工业机器人增速分别达到20%、68.33%、38.78%。另一方面,中国国内城镇登记失业率始终较为稳定。尽管国内自动化水平逐年上升,但并未引起失业人员的大量出现:自2010年起,中国就业人数逐年增加,从2010年的76 105万人上升至2017年的78 954万人,就业人数增加了2 849万人;城镇登记失业率则呈下降趋势,从2010年的4.1%进一步下降至2017年的3.9%。

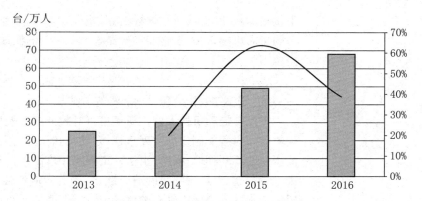

图 9　中国工业机器人使用密度及其增速(2013—2016 年)
资料来源:根据公开数据整理。

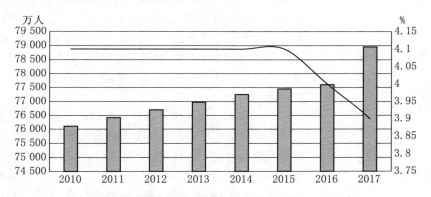

图 10　中国就业人数及城镇登记失业率(2010—2017 年)
资料来源:中国统计局网站。

从主要国家的失业情况来看,不管是机器人使用密度排名靠前的国家还是机器人使用密度快速增加的中国,失业率和工业机器人的广泛运用之间并不存在较为紧密的关系。

四、机器人应用给就业带来的机遇与挑战

随着人工智能技术和互联网技术的快速发展,工业机器人已经被运用于各行各业,也对劳动力就业产生了巨大的影响。具体来看,机器人的广泛运用将对部分就业岗位产生较为显著的替代效应,并引起产业结构调整进而对劳动密集型等产业的就业人员产生较大的冲击;同时,人工智能和机器人的广泛应用在给就业带来较大冲击的同时,也会创造出

大量新的就业岗位,对数据科学家、机器学习工程师等方面岗位具有显著的正向影响,且人工智能和机器人产业本身的快速发展也产生大量的岗位需求。

(一) 机器人应用给就业带来的挑战

人工智能和机器人的广泛运用将对就业产生较为显著的替代效应。随着各国对智能制造的高度重视,自动化和在劳动力队伍中引入人工智能步伐的不断加快;同时,由于人工智能和机器人具有状态稳定、能处理大批量数据、对物理环境的适应性强、非生命体不会因"工伤"引发社会舆论指责等人类所不具有的优势,为了提高生产效率和降低人力资本,人工智能和机器人的大量使用对相关岗位劳动力的替代不可避免。具体来看,人工智能和机器人的广泛运用将对低端性、重复性和危险性劳动具有较大的替代效应,同时,对智能制造重点领域行业和产业的劳动力具有较大的替代效应。世界经济论坛发布的报告显示,自动化程度的提高和在劳动力队伍中引入人工智能,未来 5 年将使 15 个主要经济体失去 710 万个就业岗位[1];人工智能和机器人的广泛运用对就业将会产生较大的冲击。

1. 机器人应用对重复性和危险性劳动具有替代效用

自动化的广泛应用必然会对相应的劳动产生替代作用,迫使劳动力离开其劳动岗位。2017 年 10 月 4 日,红杉软件(Redwood Software)和 Sapio 研究(Sapio Research)发布的研究报告表明,IT 领导者认为到 2022 年,自动化可能会影响到 60% 的企业,并且会在这个过程中影响到人类就业。普华永道最新全球报告《未来劳动力:2030 年竞争力量》对来自中国、印度、德国、英国和美国的 1 万人进行的调查表明,近 37% 的人认为人工智能和机器人技术会让他们面临失业的风险;2014 年,有 33% 的人也有类似的担忧[2]。同时,普华永道报告认为,到本世纪 30 年代初,美国约 38% 的就业岗位会受到自动化的影响,德国紧随其后为 35%,英国为 30%,日本为 21%[3]。2017 年 6 月,阿里巴巴创始人马云认为,未来 30 年人们每天的工作时间将大幅降至 4 小时,大量岗位将被人工智能替代。至 2016 年 10 月,苹果公司主要代工商富士康已在中国

---

① 资料来源:《未来 5 年 710 万个就业岗位会消失 人工智能将深度影响这 8 大领域》,搜狐科技,2017 年 3 月 23 日,http://www.sohu.com/a/129957304_451068。

②③ 《报告:人工智能将在五年内显著威胁到人类就业》,东方头条,2017 年 10 月 10 日,https://www.hao123.com/mid?from=shoubai&key=15325101819445696713&type=rec。

内地工厂部署了 4 万台机器人用以取代流水线工人。

总体来看,机器人对两大类劳动具有显著的替代效应:

一是对重复性劳动具有显著的替代效应。自动化对不同劳动者的影响存在较大的差异,但其中受到影响最大的是程序化、重复性的劳动。程序化、重复性、依靠反复操作岗位的行业大多属于劳动密集型产业,由于人工智能和机器人具有强大的记忆和计算能力,人类的工作效率难以与人工智能和机器人竞争;且随着人力资本的逐步上升和计算机制造成本的大幅下降,人工智能对程序化、重复性、依靠反复操作的岗位的替代效应逐步加大。例如固定场景中的物理操作、数据的收集和处理、纺织工人、照片处理人员、家具精加工人员、金属/塑料机械操作员、印刷装订工和印刷工人等许多制造业岗位,越来越多地由工业机器人所替代。弗雷斯特(Forrester)在最新的报告中称,到 2021 年,人工智能对于人类社会的冲击将加速,将会陆续自动化许多工种,目前看来受冲击最大的将是交通物流和客服领域;5 年内人工智能将取代客户服务、卡车运输和出租车领域的工作职位,约占目前总工作岗位的 6%①。

二是对危险性劳动具有显著的替代效应。大量高危行业,工作环境非常恶劣,且经常会发生伤亡事故,例如煤矿、金属非金属矿山、危险化学品和烟花爆竹等行业。在这些高危行业,由于工作环境相对恶劣,本身就存在劳动力短缺问题,机器换人将是大势所趋;人工智能和机器人替代高危行业劳动力的同时,也会降低行业事故发生率和提高行业工作效率。

2. 机器人应用促进产业结构调整进而对就业产生替代效应

一是制造业重新成为各国竞争的重点领域。2008 年爆发的金融危机促使各国重新重视制造业在本国经济中的支柱性作用,欧美国家纷纷推出"再工业化"战略,先后推出一系列促进本国制造业发展的新战略,制造业重新成为全球经济竞争的重要抓手。德国推出了"工业 4.0"战略,美国制定了"先进制造业国家战略"计划,法国出台了"新工业法国"计划,日本推行了"机器人新战略",中国实行《智能制造 2025》等。

二是各国智能制造战略推动了产业结构调整。各国智能制造战略的推进高度重视"互联网＋智能制造"模式,推动了人工智能和机器人在制造业中的广泛应用,将在一定程度上推动劳动密集型产业向资本密集型产业转变,对产业的生产工艺、流程、生产效率等各方面都将产生极大

---

① 王维峰:《报告称人工智能 5 年内将取代这些工作岗位》,《深蓝财经》2016 年 9 月 13 日,http://www.mycaijing.com.cn/news/2016/09/13/148352.html。

的提升作用,促进一国产业结构得以优化调整。

三是人工智能和机器人大量使用引起的产业结构调整对劳动将会产生较大的影响。制造业一直都是吸纳劳动力就业的主要领域,在国家智能制造的战略大背景下,许多制造业企业已经开始使用工业机器人来代替原有的工人,提高企业自动化生产线,降低生产成本,提高企业的生产效率。但人工智能和机器人在制造业领域的大量使用,在促进制造业从劳动密集型产业向资本密集型产业转变的过程中,必将产生大量的机器人替代劳动者的现象,极大地冲击制造业就业,最直接的体现就是导致大量一线工人被挤出劳动力市场,同时使得现有劳动力的工资水平产生一定程度的下降。

总体看来,人工智能和机器人的广泛使用将对重复性的低端岗位和制造业的工人产生较大的冲击;而且,随着工业机器人产业的快速发展,在可预见的未来,人工智能极有可能会导致传统劳动密集型产业的消失。

(二) 机器人应用给就业带来的机遇

人工智能和机器人技术是一把双刃剑,在替代某些工作岗位的同时,也会促进和创造其他的工作机会①。知名咨询公司加特纳(Gatner)指出,在 2019 年之前,人工智能造成的失业将多于其创造的工作机会;但 2020 年开始,人工智能创造就业数量将会超过造成失业数量,人工智能会在"杀死"180 万个工作机会的同时,制造 230 万个新的工作机会。德勤发布的报告也表明,人工智能已经在英国取代了 80 万低技能工作岗位,但是同时也在英国创造了 350 万个新就业机会;且后者的年收入比前者多 1.3 万英镑②。

1. 促进现有相关岗位就业的大幅增加

人工智能和机器人的大量使用会增加现有相关高端岗位的就业机会。随着工业智能机器人的大量运用,尽管会对重复性和危险性劳动具有较大的替代作用,但是会对现有相关高端岗位的需求有所增加。

一是对数据处理相关岗位的需求将会增加。如对数据科学家、机器学习工程师、软件工程师等人才的需求大量增加,促进了数据处理相关

---

① 历史发展过程表明,技术进步在不断消灭旧的就业岗位的同时,也会创造出新的就业岗位。例如,轿车的普及消灭了黄包车夫的就业岗位,却创造了出租车司机的就业岗位。

② 《人工智能将创造无数就业,不会让你"丢饭碗"!》,搜狐新闻,2017 年 11 月 24 日,http://www.sohu.com/a/206434471_450839。

岗位的就业；同时，人工智能硬件和芯片制造等行业都将扩张，随之而来的则是大量的工作机会。据 IBM 预测，到 2020 年，对于数据科学家的需求增长幅度将达到 28%，数据科学家、数据开发人员和数据工程师的年需求量将达到 70 万人①。

二是人工智能人才需求大量增加。随着人工智能技术的突破和在各个领域的大量使用，大量创业型企业加入了人工智能产业，催生了大量的人才需求。智联全站大数据表明，2017 年第三季度人工智能人才需求量相较 2016 年第一季度增长 179%，是 2016 年第一季度人才需求量的近 3 倍②。

三是互联网＋与公共事业、教育等领域的结合，使得该领域的就业需求持续增长。互联网＋与公共事业、教育等领域的就业人数将大大增加，进一步促进产业就业结构的优化。

2. 推动智能机器人产业自身就业的大量增加

近年来人工智能和机器人产业增长迅速：斯塔斯蒂斯塔（Stastista）和 Tractica 的统计数据表明，2016 年全球人工智能产业市场规模为 6.437 亿美元，2025 年将达到 368 亿美元；美国 VentureScanner 对全球 71 个国家人工智能公司的统计表明，截至 2016 年第三季度，全球人工智能创业公司数量已有 1 287 家，其中 585 家获得投资，投资金额总计达到 77 亿美元，其中美国投资金额超过 31 亿美元③。全球工业机器人销量呈不断增长的态势，从 2002 年的 6.9 万台上升至 2016 年的 29.4 万台。人工智能和机器人产业的快速发展，使得行业本身的人才需求大量增加，具体来看，主要体现在几个方面的人才需求：

一是人工智能和机器人研发人员需求大量增加。人工智能和机器人的实现需要大量的前期研发；且随着各国对智能制造的重视，人工智能和机器人研发人员的需求呈持续上升趋势。

二是与人工智能和机器人生产相关的就业机会。智能机器人的生产需要大量的人员来实现，产业本身就有大量的就业机会。

三是人工智能和机器人维护、维修等相关岗位大量增加。随着智能机器人在各个领域的大量使用，保障机器人正常工作所需的维护、维修、

① 资料来源：《AI 时代到来　身处这几个行业的人不愁找工作》，太平洋电脑网，2017 年 11 月 21 日，http://servers.pconline.com.cn/1034/10341929.html?ad＝6635。
② 资料来源：《七成人工智能从业者月薪过万》，搜狐新闻，2017 年 12 月 12 日，www.sohu.com/a/210016519_391268。
③ 资料来源：《人工智能：产业呈爆发式增长　全球竞赛的新领域》，同花顺财经，2017 年 7 月 8 日，http://stock.10jqka.com.cn/20170708/c599145823.shtml。

升级等相关的就业机会大量增加；且随着行业发展规模的增长和机器人在各行业的普及，所需的维保人员数量将呈快速增长趋势。

四是智能机器人的品质管理和销售岗位也将呈现快速增长。因而，从上述四个方面来看，未来机器人设计师、训练师、维修师、安装师、人机合作调度员等岗位将会出现大幅的增加。

3. 促进服务领域就业岗位的大量增加

机器人在不同领域的广泛运用，带来现有相关岗位和产业本身就业增加的同时，也创造了许多新的就业岗位。

一是机器人的广泛运用促进了相关产业就业的增加。智能机器人在各个领域的广泛应用，重塑各行各业及人类生活的同时，也促进了相关产业劳动力的就业。前一部分的分析表明，机器人在各个领域的运用会代替部分岗位，尤其是重复性、危险性岗位的劳动力会受到较大的冲击，但机器代替人会使得人们可以拥有更多的休闲时间，带动休闲旅游、影视娱乐等"绿色产业"发展，促进"绿色产业"的就业。

二是在医疗领域创造大量的就业岗位。人工智能与机器人在医疗健康领域的大量应用，在提高医疗护理能力的同时，也会创造大量"人工智能＋医疗健康"的就业岗位。一方面，人工智能可以大量运用于虚拟助理、医学影像、生物技术等各个细分领域，提升医疗健康的治疗能力；另一方面，人口老龄化程度在全球范围内日趋加剧，在增大劳动力市场压力的同时，也带来消费模式的变化，创造大量医疗领域方面的就业岗位，老龄化人口比重的逐步加大，在健康和个人护理等方面的消费需求将大量增加。人工智能和机器人与医疗领域的结合，在缓解医疗压力的同时，创造相关大量的就业岗位。

三是促进与电商相关领域就业岗位的大幅增加。人工智能和机器人的大量应用，在促进电商行业快速发展的同时，也提供了大量就业岗位。首先，机器人的使用在降低公司成本和商品价格的同时，会增加消费，从而使得需要雇佣更多的员工来为消费者提供服务。以亚马逊为例，该公司在大量引入机器人的同时，也需要更多的入门级仓库工人来满足顾客的订单，大量工人来使用机器人；亚马逊全球员工规模为微软的 3 倍，为 Facebook 的 18 倍，亚马逊称它将在北美地区另设一个总部，拟最多招聘 5 万个新岗位①。其次，"移动互联网＋加餐饮"模式创造了大量就业岗位。人工智能和机器人在餐饮业的大量运用，会为外卖送餐

---

① 资料来源：《亚马逊仓库大量使用机器人，可招聘的员工也多了》，网易科技，2017 年 9 月 15 日，http://tech.163.com/17/0915/07/CUBVI9MC00097U7R.html。

员、销售人员和客服人员提供大量的就业岗位。

由此可知，未来机器人运用将会催生出更多新的产业、产品和服务，从而创造大量的就业岗位。

五、如何应对机器人给就业带来的机遇与挑战

工业机器人的广泛运用已经成为全球趋势，在这一过程中机器取代人类劳动不可避免；但智能机器人的运用在减少部分工作岗位的同时也增加了大量的就业机会。中国作为全球工业机器人应用增长最为迅猛的国家，在智能机器人重塑各个领域的过程中，应该从政府、企业和工人三个层面上来应对机器人对就业带来的机遇和挑战。

(一) 政府层面

面对智能机器人对各行各业的重塑，我们在充分迎接人工智能技术的同时，也要应对由此而带来的机遇和挑战。从政府层面来说，政府应为智能制造时代的就业创造良好的软环境，做好智能机器人影响就业的储备政策。具体来看，主要体现在三个方面：

一是做好智能制造的顶层设计，为智能制造发展营造良好的政策环境。政府需要加强对智能制造的政策引导，推动智能制造技术落地和产业化发展，促进智能制造产业本身的有序发展；制定智能制造相关的政策法规，为智能制造发展提供良好的法律环境；做好智能机器人对工人岗位替代的检测和评估，构建与智能制造相适应的新就业统计方法。

二是促进智能制造产业本身的发展。人工智能和机器人产业本身的发展壮大，会创造更多的就业机会；且随着信息技术的不断发展和网络生态系统的扩张，人们的需求将会日益增长，智能制造产业还会创造出更多的就业机会。政府应大力支持人工智能和机器人产业的发展，提高该产业本身对就业的吸纳能力，缓解对现有岗位造成的冲击。

三是政府需构建与智能制造就业相适应的就业引导模式。建立完善的就业信息服务平台、咨询服务和转岗培训等，引导就业向智能制造及相关领域流动；扩大和重新定位再就业培训以及劳动力技能的培养提高；提高劳动力市场的活力和流动性，增大劳动力的再就业机会；实施相应的优惠政策，促进劳动者技能结构转变；为工人提供保障性收入和职业过渡期支持。

(二) 企业层面

企业作为吸收就业的前沿阵地,在应对智能制造时代的就业发挥至关重要的作用。从企业层面来讲,应做好三个方面工作:

一是建立与智能制造时代就业相适应的管理战略。在智能制造时代,企业须研究如何建立适应智能机器人的生产、管理和考核体系。在提高自身自动化程度的同时,使得工作场所、工作方式、工作人员等各个方面非标准化,顺应人工智能时代的柔性化、模块化、个性化等要求。

二是提高人机搭配的工业机器人应用体系。随着工业机器人在制造企业的大量运用,制造业企业应逐步构建人机搭配的工业机器人应用体系,使得工业机器人应用从替代重复简单的劳动逐渐过渡到人机协调生产,提高机器人操作、编程及调试、维护维修等人员的就业,促进人机协作,提高生产效率。

三是加强对员工的教育和培训。随着机器人在生产中的大量使用,根据业务流程来对员工进行教育和培训,尤其对于内部分流转岗的培训,使其更加适应经济发展和产业优化升级的需要,对于企业的智能化生产起着非常重要的作用,既符合他们自身的利益要求,也是他们社会责任的一部分。

(三) 微观层面

从就业个人本身来讲,如何提高自身适应智能制造相关技术的能力,是融入智能制造时代的关键。

一是需要建立与智能制造相适应的职业规划。在智能制造时代,工业机器人将会融入社会的各个领域,家庭和个人将更多通过"智能化"提高工作效率和生活质量。因此,个人在家庭教育、能力培养、知识积累、职业选择等各个方面制定适应智能制造就业的职业规划,寻找多元化的就业渠道,应对智能制造时代给就业带来的冲击和机遇。

二是不断拓展知识结构,融入智能制造时代。作为就业的微观主体,就业个人需要努力拓展知识结构、修炼内功,提升自身能力,从而提高对智能制造的适应能力。在扎实掌握某个专业领域知识和技能的同时,也需要掌握与智能制造相关的知识和技能,从而能够适应智能制造对于人才需求的变化。如全球知名的商业创新咨询公司 IDEO 的设计师们,不仅拥有工业设计、交互设计、沟通设计或商业设计等设计专业的背景,而且还广泛涉足宏观经济学、认知科学、食品科学、人类学、应用语言学、基因工程等领域知识①。

　　三是学会和人工智能合作,共同解决问题。随着越来越多的工业机器人成为人类的工作伙伴,人类劳动力需要转变思维方式,学会与机器公同工作,提高人机协调能力,将智能机器视为共同解决创造性问题的搭档与合作伙伴,在节约人力的同时提高生产效率。

---

① 　资料来源:《人工智能时代,人类保持就业竞争力的 5 种途径》,搜狐科技,2017 年 12 月 3 日,http://www.sohu.com/a/208170429_648853。

比特币等于货币？

——比特币的前世今生

张来春

2017 年 9 月 4 日下午，中国人民银行、中央网信办、工业和信息化部、工商总局、银监会、证监会、保监会等七部门联合发布《关于防范代币发行融资风险的公告》（简称《公告》），正式定性 ICO[①] 本质是非法融资，并叫停包括 ICO 在内的"代币发行融资"。随着央行的一声禁令，各种虚拟货币价格应声下跌。作为投资 ICO 的主要方式，比特币（BitCoin）在《公告》发布后的短短几周就从超过 3 万元人民币的历史高点到最低跌破 1.7 万，并引起了比特币坊间的一场大地震。

比特币（BitCoin）

图 1　比特币

---

① ICO 是 Initial Coin Offering 的缩写，即是以出售方式首次向公众发行类似比特币性质的数字货币。ICO 这个词显然是借鉴发行证券的 Initial Public Offering（首次公开发行）。ICO 实质是以数字货币作为资产发行进行筹资，所以可以很清楚地看到 ICO 是一种以数字货币为基础的商业模式。

　　比特币这个词最近一段时间在各种媒体中频繁出现，但就算是一些 IT 行业以及金融行业资深人士，也搞不清楚它究竟是什么东西！但比特币自问世以来已在很多细节上改变了世界，而且比特币的意义和影响以及由此引起的是非，仍将会在很长的时间里成为争议话题。那么，我国央行为什么会叫停包括比特币在内的 ICO"代币发行融资"交易平台？比特币是货币吗？比特币究竟是什么？比特币会给一般民众带来什么？其他国家对比特币是什么态度？互联网时代的比特币又将走向何处？

一、比特币是什么

1. 比特币的起源

　　2008 年 11 月 1 日，一个自称中本聪（Satoshi Nakamoto）的人在一个隐秘的密码学评论组上贴出了一篇为《比特币：一个点对点的电子现金系统》的论文中首先提出了比特币（BitCoin，货币代码为 BTC）。中本聪结合以前的多个数字货币发明，如 B-money 和 HashCash，创建了一个完全去中心化的电子现金系统，不再依赖于通货保障或是结算验证保障的中央权威。

　　2009 年 1 月 3 日，在位于芬兰赫尔辛基的一个小型服务器上，比特币区块链的第一个区块（称为创世区块）诞生，由中本聪创造。一周后，中本聪发送了十个比特币给密码学家哈尔·芬尼（Hal Finney），这成为了比特币历史上的第一次交易。

　　2010 年 2 月 6 日，世界上第一个比特币交易所 Bitcoin Market 成立，创建者是 Bitcointalk 的用户"dwdollar"。但同年 6 月，该交易所在遭受了 Paypal 欺诈之后，取消了 Paypal 支付选项。这也导致用户流失严重，交易量迅速下降，被后起之秀 Mt Gox 超越，并最终关闭。8 月 15 日，黑客利用大整数溢出漏洞，在比特币区块链上第 74 638 个区块上创造了 184 467 440 737.095 516 16 个比特币。5 个小时之内，比特币网络核心开发人员发现这一问题后，紧急发布了比特币补丁版本。随后，比特币区块链成功进行了硬分叉，化险为夷。5 月 22 日，美国佛罗里达州程序设计员拉斯洛·豪涅茨（Laszlo Hanyecz）花了 10 000 比特币买了两个披萨，这被认为是第一次有人用比特币购买现实商品。后来，2010 年 5 月 22 日被人们定为"比特币披萨日"。

　　2011 年 5 月，为全球商家提供比特币支付服务的 Bitpay 成立，商户收到消费者支付的比特币后，通过 Bitpay 把比特币兑换成自己使用的货币,并向 Bitpay 支付 0.99％的手续费。

2013 年 8 月 20 日,德国联邦金融监管局(Bafin)认为,比特币是一种私人货币,并准许比特币用于商业用途和私人交易。Bafin 是全球首个承认比特币合法地位的政府机关。

2014 年 2 月,当时最大的比特币交易网站 Mt Gox 发布公告,称价值 4.5 亿美元的 85 万个比特币和 2 700 万美元现金被盗,并申请破产。以太坊创始人维塔利克布特林无法说服比特币网络更改脚本语言,转而召集其他开发者开发更为通用的区块链社区,让所有的开发者都能在上面构建属于自己的区块链延伸应用,也就是后来的以太坊网络。

2015 年 1 月 26 日,比特币公司 Coinbase 创建了美国第一家持有正规牌照的比特币交易所。Coinbase 交易所声称,他们为个人和机构提供比特币的交易服务。专业人士称,Coinbase 交易所为比特币带来了一定程度的合法性。8 月,全球约有 16 万家商户提供的商品或服务已经可以用比特币购买。

2016 年,大型比特币交易所 BitFinex 成立,总部设在中国香港。8 月,Bitfinex 遭受黑客攻击,12 万个比特币被盗。随后,多家银行中断了与 Bitfinex 的合作。

2017 年 9 月 4 日,中国人民银行等官方机构在中国叫停首次代币发行(ICO)融资,随后,中国国内的电子加密货币交易平台停止交易业务;9 月 29 日,韩国金融服务委员禁止所有形式的代币融资;美国证交会 7 月表示 ICO 可被视为证券并受联邦监管,英国金融行为监管局也公告 ICO"风险很高",澳大利亚等国也相继出台了针对 ICO 的措施。

2018 年 1 月 12 日,中国互联网金融协会称,随着各地 ICO 项目逐步完成清退,以发行迅雷"链克"为代表,一种名为"以矿机为核心发行虚拟数字资产"(IMO)的模式值得警惕,存在风险隐患。

2. 比特币的获取

(1) 比特币的发币

比特币的发币被称作"挖矿(mining)",参与发币的计算机称为挖矿节点,在这一过程中,使用了其最为核心的"块链(blockchain)"技术。每个参与挖矿的矿工节点均收集网上发生的而没有得到确认的交易,并将其归集到新的区块化(lock)中,该个区块会和前面所有的区块联结起来,形成块链(blockchain)。每一个矿工节点会附加新的随机调整数,并计算前面块链的 SHA-256 的哈希值,如果其低于某个特定的设定的目标,就算成功。如果没有实现目标,矿工节点就会换一个随机调整数,并反复试错。

因为 hash 运算是不可逆的运算,寻找到符合要求的随机调整数极其困难,产生了一个可预计总数的不断试错过程,这就形成了工作量证明机制。如果当一个节点找到了符合要求的解,它向全网广播结果。其他比特币网络节点接收到这个新解出来的数据块,并自动检验其是否符合要求。如果经一定数量的其他网络节点验证通过,那么该区块有效,其他节点就会接受该区块,并将其附加在已有的区块链之后。作为奖励,送个矿工节点可获得新区块中的比特币。由于这种比特币挖矿进行的是 SHA-256 哈希值运算,会产生海量的 32 位整数不断循环右移的累加运算。

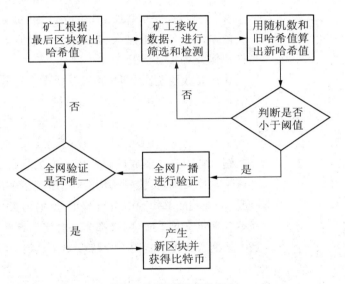

图 2　比特币的产生机制

换言之,比特币采取全网参与的竞争式解谜方法进行奖励式发币。首先,任何人和所有阔络节点都可下载相关软件参与发币,也都有机会获得比特币;其次,网络节点要想获得比特币,必须要完成一个特定的数学难题,即对所有的交易(已确认＋未确认)的进行低于某一特定值的 SHA-256 计算;第三,这种计算没有捷径,只能不断试错,需要大量的算力,只有付出大量的运算资源之后,才能获得比特币。作为"矿工"来说,就是在拥有先进专业挖矿计算机的基础上,耗费大量的电能;第四,这个难题的难度是动态调整的,参与发币计算的计算机越多、算力越大,题目的难度就会越难,从而保证了匀速发币;第五,数据块(block)其实就是比特币网络的"账本",矿工接块成绝就是比特币的交易链的计算和确认,对每一枚比特币合法性的确认。因此,挖矿节点所拥有的大量算力实际上在保卫整个比特币网络的安全。在技术层面,如果要对比特币进行全网攻击或扰乱,其算力必须要超过比特币网络的矿工算力的一半(称为51%攻击)。2016年1月比特币全网算力在8.5亿(GH/s)左右,即每秒完成$8.5×10^17$次hash计算,即使最为先进的量子计算机,单台也无法实现51%的压制式攻击。

(2)比特币的交易

比特币交易的基础就是账户,该账户就是一对公、私钥,借助于秘钥算法,使用电子签名完成整个交易。如果A将比特币转到B账户上,那么A就需要将钱的总数加上B的公钥,再加上自己的私钥签名。那么B只要依据该签名,就能够知道是谁给他转钱。同时,在交易中需要网络当作担保方对其给予担保。

A在完成这笔交易时,将交易清单公布在网络里,那么该网络中所有的人都能够对其进行验证。B从网络上获得超过六个人的验证以后,就可以确定A给出了该笔交易单,那么B就能够合法运用该货币。网络尚未对所有交易的双方给予登记,不过是在公开日志里会使用列表的方式将比特币自从形成以后发生所有的交易清单给予记录。如果法律进行强制性实施时,监管机构能够借助于高端网络技术去追踪所有交易情况,这样就能够找到所有比特币的动向,并找到对应的使用者。不管是谁要确定交易单时,网络都会去对该列表进行检验并确定转出账户上是不是拥有充足的货币。比特币交易机制如图3所示。

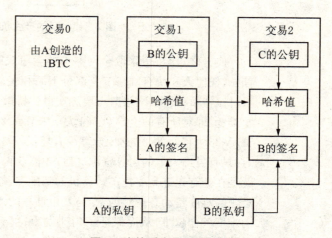

图3 比特币交易机制示意图

借助于 P2P 体系里的节点投票验证将所有交易都整合为一个交易链，让每一个节点都能够检验资金动向，运用分布式时间戳算法将由网络节点检验以后的新交易信息融入全网认可的交易链里，追踪该链中的交易去评判收款者获得资金以后是不是需要再次支付，这样就能够很好地处理比特币反复使用的问题。

3. 比特币的特征

比特币，是世界上第一种基于 P2P 分布技术在互联网发行和交易的电子货币。与大多数货币不同，比特币不依靠特定货币机构发行，它依据特定算法，通过大量的计算产生，比特币经济使用整个 P2P 网络中众多节点构成的分布式数据库来确认并记录所有的交易行为，并使用密码学的设计来确保货币流通各个环节的安全性。P2P 的去中心化特性与算法本身可以确保无法通过大量制造比特币来人为操控币值。基于密码学的设计可以使比特币只能被真实的拥有者转移或支付。这同样确保了货币所有权与流通交易的匿名性。比特币与其他虚拟货币最大的不同，是其总数量非常有限，具有极强的稀缺性。该货币系统曾在 4 年内只有不超过 1 050 万个，之后的总数量将被永久限制在 2 100 万个。总体而言，比特币具有以下几个重要特征。

(1) 去中心化。比特币实现了去中心化的货币发行和管理。当前货币都是从央行进行发出，然后由财政给予保障，该发行与管理形式具有下面一些不足：首先，货币类型比较多，各个货币间不断地进行交换，就提升了交易费用；其次，只要某个国家出现了政治问题，那么该国的货币就会遭受严重的信任风险；再次，货币发行的中心化会形成特权，因为货币发行机构具有绝对的铸币税征收权利。这样就会出现一些自利与短视的问题。就这些情况下，比特币在设计中就会全力去实现去中心化。为处理该问题，首先其运用了密码学算法，让其在进行创建时所有的使用者都需要付出相同的努力才可以证实其信用；另外，比特币形成需要获得整个网络的监督，所以要想能够欺骗所有使用者，就需要花费很大的运算实力。就技术上来说是不够现实的。简单来说，其成功使用了密码学方式，处理了去中心化问题，让其在发行时不会依靠任何政府单位，并且和当前的网络特征互相吻合。

(2) 匿名化。比特币为一种匿名化货币。该特点主要展现在下面三个方面：首先，其账号只是一些简单的数字地址，借助于这些数字是没有办法获得使用者所有信息；其次，其账号的形成不需要获得任何的实名认证，使用者只可以借助于私钥证实其所有权；最后，相同的人具有不同的账号，那么这些账号间也是不具有任何联系，这就代表着其他人没有办法得出指定使用者的所有货币总量。然而,其匿名性也是一种双刃剑,虽然可以借助于技术保障自身财产安全,但是也给一些不法交易活动带来了非常好的机会。另外,还有一个潜在危险就是会制约政府的征税能力。目前国际上的税收系统大多都是依靠对银行账户的监控预防逃税的情况,该方式是建立在实名制之上。如果资金实现匿名化,那么征税就会更为艰难。

(3) 开放性。比特币的账户即"公钥",是由"私钥"通过满圆曲线加密而得。如:就是一个十六进制表达的私钥,而其本质上是 32 个 byte 组成的数组,1 个 byte 等于 8 位的二进制数,一个二进制只有"0"或"1"两个数值,所以"私钥"的总量是 $2^{(8 \times 32)}=2^{256}=1.57 \times 10^{77}$,这是一个极大的数(据推算,地球上砂粒的数量在 10^{25} 的级别上,宇宙的行星数量也在 10^{25} 的级别上,也就是说,比特币私钥的数量远远超过宇宙中所有行星上砂粒的数量)。由于私钥和公钥是"一把钥匙生成一把锁"的关系,公钥也有 1.57×10^{7} 个。"私钥"和"公钥"的产生方法,既可随机获得,也可"个人自创",方法极其简单(用电脑或科学计算器即可实现),资源无限可得,"开户"时不用经过任何机构,甚至不用联结在互联网上。

(4) 全民性。与"货币的非国家化和去中心化"属于"一体两面"的关系。由于比特币采取了完全的 P2P 网络,这种网络的特点是每个节点的网络地位完全平等,每个参与者既享受服务,也提供服务。这种"我为人人,人人为我"的理念,符合互联网"开放、共享、合作、整合、信任、共同体、云、普惠、解构、创新"的价值取向,一定程度上已上升到"网络民主"高度。无论"发币权",还是新版本的确立,每个网络节点都拥有平等的参与权,对于参与者来说,这是前所未有的体验,具有最高程度的参与性和满足感,因此得到追随者的拥护。据有关统计显示,比特币开发者和使用者的主体为 1975 年之后出生的技术人员、技术爱好者和自由职业者,他们一定程度存在经济自由主义倾向,推崇货币使用不受国家管制和银行制约,均对比特币的"民主性"的价值取向表示认可和赞同。

(5) 透明性。比特币的技术和交易数据公开透明。比特币的技术原理公开,甚至源代码也完全开放,用户可以完全了解其技术原理,也可以通过复制的方法制造自己的电子货币即"山寨币"。同时,交易数据公开透明。由于要在没有中间节点的情况下,解决货币双重支付问题,比特币采取分步式数据库,即要求每一个节点记录全网的交易数据,以便验证交易的真实性。换句话说,虽然比特币系统没有"中央银行",但每个使用者,都拥有"中央银行数据库",可以知晓每一枚比特币的来龙去脉和所有的交易明细。

（6）全球性。法定货币化附于主权，其货币地位是由国家法律赋予的。如《人民银行法》第十六条指出："中华人民共和国的法定货币是人民币。以人民币支付中华人民共和国境内的一切公共和私人债务，任何单位和个人不得拒收"，从另一角度，人民币在国境之外，就不具有这样的地位和效力。当前即使是美元，也不能称为完全的世界货币。缺乏统一的世界货币，各国或地区使用自己的法定货币，是当前国际货币制度的主流格局，如果要进行跨国交易，一般来说都要通过外汇兑换系统。黄金等贵金属货币同样不可跨国自由流通，如我国《刑法》第 151 条规定及相关司法解释，违反海关法规，逃避海关监管，非法运输、携带、邮寄国家禁止出口的黄金、白银等贵重金属，触犯走私贵重金属罪。然而比特币依据的是互联网，只要有互联网的地方，就可以实现比特币交易。这种支付，目前并不触犯中国和其他大部分国家的法律，可以自由地进行跨国支付。

二、货币是什么

1. 货币的起源

在公元前 3000 年，两河流域的苏美尔人，在波斯湾沿岸有着很广阔的贸易，当时的交易方式是物物交换，用自己已有的物资去交换自己需要的物资，比如一只羊换一把石斧。而原始实物货币可谓五花八门，贝壳、羽毛、布料、盐和牲畜都曾是交换工具。古埃及甚至以土地或奴隶作为士兵的薪饷。古罗马士兵得到的军饷曾经有食用盐。拉丁文 Sal 的意思就是"盐"，英文工资"Salary"一词就是从 Sal 演变而来的。到了 20 世纪，在一些发展滞后的国家和地区，还有用特殊形状的羽毛、矿石和金属制品作为货币的现象。

世界上的很多地方，都曾把贝壳当作货币来使用。欧洲人从西非购买奴隶，使用的就是贝币，亚洲、澳洲、非洲和美洲的许多地方，也都使用过贝币。当年西方殖民者进入美洲时，被欧洲人视为至宝的金银，在原住民印第安人的眼里却一文不值，他们拒用金币或银币，这在当代人看来简直是傻透了。但是印第安人的皮毛产品是当时殖民地经济中的热门商品，他们要求欧洲人使用"真正的钱"——贝壳串珠（Wampumpeag，用复杂的方法将蚌壳中的小珠串制而成）来做交易。

中国也有以贝壳做交易的历史。商朝中期以后，当时流通最广泛的贝币，由于来源不稳定致使交易发生不便，人们才寻找更适宜的货币材料来替代,有人制作玉贝、石贝、木贝、骨贝以及蚌贝,以补充天然海贝的不足。那时低面值的"贝币"在市场交换中的麻烦是显而易见的。例如,为了买一头牛,要背上成袋的"贝币"或者"仿贝"到市场上去,支付时的计算也很费事。而购买更贵重的商品时,携带的"贝币"恐怕要斗量车载了。

因此,商朝中晚期(距今3100年左右),随着冶金工艺的发展,青铜冶炼技术日渐成熟,青铜币应运而生。**青铜铸造的铜质仿形海贝,是人类历史上最早的金属铸币**。在秦统一中国前的西周、东周时期,由于各诸侯国(部落)的生活居住环境不同,各以其主要生产工具或特选对象为原型,进行铸币,出现了复杂多样的金属仿形货币。因此在春秋战国时期,逐渐形成了具有诸侯割据地域特色的四大货币体系,即刀币、楚币、圜钱和布(铲)币。

"布"为"镈"的假借字,由农耕经济的铲形农具"钱"、"镈"的发展演变而来,这也是后世把货币称为"钱"的缘由。布币造型艺术特别富于审美价值,今天人们仍把布币视作中国钱币文化的象征。中国人民银行的行徽由三个金红色的布币组成;中国农业银行的行徽则用布币和麦穗构成;人民币的水印也有布币图案。

2. 货币的职能

(1)价值尺度:货币在衡量和表现其他一切商品和劳务的价值时执行价值尺度的职能。衡量商品的价值就是评价计算商品包含多少社会劳动,而表现商品的价值就是把社会承认的劳动表现为一定数量同质的货币。价值尺度的表现——价格:把商品的价值表现为一定数量的货币,即价格是他们在质的方面相同,在量的方面相比。如果没有货币,有 n 种商品,它们相互交换需要标出 $n(n-1)/2$ 个交换价值。有了货币只需要 n 个价格。价格标准是货币执行价值尺度的技术规定,即计量单位元、英镑等。

(2)流通手段:也称作交易媒介。指货币在交易中充当交易的媒介。由原始的物物直接交换变为以货币为媒介的间接交换。商品流通是以货币为媒介的商品交换。货币流通是以货币作为购买手段不断地离开起点,从一个商品所有者手里转到另一个商品所有者手里。其特点是作为流通手段的货币可以是代用品,并不一定是价值十足的货币。

(3)支付手段:货币作为独立的价值形式单方面运动时执行支付手段的职能。如清偿债务。支付手段的产生源于商业信用,有两个作用a.扩大商品流通:可以赊欠。b.节约现金流通,债权、债务可以抵冲。支付手段的特点是可能先买后卖。而流通手段是只能先卖后买。

（4）贮藏手段：货币暂时退出流通领域处于相对静止状态时执行价值储藏功能。贮藏的原因一是存储购买力，二是存储财富。凡是货币不论是足值的金属货币还是不足值的纸币都具有存储价值的职能，只是前者更多的是存储财富，后者是存储购买力。

（5）世界货币：当货币超出国界发挥职能时，这个货币就有了世界货币的地位。在金属货币阶段，执行世界货币的是货币金属块或条，而不是哪国铸币形式或单位。

在信用货币制度下，部分国家的货币充当世界货币的职能。一般说来，除了军事（武力征服，强制推行）这个途径外，一国货币充当世界货币往往有这样几个条件：a.一国进出口贸易额占世界进出口贸易额的比率很高；b.一国货币价值比较稳定；c.该国货币是自由兑换货币。由于历史的原因，并不要求满足所有这三个条件。（但第三个条件应该看成是必要条件，从长期来看第二个条件也很必要。）

因此，价值尺度和流通手段是货币的基本职能，具有货币质的规定性。存储手段和支付手段是货币的派生职能。

3. 货币的演变

现代的货币经济着眼于将货币充当为交易的媒介。在20世纪，国家垄断了货币的发行权，同时货币作为价值存储物的使用方式却不断被削弱，这就使人们产生了一种错误的信念，那就是货币的功能主要是作为一种交易媒介出现的。很多人都批评比特币不适合做货币，因为它的价格波动性实在是太大了，根本就不适合作为一种交易媒介。然而这种观点实际上是本末倒置。货币都是按照不同阶段进行演化的，在充当交易媒介的角色之前，货币首先应该具有价值存储的功能。边际经济学之父威廉姆·斯坦利·杰文斯（William Stanley Jevons）解释道：

"从历史上来看……黄金首先充当的是商品价值；其次是储存财富的价值；再次是作为一种交易媒介；最后才成为了衡量价值的手段。"

使用现代术语，货币总是按照下面的四个阶段进行演化：

（1）收藏品。在货币演化的第一阶段，人们之所以对它有着很高的需求，是因为它自身的独特属性，这通常来源于它的所有者的一些奇特想法。贝壳、珠子和黄金在最初都是一种收藏品，随后才逐渐转型成为了人们更为熟悉的货币。

（2）价值存储物。随着某一商品的收藏品特性受到了足够多人的追捧，它将会被人们看作一种保持或储存价值的方式。当一种商品作为价值存储的特性越来越被人们所认可的时候，就会有更多的人需要这种商品，那么它的购买力就会相应增长。当有相当多的人持有它，同时又有很多新人对于它的价值存储特性有着强烈需求的时候，这种价值存储物的购买力最终会到达一个稳定水平。

（3）交易媒介。当货币完全成为了一种价值存储物时，它的购买力水平就会处在相对稳定的水平。由于其购买力的稳定特性，从而导致人们使用它完成交易时所产生的机会成本就会逐渐减少，直到它适合作为一种交易媒介。在比特币的早期，很多人由于它的机会成本太大，并不会选择使用比特币作为交易媒介，而更多的是把它当作一种价值存储物。一个哥们用了1万枚比特币（在写这篇文章是价值为9 400万美元）买了2块披萨就能解释这种困惑。

（4）记账单位。当货币作为一种交易媒介被广泛使用时，那么很多商品就会按照这种货币进行标价。和这种货币的换股比率将适合于绝大多数的商品。在今天，人们对于比特币可以给很多商品提供标价有着一个非常普遍的错误认识。比如说，当一杯咖啡可以使用比特币进行支付的时候，咖啡的标价并不是比特币的真正价值；这只是在标价的时候卖家根据交易所的美元/比特币比率，用一杯咖啡的美元价格换成了比特币的价格。如果比特币的价格相对于美元有所下降的话，那么卖家就会相应修改支付一杯咖啡的比特币价格。只有到商人们愿意接受比特币，同时不关注于比特币和法币之间的汇率的时候，比特币才能成为一种记账单位。

一个没有成为记账单位的货币商品只能被看作是"部分货币化"。现如今，由于政府的干涉，黄金只能充当价值存储物，而不能充当交易媒介和记账单位的角色。

三、比特币是货币吗

1. 比特币的价值来源

（1）关于信用货币

货币被公认有三个作用：价值尺度、支付手段、价值存储工具，货币的形式经历了四个发展阶段：实物货币、贵金属货币、纸币、电子货币，纸币一开始只是贵金属货币的代币，1971年美元与黄金脱钩之后，全球进入纯纸币时期，这种纸币就是信用货币，即以信用背书发行货币而不是以贵金属作为支撑。电子货币是纸币的电子化形式，跟我们现在讨论的数字货币根本不同。信用货币首先要解决的是谁的信用的问题，目前世界上流通的各种货币都是由主权国家信用背书的货币,或者更精确的说是由各主权国家的政府信用背书发行,并由国家权力机构保证流通,发行机构通常是中央银行。国家权力机构如何来保证流通呢,首先是通过立法,商品必须要用主权货币标价,不接受主权货币支付即为非法,其次是通过税收,从明朝实物税过渡到货币税之后,国家规定纳税只收主权货币,最后是金融体系,清结算只能用主权货币。三个措施正好对应货币的三个作用。

(2) 信用从哪里来

如果主权货币(纸币)都是政府信用货币,那么政府的信用又从何而来,简单来说政府信用来源于国家的权力,政府是提供公共服务的国家权力执行机构。我们继续往上追溯,国家的权力来自哪里,现代"国家"的概念来源于卢梭的《社会契约论》,卢梭认为任何国家权力无不是以民众的权利让渡与公众认可作为前提的。所以为何政府可以发行货币,是因为民众的授权与认可。主权货币的产生如图 4 所示:

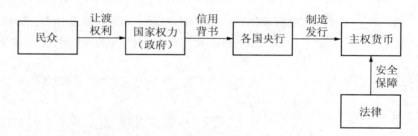

图 4　主权货币的产生

(3) 比特币的信用来源

比特币的底层是基于一个没有中心服务器的点对点网络,网络上的每个参与方电脑都安装相同的节点软件,节点软件中已经包含了既定的运作规则,任何一方单方面修改无效。网络中发生的交易都是以没有固定对象的广播方式发布到全网,各参与方节点把一定时间内收到的交易打包成区块(BlockChain),并计算该区块的谜题,最先计算成功的节点得到记账权,可以在区块链发起一笔给自己一定数量比特币的交易作为奖励,计算谜题就是挖矿,奖励即是比特币的发行。生成的区块会指向上一个区块,形成一个区块的链条形式的交易记录账本,全网节点都保存全部的完整账本,计算谜题需要大量的算力,且计算难度会随着全网算力的增加而相应提高,任何一方由于计算能力不能达到51%,单方面修改数据都无法影响其他节点。全网的计算能力越强,交易和账本越安全。这就是构成比特币体系以区块链为基础的去中心化、匿名式、分布式记账、不可逆或篡改等特征。

民众通过参与挖矿或购买比特币让渡权利给比特币网络（比特币公有链），而比特币网络采用算法（加密、数学公式）制造比特币，而算力是比特币的安全保障。

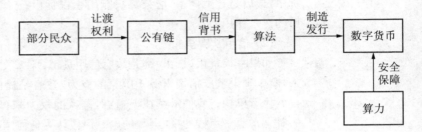

图 5　比特币的信用来源

从这个角度上来看，比特币跟主权货币的信用来源是一致的，本质上都属于纯信用货币，只是民众权利的受让方和货币的发行方不同。比特币与传统金融专家所说只是人民币代币符号的"商圈币"或者"社区币"截然不同。

以比特币的标准，要想形成有价值的数字货币，需要以下几个要素：

a. 足够多的民众自发的选择。

b. 有广泛部署，多节点参与，且没有一个中心化组织操控的公有链。

c. 算法和规则设置合理，共识机制有效可行。

d. 有较大的算力作为安全保障。

以这个标准来看目前有许多山寨币，特别是近期出现的很多进行了ICO的币并不具备上述条件，沦为非法集资的工具。

（4）比特币的价值来源

明白了信用问题，我们来看看比特币的价值来源。首先，我们先看看黄金的价值来源，黄金的价值体现在几个方面：

a. 黄金是金属，据有货币之外的使用价值，可以应用在工业产品和工艺品中。

b. 黄金据有稀缺性，地球上黄金产量有限，且开采成本较高。

c. 黄金很长一段时间是官方法定的主权货币，民众认可度高。

如果从这三点出发，对应于比特币同样成立：

a. 比特币没有实体，但是一样有货币之外的使用价值，比如作为公共随机数来源、通过染色方式作为赛场门票等。

b. 比特币有稀缺性，总量2 100万，2140年全部挖出，目前平均挖出一个比特币的成本（场地，矿机、电力、人工）差不多1 200美元。

c. 比特币参与节点超过一百万台，交易使用人数不完全统计超过一千万人，分布在全球一百多个国家和地区。

2. 比特币不是真正意义上的货币

（1）比特币缺乏国家信用支撑，难以作为本位币履行商品交换媒介职能。

首先，比特币不具备作为货币的价值基础。比特币是利用复杂算法产生的一串代码。它不同于黄金，本身不具有自然属性的价值，这是所有虚拟货币最大的特点，即"虚拟性"。比特币能否具有价值，能否成为交换媒介，完全取决于人们的信任度。现代信用货币（纸币）代表的是国家信用，实际上代表全社会商品生产和交易。即使出现通货膨胀，只要不是不可控制的恶性通胀，最多是该国货币的信用受到侵蚀，但仍具备基本的信用保证。只要国家机器正常运转，国家法律的强制力就能赋予公众对本位货币的信任。而比特币不仅自身没有价值，也没有国家信用支撑，没有全社会商品生产和交易作为保证，因而不具有货币的价值基础。如果一国宣布比特币非合法货币，比特币在该国范围内就无法流通，也无法承担交换媒介职能，甚至可能一文不值，连价值贮藏功能都难以发挥。央行等七部委发布《通知》后，比特币价格大跌，许多商家相继宣布不接受比特币支付，就是有力的证明。

其次，比特币没有法偿性和强制性，流通范围有限且不稳定。无论是比特币还是其他虚拟货币，都可能在一定范围内换取商品或完成支付，但能换取商品的并非都是货币，如我国历史上的粮票、布票等都曾经在较长时期、在很大范围内公开或半公开地能换取日用品，但从来没有人把粮票、布票定义为货币。货币成为商品交换媒介的基本条件是其普遍接受性。由于缺乏国家强制力的支撑，是否接受比特币支付完全取决于人们的意愿。一开始，比特币主要在互联网上使用，可用来购买网游中的各种装备或电子商务网站的商品，后来一些实体商家开始接受比特币支付。然而，随着比特币价格的急剧波动，今天还对比特币大加追捧的商家很可能一夜之间就宣布不接受比特币了。可见，由于没有国家强制力支撑，比特币的流通范围是有限的也是不稳定的，难以真正发挥流通支付手段的作用。

再次，比特币具有很强的可替代性，很难固定地充当一般等价物。金属货币时代，金银作为货币的独特性是由其自然属性决定的，经过了数千年时间的检验，"货币天然是金银"；信用货币时代，一国本位币的独特性是国家法定的。从技术上来说，所有虚拟货币的产生方式、交易模式、储存方式等都不具备独特性，比特币也是如此。任何有自己的开采算法、遵循 P2P 协议、限量、无中心管制的数字"货币"都有可能取代比特币，例如逐渐为人们所熟知的莱特币（Litecoin）。可见，比特币既没有独特的自然属性，也没有法律赋予的排他性、独特性，因此很容易被替代，难以固定地充当一般等价物而成为商品交换的媒介。

（2）比特币数量规模设定了上限，难以适应现代经济发展需要。

比特币的产生过程完全基于技术而非经济学原理，其上限数量和达到上限的时间已被技术上固定，即在 2140 年达到 2 100 万数量上限。数量的有限性是很多人认为比特币优于其他虚拟货币，甚至可以媲美黄金的重要原因。但正是由于数量有限，比特币难以成为与现代经济发展需要相适应的交换媒介。

首先，比特币有限的数量与不断扩大的社会生产和商品流通之间存在矛盾，若成为本位币，必然导致通货紧缩，抑制经济发展。货币供给应当与经济发展相适应。信用货币体系下，货币当局发行主权信用货币，并通过货币政策予以调节，使货币供应量符合社会商品生产和交易的需要，从而促进经济增长。而比特币的总量和供给速度由算法决定，与市场需求和经济发展无关。如果比特币成为一国本位币，它虽然从理论上消除了现行信用货币体系中货币供给可能过多的问题，避免了通货膨胀，但相对匮乏的总量必然无法适应不断扩大的社会生产和商品流通需求，从而导致通货紧缩，给经济发展带来更大危害。这也是金本位制崩溃的根本原因。

其次，数量的有限性使比特币作为流通手段和支付手段的功能大打折扣，更容易成为投机对象而不是交换媒介。正因为限定了数量上限，人们意识到囤积起来的比特币可能升值，持有比特币的人更愿意把它收藏起来而不是用于购买其他商品，结果必然导致比特币最终退出流通、失去货币的交换媒介功能而成为投机对象。现在虽然一些商家愿意接受比特币，但实际将比特币用于支付和购买商品的人很少。例如，上海某楼盘预售时打出接受比特币支付的旗号，却没有任何买家愿意用比特币支付房款。商家也并非认可比特币的交换媒介功能，而是想换回比特币等待升值，或利用比特币来做广告。比特币更多的是被投资者用来交易，以赚取买卖差价。这直接背离了货币作为商品交换媒介的本质。

（3）比特币缺少中央调节机制，与现代信用货币体系不相适应。

没有集中发行和调节机构即所谓的"去中心化"是比特币的又一个

特征,也被认为是比特币优于其他虚拟货币的一个重要原因。然而以货币当局为核心的中央调节机制正是现代信用货币体系正常运行的基本保证。

首先,比特币没有集中发行方,容易被过度炒作,导致价格波动过大。价值相对稳定是一种货币充当价值尺度和流通手段的前提条件。现代信用货币受国家货币当局的调控,自身价值不会剧烈波动,因而不可能被恶性炒作。而比特币则缺少本位币的这种中央调节机制,币值波动难以熨平;币值的剧烈波动又提供了巨大套利空间,进一步推动过度炒作,形成恶性循环。历史上没有任何一种货币价值的波动像比特币那样剧烈。三年内,比特币增值近 5 000 倍。2013 年我国市场上一枚比特币价格最高时超过 7 000 元,随后又暴跌到 2 000 多元。比特币价格的剧烈波动使它无法成为计价货币和流通手段。大多数接受比特币支付的商品,其标价货币实际上仍然是国家的本位币(美元、人民币等),比特币需要换算成本位币才能支付。如果以比特币计价,难以想象一件商品今天还是 100 比特币,明天就变成 200 比特币了。

其次,比特币不受货币当局控制,难以发挥经济调节手段的作用。货币供应量的变化对经济的影响十分广泛,与物价、收入、就业、经济增长等宏观经济指标密切相关。正如凯恩斯所说,"货币经济之特征,乃是在此经济体系之中,人们对于未来看法之改变,不仅可以影响就业之方向,还可以改变就业之数量。"可见,现代货币是国家调节经济的重要手段。比特币突出特点之一就是没有中央调节机制,它的发行、流通和管理不属于任何一个国家、组织或个人,任何人都没有权利改变比特币的供给量,甚至也没有中间机构记录比特币的交易信息。因此,货币当局不可能通过改变比特币的供应来调节宏观经济。

总之,货币与经济运行和经济发展密不可分,不是纯粹的技术产物。现代信用货币体系是经济社会发展到一定阶段的必然产物。只要现代经济社会组织形态不发生根本性变化,以国家信用为基础的货币体系就将存在,比特币以及其他虚拟货币就成不了一国的本位币,从而也成不了真正意义上的货币,不过是技术至上主义和绝对自由主义者的乌托邦而已。

3. 比特币的未来

比特币的出现,的确在一定程度上反映了互联网时代对货币支付功能的要求,包括便利、快捷、低成本等。但人们只是看到虚拟货币与本位货币个别表象上的类似,而误以为前者是后者的扬弃,甚至断言前者将取代后者。事实上,便利、快捷、低成本不是虚拟货币的特权。信用卡、网银等实际货币的电子载体都能满足这些要求,并且这些电子化的本位货币得到银行体系支持,更加便利和安全。科技发展能推动人类社会的进步,甚至在一定条件下改变人类社会形态。

但是,"去中心化"作为比特币为代表的区块链应用最突出的特点,也是一柄"双刃剑":一方面解决了信息不对称的传统难题;但另一方面也赋予了数字加密币绕开传统监管体系的可能性,增大了其被用于非法、灰色交易的风险,比如,比特币的匿名属性带来了用户身份识别的不足和反洗钱的难度等。此外,比特币持有的极端分布、交易所流动性风险、"挖矿"所带来的资源消耗等也给比特币市场的可持续性打上了问号。在此情形下,适应技术进步、填补监管空白成为了促进数字货币市场良性发展必不可缺的一环。2017 年,全球主要国家明显加强了对于数字加密货币的监管,中国、韩国、印度等国家释放出了强监管信号。

未来,对于数字货币交易环节的简单限制将向多元化和协同型的治理转变。从本质上讲,由于大多数数字加密货币所依赖的分布式账本系统并不需要许可权限,这也导致整个系统缺乏承担责任的法律实体。

同时,技术进步会推动数字货币内涵和外延的进一步演化,因而相关治理体系也亟待完善。特别是除了对交易环节施加限制措施之外,需要疏堵并举,通过构建非制度化的数字货币治理基础设施来配合法律规则,以将监管标准内嵌于贯穿全流程、不断升级的技术规则中。

同时,为了规范市场参与者行为、保护投资者权益,打击数字货币市场操纵、取缔 ICO 所涉及的非法证券活动、加强数据隐私和信用管理等举措也必不可少。此外,由于数字货币本身并不具有国界,只有通过全球范围内的协同才能真正避免"监管飞地"。可以预见,增加治理有效性的需求将推动数字货币相关治理主体和国际准则的出现。

人造"数字游戏"？

——上海家庭农场的复制推广

范 博

2007年,被称作中国农业政策风向标的"中央1号"文件发出"培育现代农业经营主体"的号召,上海松江顺势开始了"家庭农场"为生产单位的农业经营模式的试点,成为全国探索"家庭农场"经营模式的先行者之一。

松江在"家庭农场"上的探索和实践经验,被外界誉为"松江模式"。"松江模式"有两大特点备受瞩目:一是给经营家庭农场的农户一份"体面的"收入,解决了农民增收问题;二是吸引了一批年轻人回家种地,解决了"谁来种地"的问题。中国"三农"发展中的两大难题似乎被"松江模式"毕其功于一役地解决了,一时间声名鹊起。尤其在2013年"家庭农场"被正式写入中央1号文件"鼓励"推广后,中央乃至全国各地区相关部门的政府官员、专家学者纷至沓来赴松江调研取经,"松江模式"频频出现在政府文件、学术论文、内参要件的字里行间、更是成为了各个报纸媒体的宣传热点。

与此同时,对"松江模式"的家庭农场的各种质疑声也从未间断,并且不约而同地形成了"'松江模式'不可持续、不可复制"的共识。①有学者将"松江模式"定义为"只不过是'人造'出来的一个数字游戏而已"②,认为

---

① 《松江为家庭农场投入巨额补贴　其他地区难复制》,http://sh.sina.com.cn/news/sd/2013-03-08/085737219_4.html.2013-3-8/2017-12-01.

② 华说:《家庭农场的"松江模式"》,http://blog.sina.com.cn/s/blog_4b073cc1010192bm.html.2013-3-10/2017-12-01.

政府选择这样一种方式来打造"家庭农场"，"没有太大政策价值"①。

2017年10月18日，为彻底解决农村产业和农民就业问题，确保农民长期稳定增收，中国共产党第十九次全国代表大会（简称党的十九大）提出了"乡村振兴战略"，"培养新型主体和经营模式"依然是重要内容之一。在大力培育新型主体和经营模式的国家战略背景下，上海"松江模式"——这个曾被全国关注的、探索培育现代农业经营主体和经营模式样本之一，究竟是否"可推广"、"可复制"？是否具有政策价值？这个问题重又被学术界和实务界提出和审视。2017年，也是上海家庭农场"松江模式"诞生、发展的第十个年头，今作此文，一为学术探讨二为实践总结。以期为我国振兴乡村的探索提供有益借鉴。

一、"家庭农场"是什么？

"家庭农场"，是一个起源于欧美的舶来词，引入中国以后，中国学术界一直尝试着对其进行本土化界定。目前主流定义为："以家庭成员为主要劳动力，从事农业规模化、集约化、商品化生产经营，并以农业收入为家庭主要收入来源的新型农业经营主体。"

"家庭农场"这种农业经营主体形式，在进入中国后一开始是在全国试点实践，因此行内之人对其并不陌生，而为公众所知晓却是在其进入中国的若干年后。2013年，"中央1号文件"《关于加快发展现代农业进一步增强农村发展活力的若干意见》提出："鼓励和支持承包土地向专业大户、家庭农场、农民合作社流转。"这是"家庭农场"首次在中央1号文件中出现，自此"家庭农场"便成为"三农热词"之一，进入公众的视线。

一些人认为家庭经营落后、规模小，不能实现现代化，然而，产业规律表明，以农民家庭为经营主体的经营模式是农业生产中最可靠、最有效率的经营模式。这是因为，家庭经营最适应农业生产的特殊性质，是农业生产经营的先天最佳组织形式。具体而言，农产品生长的不可逆性，尤其注重和要求农业生产者不仅需要勤奋劳动，而且要投入精力和专注，然而农业生产活动的分散性、生产流程的频繁反复性，导致对劳动的有效监督和准确计量十分不易，进而不可避免地产生信息不对称、机会主义行为等问题，农业生产效率随之受到影响。而家庭，是一个特殊的利益共同体，拥有包括血缘、感情、婚姻伦理等一系列超经济的社会纽带，家庭经营将生

---

① 刘守英：《六问家庭农场——上海松江的观察价值》，http://www.aisixiang.com/data/104224.html.2017-05-06/2017-12-01.

产经营与家庭的生存和发展紧密联系在一起,这容易形成共同目标和行为一致性,使劳动者在不进行劳动计量和监督的生产过程中,不仅具有较大的自主性、积极性和灵活性,还能为追求收益最大化自觉投入。因此,家庭农场经营模式,能够完美地解决农业生产中的合作、监督、激励以及农产品责任追溯等问题,是一种最有效率的农业经营形式。

综观世界各国农业生产经营情况,家庭经营也是占绝对优势的经营形式。即便在农业发展得很好的国家,基本经营主体还是以农民家庭为主,只不过经营规模大小有所差异。

表1 世界主要发达国家农业经营主体情况

国 家	农业生产水平	经营主体	主要农业生产模式
美 国	美国是世界第二大粮食生产国,仅用全国人口2%的农业劳动力就生产了世界1/5的粮食,不仅能够供应本国3亿人口的粮食需要,还能有2/3的农产品对外出口。	大中型家庭农场	美国的农业生产以高度商业化的家庭农场为基础。2010年,美国农场总数为220万个,平均规模为418英亩,其中私人或家庭经营的农场为190万个,占总数的86.36%。①
加拿大	加拿大是世界第七大粮食生产国,大麦、小麦、油菜籽等农产品产量均居世界前列。	大中型家庭农场	与美国类似,加拿大也以家庭农场为主要的农业经营单位。2015年,加拿大的农场总数约为24.6万个,绝大多数是家庭农场,其中100公顷以下的农场占农场总数的45%,500公顷以上的超大型农场占总数的10%,其余部分大多为300公顷左右的农场。②
法 国	法国是欧盟成员国中排名第一的农业生产国,也是世界上农产品出口量最大的几个国家之一。	中小型家庭农场/租赁农场	1. 第二次世界大战后,法国政府对其小农经济进行改造,大力推动农业合作化,不断扩大农场规模,农场数量不断减少,小农场逐渐消亡。1998年,全国仍有农场101.7万个,到了2007年快速减少至50.7万个。 2. 通过租赁土地办农场一直是法国农场的主要经营模式,特别是从事大宗作物生产和养殖业的农场更是如此,3/4的职业农场实行交租金或收益分成制。

① 小琳:《美国农业生产及家庭农场模式》,http://www.jbzyw.com/view/237793.2016-02-29/2017-12-2.
② 《加拿大家庭农场的主要特点》,http://www.shac.gov.cn/zwdt/hyyw/201512/t20151203_1600623.html.2015-12-03/2017-12-2.

国　家	农业生产水平	经营主体	主要农业生产模式
德　国	德国农业发达，机械化程度很高，是欧盟最大的农产品生产国之一。	中小型家庭农场	总体来讲，德国仍以中小型家庭农场经营为主。2015年，"大型"家庭农场，经营土地规模在100公顷以上，全国有2.93万个，占德国农业企业总数的8.29％；"中型"家庭农场，经营土地规模在30—100公顷，全国有10.4万个，占总数的29.44％；"小型"家庭农场，经营土地规模在2—30公顷，全国有21.85万个，占总数的61.94％。①
意大利	意大利是传统的农业生产国，也是欧盟农业大国之一。	小型家庭农场	意大利农场规模比较小，最小的不足1公顷，超过20公顷的属于中型农场，50公顷以上即为大型农场。超过50公顷的农场仅占农场总数的2.4％，但耕地面积占了总面积的40％。
日　本	日本的农业生产结构中，畜牧业比重最大，其次是蔬菜和粮食。其中粮食作物以水稻为主。	小型家庭农场	1. 以小规模个体经营农户为主。日本在20世纪60年代开始全面调整农业政策，改善农业结构，扩大经营规模，但进展非常缓慢。2000年，耕地面积1公顷以下的小规模农户占60％，5公顷以上的规模经营的农户仅占1.9％左右； 2. 兼业农户比重大。农户从事农业外的经济活动称为兼业。在20世纪90年代的农户中，专业农户只占16％，其余84％为兼业农户。兼业农户中，以农业收入为主要生活来源的"第一兼业农户"，仅占14％，以非农收入为主的"第二兼业农户"却占多数，达到70％。②
韩　国	种植业在韩国农业中的比重最大，其中又以稻谷为主。	小型家庭农场	以小规模农场经营为主。韩国通过改进农场结构、扩大农场规模，农场平均规模增加。现中、小型农场占韩国家庭农场的81％左右。③

资料来源：公开资料整理而得。④

---

①　《德国家庭农场面面观》，http://news.163.com/15/0123/12/AGL53JBJ00014AED.html.2015-01-23/2018-07-01.

②　蔺全录、包惠玲、王馨雅：《美国、德国和日本发展家庭农场的经验及对中国的启示》，《世界农业》2016年第11期。

③　孟莉娟：《美国、日本、韩国家庭农场发展经验与启示》，《世界农业》2015年第12期。

④　章意率：《世界主要发达国家农业行业生产概况》，http://www.360doc.com/content/15/0421/19/4216866_465006363.shtml.2014-06-06/2017-12-2.

20世纪80年代,家庭联产承包制成为我国农村的基本经营制度后,我国广大农户向村集体承包土地进行农业经营,形成了学界所说的"小农户经济"。从经营主体上看,小农户经济是家庭农场的雏形。然而,区别于"小而散、小而全"的小农户经济的是,家庭农场具有规模化、集约化、商品化的特点。中央大力促进家庭农场的发展,其意便是改变中国当前过于碎小的农地规模、改变传统小农生产方式,以发展家庭农场为抓手,提高农业生产要素使用效率、促进农业转型升级、发展现代农业。据农业部一项调查显示,现阶段种粮户的经营规模在达到百亩以上时,土地利用率会提高10%以上,经济效益会提高25%以上。随着农户经营规模的提高,我国农业资本装备水平也将得到提高,这有利于降低农产品成本,提高农产品质量。正如农业部部长韩长赋所说,我国农业发展到了从传统农业向现代农业转型跨越的新阶段。家庭农场是中国农业生产中一次专业化和经营化发展方向的转变。

二、上海的家庭农场什么样？

中国农村自试点"家庭农场"以来,上海松江、湖北武汉、吉林延边、浙江宁波、江苏铜山、安徽宿州、郎溪、山东曲阜等地纷纷开始家庭农场模式的探索。其中,上海松江所打造的家庭农场"松江模式"引起各方关注。那么,"松江模式"的家庭农场有何特点? 缘何引起瞩目呢?

特点1:谁来经营? 限定于本土农业人才

主流学术观点和官方口径将家庭农场的经营主体划定为"(农户)'家庭成员'"。上海松江对家庭农场主的资格提出了更为细致、严格的要求。一是要求经营主体必须为本地农民身份。松江区明确提出,家庭农场经营者必须是本村农户家庭且家庭常年务农人员至少在2人以上(含2人);特殊情况下,可以是具有本区户籍、家庭常年务农人员至少在2人以上(含2人)的家庭。二是要求家庭农场的经营者必须是自耕农。即家庭农场经营者必须依靠家庭人员来完成农田的耕、种、管、收等主要农业生产经营活动,除季节性、临时性聘用短期劳动者外,不得常年雇用外来劳动力,不得将所经营的土地再转包、转租给任何无直系亲属关系的第三方经营者。三是抬升了家庭农场经营者的年龄和素质,提高准入门槛。针对农业人口的老龄化和低素质趋势,上海松江区明确要求,农场主超过年龄(男60岁、女55岁)原则上要退休,且家庭农场主每年必须参加足够次数的区相关部门组织的技术和市场培训才能继续上岗。①设计这样的经营主体准入标准，主要是为了培育新型农业经营主体、专业农民，让农民专心致志地搞好农业经营，能够亲自学会驾驶现代农机，提升专业化生产水平，从而让真正从事农业生产的劳动者收入得到提高。

特点2：经营什么？ 以农为主，种粮和"种粮＋养猪"两种模式

家庭农场是一种以农业收入为家庭主要收入来源的经营模式，因此国家规定家庭农场主业必须从事种植业、养殖业生产。设立这样的限制是为了防范占用农地却不从事农业生产的土地"非农化"（如建别墅、高尔夫球场、开发生态旅游等）现象的出现。在试点地区，目前家庭农场的生产模式有一业为主、种养结合两种方式。至于种什么、养什么，一般与地方特色直接相关，可以种植谷物、蔬菜、水果、园艺作物或其他农作物，也可以从事乳禽、水产养殖。相较于其他试点地区，上海松江家庭农场的经营主业显得非常统一：种什么？种粮；养什么？养猪。这是松江区根据其郊区农业的特征所确定的经营主业。从粮食生产领域入手，建立粮食家庭农场。在发展粮食家庭农场的同时，逐步向生猪生产领域延伸，逐渐形成种粮和"种粮＋养猪"两种家庭农场模式。

特点3：如何经营？ 限定规模、机农合一

家庭农场之所以能够成为促进农业转型升级、发展现代农业的抓手，是因为其经营特点之一是经营规模化。然而，经营规模也并不是越大越好。在一定的投入水平、技术水平、生产条件下，农户的经营规模会受到多方面的限制，也就是说，经营规模应处在家庭成员可控的范围内，一旦经营规模超出了自身经营能力，资源利用率、土地产出率和经济效益都可能下降。因此，在经营规模上，上海松江提出"适度适当经营"，并对适度经营的"度"给予了明确界定，规定家庭农场的规模必须控制在80—150亩之间。该标准的制定，一方面出于对经营规模应与家庭成员的劳动能力相匹配的考虑，确保既充分发挥全体成员的潜力，又避免因雇工过多而降低劳动生产效率。根据上海当地的耕作水平和农业生产力状况，按照户均2—3个劳动力计算，并在农忙季节雇1个帮工的情况下，单个家庭户最多可以经营300亩耕地；若家庭耕作土地数量少于80亩，家庭劳动力则处于不饱和农业就业状态。另一方面，还出于实现农民取得相对体面的收入的考虑，即家庭农场人均收入要达到甚至超过当

① 《上海市政府办公厅关于本市加快推进家庭农场发展的指导意见[沪府办发〔2013〕51号]》，https://mp.weixin.qq.com/s?_biz＝MzAxMDMzOTMyMQ％3D％3D&idx＝1&mid＝403456745&sn＝16be880c89bfbe839d2486ec6a553ebd.2016-04-13/2017-12-22.

地域城镇居民的收入水平。用松江区领导的话说，家庭农场农户从事粮食生产的收入得比他们打工的收入高一倍，否则，没人干。目前上海农民夫妻俩一年的务工收入约4万—5万元，要使家庭农场户获得比较体面的收入，考虑到农业生产的特点和劳动强度，粮食家庭农场经营者的人均纯收入至少要比打工收入高出2倍左右，家庭农场经营的土地规模要在80亩以上。基于以上两点考虑，松江区将粮食家庭农场的适度规模确定在100—150亩之间。最后政策实践结果是，上海松江家庭农场经营规模最小规模为80多亩，最大规模为200亩左右。其中，在80—100亩之间的占35.3％；100—150亩之间的占39.8％，150—200亩之间的占22.1％，200亩以上的仅2.8％。①

家庭农场是现代农业的经营主体，生产经营是规模化、集约化的，因此家庭农场必然需配备农业机械等生产资料。目前在国家相关政策中没有硬性规定家庭农场需应配备多少台农机和固定资产以供生产，因此各试点地区在该方面都在迷茫中探索。上海松江开创了"小机自有、大机互助"机械化配置模式，一方面组建农机专业合作社30家，提供全程机械化作业服务；②另一方面扶持家庭农场"机农合一"模式。所谓"机农合一"模式，是指家庭农场经营者自己购置现代农业机械，以满足自己耕种的需要。为推进"机农合一"的实现，上海市、区财政对家庭农场按农机总价的50％—70％进行补贴。同时，对"机农合一"的家庭农场给予每亩地提供40元油费补贴。③随着松江家庭农场实践的深入，"机农合一"对家庭农场健康发展的重要性也逐渐被认识到：第一，能筛选出真正的农民。家庭农场的经营主体是农民家庭成员，即家庭农场的经营者必须直接参与耕种，这就需要经营者会操作使用农业器具、了解农业生产方式，如若不然，便不是懂行的农民，不是真正的农民，而是"二房东"。第二，培育出农业现代化所需的农民。现代农业需要有知识有文化、懂经营善管理、会熟练操作使用各种收割机等农业机械的经营者。家庭农场是现代农业的重要经营主体，因此现代农业对现代农民的要求，自然也是家庭农场经营者所必备的基本素质。

特点4：如何扶持？ 促流转、强补血、育人才、引技术、强农基

第一，为改变土地经营规模过小的现状，形成家庭农场所需的经营

① 土流网整理：《浅析松江区家庭农场发展情况与主要做法》，https://www.tuliu.com/read-31203.html.2016-06-03/2017-12-15.
②③ 湖南省政府驻上海办事处：上海市松江区家庭农场调研报告[EB/OL].http://www.caein.com/index.php/Index/Showcontent/index/bh/025/id/104509.2014-12-24/2017-12-28.

规模,上海松江创新了农地流转制度,引导农村土地向家庭农场集中。为鼓励土地向家庭农场集中,松江区采取了一系列促进土地流转集中的政策:一是推行农户委托村委会统一流转土地的方式。在遵从"依法、自愿、有偿"原则基础上,农户将手中土地流转到村集体组织,以这种方式把农户小规模、碎片化的土地集中起来。再由村委会将土地流转给家庭农场经营者,家庭农场主不与个体农户之间产生交易。家庭农场经营者则在农民自愿提出申请的基础上实行民主选拔而出。二是进行土地确权,推行土地流转规范化。2006 年,松江区政府下发《关于印发规范土地流转、促进规模经营若干意见的通知》,鼓励流转土地的农户与村委会签订统一的"土地流转委托书"。2009 年,松江区对农民土地承包权予以确认,消除了农民流转土地后权利难以得到保障的后顾之忧,使农民流转土地更放心,这一举措加速了农地流转速度。到 2011 年 12 月底,松江区土地流转面积 25.1 万亩,全区 99.4％的土地集中到了村集体①。三是建立养老金补贴机制。农村劳动力转移是发展家庭农场的重要前提。在初期,区政府对土地全部流转给家庭农场经营者的老年农民(男 60 岁、女 55 岁以上),给予每人 150 元/月的养老金补贴;2015 年下半年起,松江区探索开展老年农民自愿退出土地承包权换保障的做法,对全部流转土地的老年农民,在每人 860 元/月农村养老保障金基础上,再给予每人 664 元/月的补贴,以此鼓励老年农民自愿转出土地,稳定家庭农场土地流转关系。

第二,为解决"三农"长期积贫积弱所导致的当前发展家庭农场缺乏前期投入资金的窘境,上海松江采取了可谓"强补血"的制度措施,一定程度地消解了农场经营者的资本投入压力。一是出台土地流转资金补贴政策。松江吸纳了其他地区发展家庭农场的普遍做法:为家庭农场流转土地提供资金扶持。扶持方式是各地普遍采用的财政补贴方式,补贴标准是向种植水稻的农场提供每亩 200 元的土地流转费补贴。二是提高种粮补贴。2013 年 3 月开始,区财政将每年每亩 200 元的土地流转费补贴改为奖励补贴,奖励范围有所拓展,有家庭农场粮食高产竞赛、秸秆还田、农机直播、新农艺新技术推广、生产考核等。三是建设并无偿提供固定资产。对种养结合的家庭农场,松江区允许一定土地用于工作用房和猪舍建设,并实行标准化建设。全部投入由区财政支持。四是消减农贷风险。考虑到多数农场主由于没有很多

---

① 宗禾:《我国家庭农场发展的五种成功模式》,http://www.360doc.com/content/15/0618/21/79186_479072548.shtml.2015-06-18/2017-12-28.

可供抵押的资产,而只能获得小额贷款,然而,相较于家庭农场前期所需的较大资本投入,小额贷款根本是杯水车薪。为解决家庭农场发展面临的融资难问题,区财政出资5 000万元设立贷款担保基金,为家庭农场贴息贷款提供担保。

第三,家庭农场发展最大的困境是人才缺乏,培育农业专业人才也是松江扶持家庭农场发展的重点。前文所述的准入条件若视作是对现有农业人才资源的保护,那么松江区家庭农场续包机制、考核淘汰机制以及土地租金稳定政策可谓是打造了职业农民的培养皿。其一,旨在形成家庭农场经营者长久预期、激励经营者成为职业农民的续包机制。松江区规定在家庭农场经营期满后,符合下列条件之一的农场主,可优先获得延续经营权:(1)在经营期内,每年都参加专业农民培训并获得培训证书,拥有农机驾驶证的家庭农场经营者。(2)在经营期内,经营管理好,生产水平高,每年综合考核取得合格及以上水平的家庭农场经营者。(3)在承包期内,积极探索并开展"种养结合"和"机农合一"的家庭农场经营者。在此规定下,松江家庭农场主与村集体签订合同,开始是三年一签(后来变成五年一签),如果种地种得好、考核优秀可以十年甚至十年以上一签。所谓"无恒产者无恒心",这个制度稳定了农场主的土地经营权,有利于农业经营者对生产经营作长久打算进行长期投入。目前70%的松江家庭农场承包期限都在5年以上,还有168户在10年以上。其二,激励农场主成长的淘汰退出机制。松江区家庭农场经营承包权不是永续状况,经营不善或不按规定经营的农场主将退出经营。松江区规定,不直接参加农业生产和管理,常年雇用其他劳动力;将经营土地转包转租;管理不善,连续两次考核为不合格或连续三次考核为基本合格;私自调种、乱用种子影响稳产高产;使用违禁农药影响农产品安全;不服从本村统一安排,不能做到"种田"与"养田"相结合而影响耕地质量;无正当理由不履行协议,故意拒交、拖欠土地流转费;未按合同要求完成约定的向国有粮库交售粮食任务的农场经营者均在退出之列。其三,保障农场主利润成长空间、支持农场扩大再生产的土地流转租金稳定政策。松江创新地实行了土地流转价格实物折价政策,即将土地流转费由原本固定的每年600—770元/亩调整为以500斤稻谷实物支付,或以当年稻谷挂牌价格为标准,折算为现金支付。为平衡原土地承包户和现家庭农场经营者利益,松江区还设置了土地流转租金上下限,上限为500斤稻谷,各镇村可以根据当地实际情况适当下调,但不能低于400斤稻谷实物的下限。这种做法,既保障了流出土地承包权农户的利益,同时预防了土地租金提高而减少了家庭农场经营收入减少的可能。据了解,实行流转价格实物折价政策以来,松江区土地流转费长年处于上海各区的最低水平,2016 年全区土地流转费均价为每亩 733 元/年,仅为全市均价的 65%。

第四,为鼓励现代农业科技的引进与使用,提高家庭农场生产经营能力,松江采取补贴＋培训的方式直接、间接地引进先进农业科技。一是对应用新技术、新机械的家庭农场提供补贴和奖励。增加农机补助。上海市、区财政对购买农机的家庭农场主按农机售价的 50%—70%进行补贴。二是加强指导培训。一方面对家庭农场经营者进行农业职业技能分级培训,颁发培训证书。培训内容包括家庭农场播种优质良种、标准化生产技术,提高水稻重大病虫害防治及安全生产水平。另一方面产学研结合,携手松江区农业技术推广部门等专业机构派出技术人员到家庭农场现场指导,进行全程跟踪服务。

第五,区政府进一步加大支持力度,增强农业基础、营造家庭农场良好发展环境。一是改善农业基础设施。近几年松江区政府在水利设施、机耕道、耕地整治等方面累计投入 2 亿多元,加强粮田基础设施建设、保护和管理,完善粮田沟、路、渠以及水利排灌设施和生产辅助设施配套。二是完善农资服务。建立 14 家农资超市门店,做好种子、农药、化肥等生产资料统一到村送户服务。三是开展信息服务。区农委和电信部门为所有家庭农场经营者配送一部手机,及时提供气象、植保、市场、价格等各类信息。四是给予金融支持。创新质押、担保方式,将家庭农场纳入小额信贷保证保险范围,区财政出资 5 000 万元作为贷款担保基金,为家庭农场提供发展所需的贷款贴息服务,贴息比例为同期同档次贷款基准利率的 60%。五是开创农机专业化服务。全区已建成机农互助点 100 个,每个点服务面积达到 1 000 亩。六是促进融合服务。为鼓励家庭农场与其他新型农业经营主体融合发展,松江区组织成立家庭农场联合会,在全区范围统筹协调开展社会化服务。七是提高社会保障。为解决职业农民无法获得社保的顾虑,2017年 8 月起,松江区出台家庭农场经营者参加城镇职工基本养老、医疗保险政策,通过区财政对家庭农场经营者进行社保补贴,补贴金额每人每年 2 万元。

经过十年的努力,松江家庭农场取得了粮食增产、农民增收、环境改善、农田保护的良好成效,培育了一批有经验、懂技术、会经营的专业农民。至 2016 年末,松江家庭农场发展至 966 户,占全区粮田面积的 95%(其余粮田是种子场、集体经营的镇保田等),户均经营面积 143.3 亩;2016 年全区家庭农场水稻平均亩产 585 公斤,比推行家庭农场前增产

34 公斤;家庭农场经营收入从刚开始的户均 4.6 万元提高到目前的 12.2 万元、亩均净收入从 460 元提高到 973 元;家庭农场的经营期从开始的一二年延长到现在五年以上,有 20% 左右优秀年轻经营者的经营权在十年以上。粮食生产已经实现从播种到粮食入库全程机械化,全区粮食生产的机械化率从 74.6% 提高到 95.9%。家庭农场经营者 49 岁及以下占比 40% 以上、50 岁至 60 岁的占比为 53% 以上、60 岁以上的占比已不到 6%,农场经营者的平均年龄在下降,农业后继有人出现希望;且 50 岁以下农民绝大多数会使用各种农机械,一支高素质的职业农民队伍正在逐渐形成。

三、上海的家庭农场"松江模式"可复制吗?

上海"松江模式"的家庭农场在促进"三农"发展方面初步取得了各界对中国"三农"所期盼的效果,一时间获得各界普遍关注、中央乃至各地方政府相关各决策部门也予以高度重视,纷纷赴松江调研取经,"松江模式"成为了推广、复制的典型样本。与此同时,有相关专家学者对上海"松江模式"的可复制性、可推广性提出了严肃质疑。那么,这些质疑是什么?是否合理?为何会产生这样的质疑?上海所探索的家庭农场"松江模式"到底可复制吗?本文将抽丝剥茧,找出质疑的实质,力求对"上海'家庭农场'是否复制可推广?"这个盘绕在各界长达十年的问题明确地给出答案。

(一) 不可复制的判定是否合理?

那么,为何上海家庭农场"松江模式"被认为不可复制不可推广?这些质疑是否合理呢?

1. 关于"强大的地方财政支撑"不可复制的观点合理性

在众多质疑"松江模式"的言论中,有一个观点最为主流:认为"松江模式"之所以取得成效是基于一个重要的条件,即强大的地方财政支持。而上海乃至松江区这般财力在中国大多数其他省市以及乡镇并不具备,因而"松江模式"不可复制或推广、甚至即便在上海长久下去也是不可持续的。有专家提出"按照现有亩产量以及粮食价格,耕种 80—200 亩土地显然不足以收获平均每年达十几万甚至二十几万的收入",这种高于外出打工甚至高于当地公务员的"体面"收入松江家庭农场主之所以能够得以维持,"巨额资金补贴功不可没"。"2011 年各级政府向松江家庭农场提供的农业补贴 2 607 万元,其中来自中央财政的占 14%,来自上海财政的占 40%，剩下的 46% 来自松江区财政。……松江区为发展家庭农场，向种植水稻的农场提供每亩 200 元的流转费补贴，购买农机的补贴最高占到农机售价的 70%，加上其他各项政策倾斜，财政补贴占家庭农场净收入的 3/5。据统计，若取消全部补贴，家庭农场月薪仅有 1 500 元左右。"[1] 于是，专家指出：所谓农民增收（乃至农业集约化、农村生态化）不过是大量的财政补贴花在了少数的家庭农场之后，"人造"出来的一个数字游戏而已。

如果正如专家所言那般松江模式是倚靠强大的政府财政投入存活维系的，那么，"松江模式"便是不可持续不可推广的。然而，从"松江模式"十年的现实表现看却不是如此。

首先，松江家庭农场主的收入并非主要来源于财政补贴。为了证明松江家庭农场获得好收入是由于高度依赖政府补贴，而非靠家庭农场自身的经营能力，没有推广价值，专家提出了"财政补贴占家庭农场净收入的 3/5"的论据。然而，这个论据的计算方法存在问题，不可为证。采用补贴收入占"净收入"的计算方法的含义是获得补贴的成本为零，即不需要做什么就有补贴。这是对松江家庭农场补贴政策的错误理解。2008—2012 年间，松江实行亩均 200 元的土地流转补贴，2013 年起，土地流转补贴改为对通过考核的家庭农场的奖励；除了土地流转补贴，还有按农机售价的 50%—70% 计算的购机补贴；以及购买良种、养地、提供主粮的补贴（2016 年，各级财政资金补贴标准：水稻直补 150 元/亩，水稻农资综合直补 112 元，绿肥补贴 150 元/亩，水稻药剂补贴 31 元/亩，水稻良种补贴 25 元/亩；小麦良种补贴 60 元/亩，大麦良种补贴 60 元/亩）。从补贴属性上看，这些补贴是政府对农户支出的补偿，换句话说，只有产生了实际支出才会有补贴收入。所以，测算家庭农场收入对补贴的依赖程度的计算方法应是补贴收入/家庭农场户均收入。按照该计算方法，家庭农场户均收入来自经营的占 78%，来自补贴仅占 22%。[2] 由此可见，补贴不是松江家庭农场的主要收入来源。

其次，"松江模式"并非非上海（松江）的财力不能达到。有专家指出，"松江模式"的成功一部分归功于政府补贴，然而上海亩均 498 元补

① 华说：《家庭农场的"松江模式"》，http://blog.sina.com.cn/s/blog_4b073cc1010192bm.html.2013-3-10/2017-12-01.

② 刘守英：《六问家庭农场——上海松江的观察价值》，http://www.aisixiang.com/data/104224.html.2017-05-06/2017-12-01.

表2 2016年全国农村土地流转平均价格

	排名	省　份	单价(元)/亩/年
前5位	1	上　海	3 240
	2	海　南	2 630
	3	北　京	2 371
	4	天　津	2 041
	5	陕　西	1 420
后5位	1	江　苏	420
	2	内蒙古	390
	3	贵　州	360
	4	云　南	360
	5	江　西	340

资料来源:公开资料整理而得。①

贴标准对于中国大多数省市财政来说难以承受,因而认为"松江模式"在其他省市难以实现。然而,如前所述,松江的补贴是为了降低家庭农场主的经营成本,而经营成本取决于地方物价水平等体现地方实际情况的因素。仅上海的物价水平而言,在全国居于前列,且远高于其他大多数省市。以农村土地流转价格为例,2016年上海农地流转的平均价格为3 240元/亩/年,为全国最高价格;相较于全国最低的流转价格340元/亩/年,高出9.5倍;相较于全国平均价格877元,高出3.7倍(见表2)。即便松江对土地流转价格进行了限价,但价格水平仍高于其他省市乡镇。而上海土地流转费补贴仅为200元/亩(此为2013年之前的价格,2013年后该项补贴改为通过考核的家庭农场奖励后,每亩补贴变动不大)。补贴的高低除了受到地方经营成本水平的影响,还会因兼具的导向功能而发生变动。在松江家庭农场的补贴构成中,除了用于降低土地流转成本的补贴,还有基于松江家庭农场具体情况的补贴,如松江限定家庭农场只能种植粮食作物,然而粮食作物因价格天花板而价格不高,粮农利润微薄,故而松江设立种粮补贴,弥补家庭农场主的机会成本②;

① 土流网整理:《2017年农村土地流转平均价格是多少钱一亩?》,https://www.tuliu.com/read-54340.html.

② 机会成本:不能选择经营利润较高的经济作物,而只能经营利润微薄的粮食作物的收益损失。

又如为了保护耕地,培养地力而设立的养地补贴、为了保护生态环境而设立的药剂补贴等。不同省份、区县引导内容不同、目标不同,补贴的高低自然也不相同。总之,上海对家庭农场的补贴相较于其地方物价、导向要求而言并不高,甚至可以说相对较低,若以其他地区的地方政府承担不起如上海补贴水平的补贴为由而认为"松江模式"的家庭农场不可推广,是不合理的。

2.关于"土地权利复归村集体"不可推广的观点合理性

保障农户处置土地的自主选择权,是国家在改革开放后一直推进努力的原则和目标。在20世纪80年代实行家庭联产承包责任制后,到目前为止,除了农地所有权,其他的土地权利基本转移到农户手中,在国家允许的范围内,农民可以自主处理手中土地,即将使用权流转给谁、流转价格多少、流转方式均由农户自己决定。然而,"松江模式"在土地集中方式上,明确规定农民只能把手中土地统一流转到村集体的代表村委会,村委会将土地从农民手中流转回来后,再将集中的土地专报给村内成员,并对流转给家庭农场的流转价格予以限价(800元/亩/年),同时,规定家庭农场必须经营主要以水稻等便于集中连片机械化管理的传统粮食作物为主。在此模式下,农户手中的使用权、收益权、处置权等权利均从农户手中收到村集体手中,农户失去了对土地的控制权。考虑至此,有专家指出,"土地权利复归村集体"的土地集中方式是成就"松江模式"的前提之一,也是被推广的经验之一,但这是对农户土地权利的强制剥夺,有违国家意愿,难以保障农户的土地权益,这种土地集中方式不可取,进而"松江模式"不可推广。

本文认为,如在正常环境下,"土地权利复归村集体"的土地集中方式的确不可取,然而在特殊环境下,这种土地集中方式却是一种合理选择。而上海"松江模式"正是在特殊环境下形成的。这个特殊环境是:1.土地经营短期行为严重,土地资源破坏严重。由于本地农民不愿耕种土地,村内农户间流转价格不高,出于"理性经济人"利益最大化考虑,农户便将土地流转给外地人经营,但由于土地租期短、外地人经营土地倾向短期行为,对松江大量土地造成不可逆的损害。2.经营者不愿主动承担社会责任,愿意经营较高利润的经济作物而不愿经营利润微薄的粮食作物。外地经营者同样是市场经济人,为实现利润最大化自然把流转的土地用来种花卉等经济作物,而不会出于社会责任顾及政府粮食安全种粮食。3.补贴难以达到预期效果。农业补贴自然是给土地经营者。在"松江模式"出现之前,外地人为松江农业经营主力军,农业补贴便给了外地经营者,然而外地人经营者本身心理和地位都很微妙,他们拿了旨在保障地方公共利益的补贴仍不会为保障地方公共利益牺牲奉献,比如为保障粮食安全让自己牺牲收益。在这种特殊环境下,为保障种粮家庭农场的如期发展、政府对农户提供的特惠补贴能发挥预期效果,农地的流转势必需要集体组织介入、土地转包的主体势必需要集体组织出面为好。

具体而言,第一种特殊情况,虽然问题实质不在于经营者是本地人还是外地人,而是在于合约期限和对产权的预期。然而,在当前土地产权制度尚不完善,难以给经营者稳定长久的经营预期的特殊环境下,要发展建立在稳定长久的土地产权预期的家庭农场,就必须有一个让人相信土地产权是稳定的保证人,而这个角色除了拥有土地所有权的村集体再无其他选择。第二个特殊情况下也必须村集体介入才行,因为农户没有监督的能力和动力。任何市场经济人都是追求利益最大化的,不会为了保障国家的粮食安全而去经营粮食作物,在当前土地规划不清晰、土地用途监管不力的特殊环境下,无论是本地人还是外地人都不会自觉自愿地经营低利润的粮食作物,从当前各地时有发生阳奉阴违骗补贴的现象便可说明这一点。因此有力监督是关键,那么,谁能实现有力监督呢?在当前土地制度和乡村治理环境下,弱小的农户个体是无能为力的,只有组织化的村集体才有能力执行监督职能。由此第三种特殊情况更需要村集体履行补贴发放、补贴对象选择、补贴预期效果评估的职责,别无他选。因此,当前制度环境下,既要求土地只能种植水稻、又要求政府对农户的补贴能达到预期效果,那么由集体集中土地再统一流转的安排便是在存在此类各种约束条件下的一种可选的制度安排。

3. 关于"农业劳动力问题未解决"推广无价值的观点合理性

有专家指出,目前松江家庭农场经营者的年龄主要分布在 44—55 岁之间。在广泛宣传松江家庭农场经营者可以取得"体面收入"、政府提供大力支持的利好环境下,虽然当前申请家庭农场的场面堪称火爆,也出现了第二代农民加入现代农业的生产经营者队伍的现象,然而平均年龄也只较"松江模式"之前年轻 5 岁左右。这是由于青年一代出于职业发展或者其他社会心理因素考虑,除个别特例,仍然很少考虑回乡发展,即使收入并不一定有家庭农场高,但仍然尽力留在城里上班。即便是农业相关专业的大学本科生或研究生,不是跨专业就业就是留在研究所或高校等事业单位做理论研究,很少会去农业生产一线的。当前"松江模式"只是将农业生产"后继乏人"的问题在一定程度上缓解了,并没有得到根本解决,故"松江模式"没有推广价值。

以上"农业后继乏人未解决"论述有三点不合理之处:其一,老人种地农业就一定完蛋,这实际是个伪命题。专家以("松江模式"的)"平均年龄也只较'松江模式'之前年轻5岁左右"质疑"松江模式"对农业人才队伍培养的效果,这种观点是建立在"老人种地＝农业低效"的伪命题之上的,自然也站不住脚。从发达国家经验看,日本农业相比许多国家来说是比较发达的,尤其是从技术上讲是现代化农业的典范。然而自2000年前后,日本农业的核心劳动力绝大部分都是在60岁以上。据有关资料显示,2009年日本农业从业者中65岁以上的人员所占比例为61％。除了日本,其他农业发展较好的国家也是如此,如美国,2007年美国农业普查结果显示,美国农场主的平均年龄已上升到57.1岁。[1]由此可见,普遍认知的"老龄"对于农业生产而言不一定是"老龄"。劳动力老龄化并不代表农业生产必然是低效的。日本、美国等国家劳动力高龄化并没有影响他们农业现代化的水平,这是因为他们有完善的农业社会化服务体系和较高的农业机械化水平。其二,忽视农业的特殊性,将其他产业的平均就业年龄作为标准衡量农业就业年龄水平的做法也不合理。由于农业是个生命孕育生命的工作,劳动者的经验对于农业生产非常重要。虽然随着年龄的增长,劳动者投入到生产经营管理的体能在逐渐降低,然而在年龄增长的同时,农业生产者的生产、经营和管理等技能也在不断增加,在劳动效率的下降过程中还不断中和技能带来的效率提升,使得农业劳动力理想工作年龄也相应提高。有学者曾对中国不同经济发展水平地区的农业劳动力年龄对耕地使用效率的影响展开研究,研究结果表明,在农业劳动力年龄小于40岁和大于60岁时,对单位耕地上时间、资本的投入要低于年龄在40—60岁之间的农户。这是由于小于40岁农户的农业劳动机会成本较高,而大于60岁的农户则可能是劳动力素质降低导致劳动时间受到限制、资本投入的积极性也随之降低(见表3)。此项研究的结果即可证明,40—60岁农业生产者生产效率最高,是理想的劳动力年龄水平。以此为参照标准,"松江模式"培育形成了年龄分布主要在44—55岁的家庭农场经营者队伍。而认为"松江模式"对农业人才队伍培养无有益经验的观点不甚客观。其三,吸引人才、培养人才是个长期工程、系统工程,只要农业服务跟上,发展环境营造好,让农业经营有利可图成为一个体面的行当,自然会吸引懂农业、爱农村、会技术的农业人才主动进入。松江即是按照"欲引凤先筑巢"的思路,为家庭农场的发展科学构建良好环境,吸引人才进入农业。当下"松江模式"吸引人才的效果便已显现,松江出现了大家争当家庭农场主的

---

[1]　胡小平、朱颖、葛党桥:《我国农业劳动力老龄化问题探析》,《光明日报》2011年12月23日。

表3　不同年龄层农户耕地投入特征

年龄段		≤30岁	30—40岁	40—50岁	50—60岁	60—70岁	≥70岁
劳均耕地 （公顷）	湘西南丘陵	—	0.16	0.71	0.20	0.61	0.27
	江汉平原	0.52	0.61	0.41	0.45	0.37	0.37
	太湖平原	0.11	0.47	0.19	0.33	0.15	0.13
总劳动时间 （月）	湘西南丘陵	—	5.47	6.44	7.88	8.07	7.25
	江汉平原	5.62	8.75	9.91	10.28	9.18	7.95
	太湖平原	1.76	4.07	4.57	5.63	4.65	2.62
单位耕地劳动 时间（月/公顷）	湘西南丘陵	—	21.75	21.15	25.80	30.60	18.75
	江汉平原	6.75	9.90	10.95	11.70	15.3	14.40
	太湖平原	8.40	9.60	10.35	14.55	30.75	33.75
单位耕地资本 （元/公顷）	湘西南丘陵	—	6 422.25	6 680.10	6 971.85	6 024.30	5 236.65
	江汉平原	4 665.20	7 434.75	7 727.70	7 252.05	6 483.45	6 152.40
	太湖平原	8 047.50	8 563.95	8 947.80	8 511.45	7 896.60	7 772.70

资料来源：《农业劳动力年龄对农户耕地利用效率的影响——来自不同经济发展水平地区的实证》，《资源科学》2011年第9期。

现象，其中不乏高素质人才，为择优培养，松江区政府设计了一套准入办法！在其他地方还在发愁"谁来种地"的当下，松江已进入"人才选拔"阶段。这样还能说"松江模式"没有解决"后继乏人"问题吗？

（二）不可复制论的缘起缘灭

所谓正本清源，仅仅对"松江模式不可复制"论的观点进行分析、回应是不够的，还需弄清对"松江模式"可复制可推广性产生质疑的源头，这样才能帮助我们客观看待"松江模式"、正确判断该模式可复制可推广的可行性。那么，不可复制论缘何产生的呢？

1. "单一化"思维

出于没有与上海及松江般"强大的地方财政支撑"或"土地权利复归村集体"的土地集中方式不合改革潮流为由，而全盘否定"松江模式"的可推广性，是单一化思维使然。如前所述，松江家庭农场所获得的高额补贴中有很大部分是政府为了地方发展引导家庭农场承担生态保护、地力养护、粮食供给等公共职能而给予的补偿，并且受物价水平影响，故而显得补贴支出较大。各地发展要求不同，物价水平也不相同，补贴的多少自然也不相同。如果不考虑这些，而将上海的补贴标准照搬到其他省市乡镇，发现地方财力难以承受，便将"松江模式"归为特例，这种思维受到单一化的影响。以"土地权利复归村集体"的土地集中方式不合改革潮流为由，而质疑"松江模式"推广可行性，也是受到这种思维影响，前文已经论述，这是在一种特殊环境下、一些特殊约束条件下的合理选择。我国各地农村情况都不尽相同，村组与村组，甚至家庭农场与家庭农场之间情况也不同，一些村组或个体家庭农场就会受到一些特殊环境、特殊约束条件的影响，那么"松江模式"便是他们求发展的经验借鉴样板。例如，如何保障国家粮食安全、培育促进种粮家庭农场的发展，"松江模式"便是成功经验。而维护粮食安全、保护耕地红线是全国各省市的重要职责，各镇各村都有种粮任务、发展种粮家庭农场的需求，如此审视，那么松江这种培育鼓励种粮家庭农场发展、促进粮食增收、地力保护的有效做法受众者便不在少数，"松江模式"并非"经验借鉴有限"。

我们需摆脱单一化思维，认识到我国各地气候地理等资源条件不一，需结合当地实际，摸清需求，因地制宜。并且各地区、乡镇乃至村组要借鉴多方面经验，探索多种模式的家庭农场经营模式，推进农业现代化。

2. "形而上"思维

所谓"形而上"，是一种孤立、静止、片面、表面的思维模式。认为"松江模式"的成功倚靠政府财力才能实现并存续的观点、认为"松江模式"并未解决农业"后继无人"的观点，是"形而上"思维的产物。事实证明，松江家庭农场的主要收入并非来源于政府的补贴。松江的补贴并非如这些专家所说的那样只是让农民增收而已，实际上，松江对家庭农场的补贴更多的是发挥导向功能，在起初阶段是为了弥补土地租金对农场收入的侵蚀，后来随着农场收入增加，补贴变成激励性的，如你提供了主粮，承担了维护国家粮食安全的责任，我给你补贴，你提供其他产品我不补。除了主粮补，你养地、用优良种子，我也给你补，这一补贴被用来激励农民养地和用良种，对农业向结构优化提供激励。促进土地流转的补贴更为有趣，2008—2012年，当时粮价低，为鼓励种粮家庭农场发展，降低土地流转成本，实行了土地流转费补贴，随着粮价提高，种粮家庭农场主收入增加，2013年起将原来的土地流转费补贴调整为家庭农场奖励，以奖代补。根据考核结果，一年发放一次。这种动态变化的补贴发放形式，不仅能充分发挥补贴的导向激励作用，而且降低了家庭农场经营者对补贴的依赖。有关资料显示，松江的农业补贴比上海其他区都要低，是上海市最低的。如果只关注松江政府支付了多么高的补贴，形而上地认定补贴是为了形成农民增收假象的伪装，却不关注这些补贴的用途以及松江在发放补贴上的巧思，那么形成"松江模式"不可复制的判断也就毫无悬念了。提出"松江模式"并未解决农业"后继无人"而否定松江对人才培养的经验的观点，也是受到孤立、静止思维的影响。吸引人才、培养人才是个长期工程、系统工程，不是靠发展一种农业经营主体和经营模式、短期能见效的。尤其是解决人的问题，更需要长期的努力，不仅需要给农民增收，还要逐渐改变农业地位在第二、第三产业之下的一种国民意识，这方面的意识转变工作远比制定执行农业政策更复杂更艰巨。可见思考长期积贫积弱、情况复杂的"三农"问题，更需要克服形而上思维的影响，力求系统、动态、全面地展开分析作出判断。

3. "职能模糊化"思维

"'松江模式'是靠强大财力支撑的经营模式"的观点，还隐藏着另一种意识，即认为松江政府给予了过多的财政投入，是不合理的。然而，事实上，上海"松江模式"主要发展的是种植粮食的家庭农场，众所周知，经营粮食作物利润微薄，再加上我国设有粮食价格天花板，土地情况又难以实现规模经营（目前松江对家庭农场的土地集中规模控制在 200 亩。然而经测算，350 亩规模才能实现利益最大化），政府对家庭农场实行粮补是必要的。再看，松江对家庭农场的补贴结构，基本用于激励农民为保障国家粮食安全种植粮食作物、养地和用良种。农民已经为了粮食安全、生态环境等社会公共利益作出了奉献，难道还要让农民为社会公众的利益买单吗？即便跳出种粮是否应享受更多财政补贴的局限，整个农业作为国家的基础产业、利润微薄产业，各级地方政府也应给予更多关注与支持。全球发达国家对农业这个特殊的产业给予了更多的财力倾斜是普遍现象。据经合组织统计，占瑞士人口 4％的农民 75％的收入都来自政府财政支持。瑞士驻华大使杰克·瓦特维尔对瑞士的农业补贴是这样说的："我们之所以这样做，是符合瑞士联邦利益的。城市里的人要依赖农民的劳动，无论是我们赖以生存的环境、食物还是我们的生活水平都与农民和农业生产息息相关。基于这一考虑，我们政府给予了农民很多财政支持。"这是基于清晰区分了政府公共服务职能和农民经济人职责的观点。从这句话中我们还需认识到，任何地区要发展现代农业，政府巨额的财政投入是不可或缺的。这不是"松江模式"才会发生的支出，而是发展现代农业的必要条件。

(三) 上海"松江模式"可复制

十年以来，家庭农场"松江模式"困于"不可复制"的质疑，而学界、实务界未能对其作出客观判断，使得这个当初受到全国关注的样板直至今天也仅限于"孤芳自赏"状态。然而,本文认为,上海倾力打造的"松江模式"凝结了很多宝贵经验,在当前乡村振兴国家战略背景下,"松江模式"在培育农业新型经营主体和经营模式方面极具复制推广的价值与可行性。

1. 劳动力大量转移的复制前提大部分地区已满足

"松江模式"劳动力大量转移是必要前提。家庭农场的特征之一是规模化经营。从小规模家庭经营向适度规模家庭经营的转化,劳动力大量转移当然是必要条件,也就是说,大部分农民不再以农为业,以地为生。松江区之所以能够探索家庭农场,不仅跟当地政府的扶农优惠政策有关,跟其地处上海这个超大型城市的市郊,具有巨大的非农就业机会也有很大关系。截至 2011 年末,全区农村劳动力 18.9 万人中,非农就业者为 16.2 万人,占农村劳动力总量的 85.7%,直接从事农业的农村劳动力仅有 5 572 人,占农村劳动力总量的 2.9%。因而我们在考虑家庭农场推广可能性的时候必须先分析农业劳动力转移的潜在规模与速度等因素。

事实上,这个条件不仅在发达地区的农村和城郊地区,而且在全国大多数农区也是具备的。在城乡二元结构下,农民离土出村成不可逆趋势,第二代农民工是一代没有干过农活的非典型农民,与土地的关系模糊,已不再以地为生,非农收入是主要来源,近几年农民工在城镇买房增加,结婚娶媳妇的条件是在城里有没有房,农民工回流也不是回到本乡本村,土地耕种要么是第一代农民工打理,要么是流转出去。因此,土地的适度规模经营成不可逆之势。也就是说,大多数农区搞家庭农场是具备条件的,无非是各地的转移程度不同,农业服务的水平不一,家庭农场的规模可能不一样。

2. 土地规范有序流转基础大部分地区已夯实

目前上海市农村土地承包合同签订率为 99.77%,权证发放率为 99.66%,流转的土地凡具条件的已纳入乡镇土地承包经营权流转管理服务中心实行统一流转,确保了流转的规范有序,保障了农民土地承包经营权不受损害。2013 年全市农村承包土地流转率已达到 65.8%。全国各地土地流转也正渐入轨道,政策法规不断出台,未来会更加规范合理。农民承包权与经营权的分离要求政府层面的顶层设计要有前瞻性、特别是注重公平公正,做好利益的平衡。目前松江土地流转期限较长,大都在 10 年以上。流转费以 500 公斤稻谷收购价计算总价,可随市场价格浮动。这就很好地保障了流出地农民的收益预期。减少了流出地农民毁约从而索要承包地的风险。

2013年，全国范围内开始对农村土地的确权工作。所谓土地确权，即对土地所有权、土地使用权和他项权利的确认、确定，简称确权，也是依照法律、政策的规定确定某一范围内的土地的所有权、使用权的隶属关系和他项权利的内容。土地确权是加强土地承包经营权流转管理和服务，发展适度规模经营的前提基础。今年全国农村承包地确权面积已达11.59亿亩，工作进入收尾阶段。在明确农民对土地的权利后，农民将对自己的土地产生稳定预期，愿意主动流转出土地。在土地确权同时，各地正在抓紧完善农村土地流转平台建设，引导农户规范化流转。

3. 农业社会化服务受到各地广泛重视

发展家庭农场的基本条件除了劳动力转移充分，还有农业机械化达到一定水平。从松江的经验看，100％的水稻小麦良种覆盖率、化肥农药等农资配送、播种机、收割机等农业机械的操作、烘干服务的提供形成了支持家庭农场运营的必不可少的社会化服务体系。这些体系在稳定农场运作过程中起到了支撑作用。而目前上海市范围内主要农作物综合机械化水平已达到78％，其中机耕率达99％，水稻机械化种植率为40.7％，水稻和二麦机收率近100％，秸秆综合利用率达89％，测土配方技术覆盖率近100％，完全已具备推广粮食家庭农场的客观条件。

目前，各地均在积极探索适合本地区资源禀赋的农业社会化服务模式，并初有成效。从全国范围看，已初步形成以公共服务机构为依托、合作经济组织为基础、龙头企业为骨干、其他社会力量为补充的农业社会化供给体系。在此供给体系的基础上，不同地区由于其资源禀赋的不同，为取得最佳的服务效果，采取了不同的供给模式。例如在耕地资源与人力资源相对丰裕，适宜进行大宗农产品的生产的地区，建立了政府主导型农业社会化服务供给模式；在农业自然资源、集体经济组织农业资金资源较丰裕，农业生产基础较好的地区，建立了集体经济组织主导型农业社会化服务供给模式；在土地资源、民间涉农资金资源相对宽松而土地组织化、集约化程度较高的中东部相对发达地区，建立了专业合作组织主导型农业社会化服务供给模式；在地多人少的地区，建立了农业服务超市主导型农业社会化服务供给模式。随着社会化服务的覆盖面的伸展，家庭农场发展的外部环境将越加良好。

四、上海家庭农场的未来

"松江模式"家庭农场虽然在粮食增产、农民增收、环境改善、农田保护、吸引人才方面都有良好表现,但仍还是初级阶段,在人才队伍培养与结构优化、土地预期稳定化、补贴精准化合理化、资本投入多元化、农业社会化服务全面化、深入化等方面还有较大探索空间。建议在现有基础上,以2018年十九大"乡村振兴战略"提出的发展目标为指导,从下述五个方面入手打造"松江模式"家庭农场"升级版",发挥上海引领作用。

1. 加速培养"懂农业、爱农村"的专业人才队伍

目前家庭农场经营者的专业技能和经营管理能力还不高,随着经营规模扩大,家庭农场经营者普遍感到自身素质的不足。2018年十九大报告提出"乡村振兴战略"对农业人才队伍的培养作出要求:"大力实施乡村振兴战略,需要培养造就一支懂农业、爱农村、爱农民的'三农'工作队伍。"紧接着,在国新办召开的新闻发布会上,中央农村工作领导小组办公室副主任吴宏耀对如何培养人才、吸引人才、留住人才给出更具体的要求。他认为要做好两方面的工作:一方面要培育新型职业农民和乡土人才;另一方面,要以更加开放的胸襟引来人才,用更加优惠的政策留住人才,用共建共享的机制用好人才,掀起新时代"上山下乡"的新热潮。

要做好这两方面的工作,一是需对现有经营者继续加强培训。二是通过购买养老保险、医疗保险等政策激励机制,扶持培养一批农业职业经理人、经纪人、乡村工匠、文化能人和非遗传承人等。三是探索新机制,全面建立高等院校、科研院所等事业单位专业技术人员到乡村和企业挂职、兼职和离岗创新创业制度,发挥好各类农业科技人员的作用。类似"周末工程师"此类兼职或停薪留职的制度。四是建立有效激励机制,鼓励社会各界投身乡村建设。根据"十九大"精神,可研究制定管理办法,允许符合要求的公职人员回乡任职;也可加快制定鼓励引导工商资本参与乡村振兴的指导意见。在保护好农民利益的前提下,吸引支持企业家、党政干部、专家学者、技能人才等下乡担任志愿者、投资兴业、包村包项目、捐资捐物等。五是创新乡村人才培育引进使用机制,有"三大机制"可供采用:其一,多方式并举的人力资源开发机制;其二,城乡、区域、校地之间人才培养合作与交流机制;其三,城市医生教师、科技文化人员定期服务乡村机制。

2. 进一步创新农村土地制度,稳定土地关系

目前,家庭农场土地流转关系仍不稳定,经营者短期行为倾向依然存在。松江为稳定家庭农场经营者对土地的预期,使其能放心进行长期投入,将家庭农场土地承包期确定为3年、种养结合的家庭农场土地承包期确定为5年以上,但目前看来仍不能消除家庭农场主的顾虑,对经营者的长期投入有影响。另外,由于家庭农场经营的土地是村委会从兼业农民流转过来的,随着政府对家庭农场补贴力度的加大、经营收入向

好,有些农民便想要回承包地,这给家庭经营者带来经营风险。

"有恒产者有恒心",为促进家庭农场发展,给经营者稳定经营预期,激励其进行长期规划和投入,一方面,贯彻十九大精神,完善承包地"三权分置"制度。保持土地承包关系稳定并长久不变,在第二轮土地承包到期后再延长30年,给农民朋友吃了一颗"定心丸"。另一方面,尊重农民土地流转以及不流转的意愿,避免采取经济力量的无声强制或超经济强制的方式推进土地流转。再一方面,创新稳定的土地流转机制,根据松江具体情况制定土地流转补偿政策,完善现有流转期制度制定适宜的流转期,制定合理的流转价格,既能使流出土地的农户利益不受损,又能给家庭农场经营者对土地稳定的预期。

3. 继续加大政策补贴力度,加强补贴精准化,增强补贴导向作用

我国的农业补贴政策主要包括种粮农民直接补贴、农资综合补贴、良种补贴和农机具购置补贴,简称为"四补贴"。农业"四补贴"政策在调动农民种粮积极性、引用良种、采用现代机械方面发挥了重要作用。然而目前补贴导向功能正在逐步弱化。一是补贴标准相对较低,农业生产成本上升导致补贴政策效应弱化。近年来,农业补贴虽然在不断增长,然而农业补贴上涨幅度远远低于农业生产成本(种子、农药、化肥、收割费、人工费等)上涨幅度。在粮食价格保持相对稳定的宏观背景下,仅依靠提高粮食价格增加种粮收益已不现实,在粮食收购价格不能大幅提高和农业补贴标准相对偏低且农资价格持续上涨的情况下,农民通过获得农业补贴所得收益非常有限。二是补贴空间和效益狭小,补贴精准度有待优化。这体现在:农机补贴对象多、补贴种类齐全,但效率较低。由于农机具购置补贴没有种植规模的约束,只要农民购买在补贴范围内的农机就能得到补贴,因此基本形成"家家有农机"的状况,这在一定程度上也阻碍农机大户和农机合作组织的业务拓展和发展壮大。

为促进"乡村振兴战略"顺利推进,2018年将出台的农业补贴政策重心发生调整,主要有四个方面的变化:一是补贴对象精准锁定3类人,即:农民、新型农业经营主体、承担项目任务的单位/个人。在这3类人中,补贴重心又倾向于新型农业经营主体这一类人群。二是补贴形式多样化,与往年相比,部分间接补贴形式会取消作废,今后将主要采取直接补助、政府购买服务、贴息、先建后补、以奖代补、资产折股量化、担保补助、设立基金8大补贴方式,各省市可根据当地实际情况加以选择。三是增加地方补贴支配自由度,给予一定创新空间。补贴资金实行"大专项+任务清单"模式,在中央下发的补贴资金中,除用于约束性任务的资金不允许统筹以外,各省可对其他资金在本专项的支出方向范围内统筹使用。四是加强监管,保障精准化水平提高。明确规定不能领取补贴的

5 种情况有：从事的不是农业生产活动；虚报冒领、骗取套取、挤占挪用补贴者；大范围土地弃耕抛荒 3 年以上者；未经批准将农业用地基本农田挪作建设用地者；耕种过程中造成地力丧失、严重环境污染的。

松江可根据国家补贴新政，根据实际情况作出相应调整。一是继续将补贴向种粮家庭农场、专业家庭农场倾斜。二是调整农业补贴的投向与结构，切实增强补贴政策的导向作用。如增设农民（机）合作社农机具维修保养补贴。这可以延长农机具使用周期，分摊购机主体的生产成本，最大限度为购机者减少因不会维修保养所造成的农机具反复购买等浪费现象，同时还可以加速培养新型职业化农民。三是提高农业补贴标准，农产品最低保护价应与生产成本增长挂钩。农产品具有自然和市场"双风险"，要综合考虑城市物价和农民收入的因素。农资综合直补额上幅幅度至少应占农用生产资料价格上涨的 50％，以便有效抑制农资价格过快上涨给农户增加的负担，减少部分补贴资金效益沉没在粮食收储环节，让农民愿意种粮、有利可得，帮助农民走出"丰收赔钱"的怪圈。四是完善农业补贴管理体系，健全补贴审核监督运行责任机制。

4. 健全金融支持机制，促进资本投入多元化

作为现代农业的新型经营主体之一，其发展需要大量的资本投入，这就意味着仅有来自政府的财政支持是远远不够的，亟须商业银行等金融机构的进入，解决家庭农场发展资金短缺问题。在十九大提出的《中共中央国务院关于实施乡村振兴战略的意见》中特别指出，"实施乡村振兴战略，必须解决钱从哪里来的问题。要健全投入保障制度，创新投融资机制，加快形成财政优先保障、金融重点倾斜、社会积极参与的多元投入格局，确保投入力度不断增强、总量持续增加"。这为以金融改革创新助力乡村振兴指明了方向、提出了更高要求，也带来了更多机遇。

"松江模式"在涉农金融方面已经有不少有益尝试。常见的方法有：其一，采用打包贷款的方式，同时贷款给多个家庭农场，这些家庭农场为彼此提供信用担保。其二，家庭农场贷款产品标准化，制定系统评分法则，对于符合要求的家庭农场给予小额信贷。第三，政府提供担保。总体来说，这三种方法各有利弊。建议在现有实践基础上，一是制定合理的家庭农场贷款定价水平。鉴于目前商业银行与农户、家庭农场之间的信用体系，若按照正常的风险和收益匹配原则，商业银行对家庭农场的信贷产品定价会上浮，这对从事农业生产的家庭农场主来说，无异于一笔不小的财务利息支出。因此，可探索对家庭农场的产业链金融支持服务，由产业链条上的其他相关企业或是集体从商业银行处获取信贷资源，再将这些资源转给关联的家庭农场，助其以优惠的价格完成融资。最后，商业银行需要加强服务家庭农场的人才培养。专门培养一批能够

从事家庭农场信贷业务的理财经理和信贷员,为针对家庭农场的信贷产品创新和有效推广提供智力支持。二是结合全球农业特点,通过金融资源引导家庭农场经营链条向第二、三产业拓展,如支持家庭农场之间的兼并收购形成规模经营;在规模经营的基础上统筹信贷资源,支持有条件的家庭农场迈入第二、三产业等。三是围绕家庭农场生产经营的各个环节,提供全方位的金融保障支持建立健全的覆盖家庭农场生产前、中、后各环节的金融保障体系,帮助家庭农场实现顺利经营。前环节的金融支持主要为生产资料融资和引入生产技术的资金需求,尤其在生产技术的资金支持层面。

5. 进一步推进社会化服务全面化、深入化

农业社会化服务业是农业生产经营领域分工协作的必然趋势,既可推动农业供给侧结构性改革,向农业结构调整要效益,又能激发内需潜力,引领农业产业向价值链高端提升,是农业发达国家的重要标志之一,也是乡村振兴的重要动力。"松江模式"家庭农场在探索社会化服务方面成绩斐然。由政府主导的农业社会化服务体系,从整个农业产业链角度为家庭农场提供服务。但还有许多不完善的地方,尤其在需要社会化服务组织提供支持的重点环节生产性服务方面,发育还显滞后。目前,松江家庭农场以政府为主要服务主体模式,注重更多的是生产方面,农产品营销等生产性服务相对薄弱。

党的十九大报告提出要鼓励"发展多种形式适度规模经营,培育新型农业经营主体,健全农业社会化服务体系,实现小农户和现代农业发展有机衔接"。在此精神指引下,立足松江社会化服务实践问题,推进社会化服务全面化、深入化发展。一是强化重点环节农业生产性服务,解决家庭农场干不了或干不好的事情。在现有966个家庭农场的基础上,政府统筹谋划,以联合与合作为纽带,健全松江区家庭农场联合会,鼓励合作社、专业公司、公共服务机构等组织为家庭农场提供服务,增强多元化、多形式的社会化服务,提升全区家庭农场的组织化程度,增强家庭农场与市场的对接能力。二是鉴于某些家庭农场已建立了品牌,政府可以在当中起把关严控的角色。农场主也可以借助政府平台,努力扩大自身品牌的影响力,借助品牌进行有效的产品营销,打开市场销售渠道。

英国按时脱欧？

——脱欧谈判进展及可能结果

姜云飞

    英国的脱欧公投在 2016 年成了世界政治经济领域最大的黑天鹅事件，对全球市场形成了深远的影响。2017 年 3 月 29 日，英国政府正式启动了脱离欧盟的程序，按照欧盟条约规定，英国与欧盟达成并通过退欧协议的截止时间为 2019 年 3 月。然而，双方仅第一阶段关于如何脱离的谈判就耗时 6 个月，第二阶段关于脱离后双方关系安排的谈判将更为困难。问题在于，想要完成谈判、形成协议并使协议在所有欧盟成员国通过，留给英国政府的时间够用吗？

一、脱欧公投始末

    2016 年进行的脱欧公投是英国加入欧共体后的第二次脱欧公投，第一次公投发生于 1975 年，即英国加入欧共体的第三年，但当时的公投结果是留欧，而此次公投的结果则是意料之外的脱欧。

    公开资料显示，英国首相首次提到脱欧公投是在 2013 年 1 月。然而，其实早在 2010 年英国大选之前，保守党在竞选纲领中就提出，要将部分权力从欧盟收回。以"脱离欧盟"为明确政策主张的英国独立党在 2004 年欧盟东扩后支持率提升，并在 2009 年欧洲议会选举中一举发展为仅次于保守党和工党的第三大政党。保守党在 2010 年执政后，恰逢欧元区主权债务危机导致欧盟经济一蹶不振，英国"疑欧派"不断壮大，对于政府的不满情绪也与日俱增。为了提高保守党支持率，并在 2015 年大选中获得连任，时任首相卡梅伦于 2013 年 1 月提到"若保守党赢得 2015 年大选，将就英国是否退出欧盟举行全民公投"。事实上，在 2015 年的选举中,保守党果然大获全胜,而独立党虽获得了超过 380 万张选票,但仅获得一个议会席位,在英国脱欧公投结果揭晓后,该党声势渐衰。

保守党在 2015 年赢得大选后,为了兑现诺言,脱欧公投被正式提上议事日程。虽然卡梅伦和后来的继任者梅都持留欧主张,虽然欧盟领导和多位政要都曾公开发声挽留,但保守党内部已严重分裂,如前伦敦市长约翰逊是保守党成员,但几乎成了脱欧派的灵魂人物。2016 年 2 月,时任伦敦市长约翰逊在英国《每日电讯报》发表文章,表态支持英国脱离欧盟,称英国留在欧盟会导致"民主被侵蚀",而公投将是"一生一次的机会,投下真能有所改变的一票"。自此脱欧讨论进入高潮,多家民调机构调查显示民众的脱欧意向不断上升。直到 6 月 23 日,脱欧公投结果揭晓,卡梅伦首相宣布辞职,英国开始脱欧进程。

表 1　英国 2016 年脱欧公投事件回顾

时　　间	事　　件
2013 年 1 月	英国时任首相卡梅伦首次提及脱欧公投,预计公投会在 2017 年到 2018 年举行。
2014 年 9 月	卡梅伦宣布一旦保守党赢得大选,将在 2017 年底前举行脱欧公投。
2015 年 5 月	保守党赢得议会多数席位,脱欧被提上议事日程。
2015 年 6 月	公投法案在议会下院通过,赞成票 533,反对票 53。
2015 年 11 月	卡梅伦就英国留在欧盟的条件提出欧盟改革的 4 个目标。
2016 年 2 月	欧盟委员会主席图斯克针对英国希望欧盟改革的诉求,提出欧盟改革倡议草案,力图挽留英国留在欧盟,期间欧盟多位政要表态希望英国留在欧盟。
2016 年 2 月	卡梅伦宣布,英国将于 6 月 23 日举行全民公投,决定是否退出欧盟。
2016 年 2 月	伦敦市长鲍里斯·约翰逊在英国《每日电讯报》发表文章,表态支持英国脱离欧盟。
2016 年 5 月	英国政府向下议院提交并公布了有关"脱欧公投"的议案。
2016 年 6 月	英国亲欧盟议员遇袭身亡,两派暂停造势活动。
2016 年 6 月 23 日	脱欧公投如期举行。
2016 年 6 月 24 日	公投结果揭晓,51.89% 的民众支持脱欧,卡梅伦宣布辞职。
2016 年 7 月 13 日	特蕾莎·梅被任命为英国第 13 任(总第 76 任)首相。
2017 年 2 月 1 日	英国议会下院投票决定支持政府提交的"脱欧"法案,授权首相启动"脱欧"程序。
2017 年 3 月 16 日	英国女王伊丽莎白二世批准"脱欧"法案,授权英国首相特雷莎·梅正式启动脱欧程序。

资料来源:根据网站资料整理。

二、英国为什么要脱离欧盟?

脱离欧盟的决定是政府和民众的共同选择:政府选择进行脱欧公投,而大多数民众则选择离开欧盟。所以英国脱离欧盟的原因,既包括政党博弈的机会主义成分,也包括改变民众选择的直接诱因。但从根本上来看,英国与欧洲大陆始终保持距离的历史沿革决定了英国脱离欧盟的历史必然性。

1. 对欧关系是英国政党机会主义的筹码

第二次世界大战以后,英国长期维持两党竞争的政治生态,主要代表大资产阶级和贵族利益的保守党与主要代表工会力量的工党轮流执政。第二次世界大战后,恰逢欧洲一体化进程逐渐展开,英国与欧洲一体化之间的关系问题常常成为两党争夺选票的重要议题。

实际上,除了两次脱欧公投外,历次英国与欧盟的关系讨论背后都有政党博弈的影响因素,比起复杂的内政改革而言,对欧盟的批评和抱怨能够更轻松地获得支持率,这是政客们常用的矛盾转移手段。表2资料显示,几乎每次英国大选背后都会形成对欧洲一体化进程的重要决策,如是否加入欧共体、是否加入欧元区、是否脱离欧盟等。英国两次脱欧公投之前的大选结果都说明,提出公投主张的政党会获得更高支持率。

表2 英国大选与英欧关系变化

大选时间	首相	执政党	与欧盟关系
1951 年 10 月 25 日	温斯顿·丘吉尔	保守党	丘吉尔 1946 年提出"欧罗巴合众国"理念,但并未加入煤钢联营。
1955 年 5 月 26 日	安东尼·艾登	保守党	没有加入 1957 年的《罗马条约》。
1959 年 10 月 8 日	哈罗德·麦克米伦	保守党	1961 年首次申请加入欧共体,但 1963 年遭法国拒绝。
1964 年 10 月 15 日	哈罗德·威尔逊	工党	
1966 年 3 月 21 日	哈罗德·威尔逊	工党	1967 年第二次申请加入欧共体,年内再次遭到法国拒绝。
1970 年 6 月 18 日	爱德华·希思	保守党	1973 年加入欧共体。
1974 年 2 月 28 日	哈罗德·威尔逊	工党(少数派政府)	工党在选举前承诺脱欧公投。
1974 年 10 月 10 日	哈罗德·威尔逊	工党	1975 年脱欧公投,结果留欧。

大选时间	首相	执政党	与欧盟关系
1979 年 5 月 3 日	玛格利特·撒切尔	保守党	
1983 年 6 月 9 日	玛格利特·撒切尔	保守党	1984 年以停止向欧盟财政付款为威胁,为英国赢得了财政预算回扣。
1987 年 6 月 11 日	玛格利特·撒切尔(1990 年由梅杰接任)	保守党	撒切尔夫人辞职后,英镑于 1990 年 10 月加入"欧洲汇率机制",但拒绝加入 1991 年的《马斯特里赫特条约》。
1992 年 4 月 9 日	约翰·梅杰	保守党	1992 年 9 月 16 日由于外部投机英国不得不退出欧洲汇率机制。
1997 年 5 月 1 日	托尼·布莱尔	工党	
2001 年 6 月 7 日	托尼·布莱尔	工党	
2005 年 5 月 5 日	托尼·布莱尔	工党	
2010 年 5 月 6 日	大卫·卡梅伦	保守党(联合政府)	提出从欧盟收回部分权力 2011 年拒绝加入《财政契约》。
2015 年 5 月 7 日	大卫·卡梅伦(2016 年由梅接任)	保守党	保守党在选举前承诺脱欧公投,2016 年公投结果脱欧。
2017 年 6 月 8 日	特蕾莎·梅	保守党(联合政府)	开启脱欧程序,进行脱欧谈判。

资料来源:根据网站资料整理。

　　保守党虽然最早提出加入欧共体,但在加入欧洲一体化进程后对欧盟态度强硬,代表人物是 20 世纪七八十年代执政的撒切尔夫人,1984 年以停止向欧盟财政付款为威胁,为英国赢得了财政预算回扣,而且在欧元区问题上持坚定的反对立场。另一个代表人物是卡梅伦,在 2010 年大选竞选中就提出要将部分权力从欧盟收回,在 2011 年拒绝加入财政契约,并在 2013 年提出脱欧公投。保守党的强硬当然是为了维护英国自身的利益,但为了提高支持率而进行机会主义操作的动机不容忽视。

　　卡梅伦政府提出公投的根本目的是为了向欧盟施加压力,提高支持率。2015 年 11 月,卡梅伦就英国留在欧盟开出四大条件:一是确保欧洲共同市场对英国等非欧元区国家一视同仁;二是增强欧盟的竞争力,减少对成员国经济的束缚;三是允许英国不参与欧盟政治一体化进程,增强欧盟成员国议会的权力;四是控制欧盟进入英国的移民,限制欧盟移民在英国领取就业者福利的权益等①。在随后的事态演变中,欧盟几乎逐条回应了英国的诉求,可见压力有效。只是,公投结果支持脱欧是卡梅伦不曾预料的。当然,将脱欧公投当作机会主义筹码的不只是保守党,工党在 1974 年大选时提出脱欧公投的目的也是在于支持率。

2. 民众选择的直接诱因

此次脱欧公投的结果显然出乎大多数人预料,不仅卡梅伦首相及其内阁不曾预料,欧盟高层和法德领导人,以及其他观察者都没有预料到,以至于事后被称为极小概率发生的"黑天鹅事件"。究其原因,虽与脱欧派大张旗鼓的造势与宣传有关,但四大导火索是民众选择的直接诱因。

(1) 欧盟推进政治一体化削弱成员国主权招致民众不满。债务危机后,欧盟开始推进一体化建设,包括签订财政契约(旨在约束成员国预算)、推进银行业联盟建设,尤其是推进银行业单一监管,以及积极推动防务一体化。欧盟委员会主席容克甚至一度提到,计划将欧盟所有成员国纳入欧元区。进一步深入的一体化使得欧盟的权力越来越大,凌驾于成员国政府的机构也越来越多,受到英国民众的诟病。此外,他们还不满于欧盟制定英国法律,并认为欧盟不仅干涉了成员国国防采购,还计划建立自己的军队。脱欧派灵魂人物伦敦前市长约翰逊就公然指出,英国留在欧盟会导致"民主被侵蚀",他的立场将脱欧派的声势引向高潮,引起大量选民的共鸣。对欧盟官僚主义的批评声不只存在于英国,在很多欧盟成员国尤其中东欧国家也广泛存在。

(2) 对移民政策的不满,加上对难民政策的抱怨。长期以来,欧盟中东欧成员国尤其新加入成员国有大量移民前往英国,不但对当地就业形成挤出,而且给英国财政带来压力,英国承担了这些移民社会福利开支的 40%,对于政府和民众而言都成为负担。卡梅伦在 2015 年 11 月向欧盟提出改革条件时,甚至表示英国将通过一系列措施控制欧盟内部流入英国的移民数量,英国希望在新入盟国家的经济社会水平尚未与其他成员国趋同前,禁止其人员自由流动,并还拟为欧洲移民享受英国工作及住房补贴设立 4 年最低生活和纳税年限,并终止向海外生活的儿童提供儿童福利②。但欧盟认为,取消欧洲移民前四年社会福利这一要求过于苛刻,关于欧盟移民福利的改革要求是对欧盟其他成员国公民赤裸裸的歧视。

---

① 北京青年报:《英国提留欧条件,欧盟作难》,2015 年 11 月 12 日。

② 蒋华栋:《英国开出是否"脱欧"四大条件,引国际市场关注》,中国新闻网,2015 年 11 月 12 日,http://finance.southcn.com/f/2015-11/12/content_136811181.htm。

难民危机的爆发使得英国民众对于移民问题的不满达到了高潮。2011年前,欧盟每年接收的难民数量基本控制在10万人以内,但在2012年,由于叙利亚、利比亚等中东北非国家持续动荡,难民人数快速增长并超过10万人。随着极端组织"伊斯兰国"的崛起,难民如潮水般涌向欧洲,形成第二次世界大战结束以来最大规模难民潮。2014年进入欧洲的难民达到28.3万人,2015年涌入欧洲的难民数量达到顶峰,超过125万人,2016年即使欧盟与土耳其达成难民安置协议后难民数量仍高达120万人。英国民众对欧盟的中东欧成员国的移民尚且不满,何况这些流动性大、目标明确的难民。

(3) 恐怖袭击阴影笼罩欧洲,民众回归对安全的基本需求。2015年以来,欧盟遭遇多起恐怖袭击,都与穆斯林移民甚至难民有关。2015年1月7日,法国巴黎发生了令人震惊的"查理周刊"恐怖袭击事件,12人在事件中遇难,事后宣布为此次事件负责的是基地组织阿拉伯半岛分支。虽然事件的起因大体是因为该周刊的种族主义和宗教排外主义言论,但在光天化日之下实施恐怖袭击的行径引起民众的不安。2015年11月13日,巴黎发生系列恐怖袭击,5次爆炸5次枪击造成至少132人死亡,300余人受伤,由伊斯兰国组织策划。2016年3月22日,布鲁塞尔遭遇连环恐怖袭击,欧盟总部大楼附近甚至发生爆炸,连环爆炸造成4人死亡,约200人受伤,伊斯兰国组织宣布对该袭击负责。

这一系列的恐怖袭击,加上大规模穆斯林难民潮从中东北非地区涌入欧盟,这让英国民众更为不安,毕竟英国一直是公认的欧盟最安全的国家之一。恐怖袭击与难民危机这两个偶然事件结合在一起,成了脱欧派的最有力说辞,使得民众对于脱欧的情绪演化成了对安全的基本需求,最后的脱欧选择就不难理解,但英国民众没有想到的是,脱欧公投后,英国的恐怖袭击不但没有减少,反而在2017年大幅上升。

(4) 英国先于欧盟实现危机后的经济复苏,欧盟经济饱受诟病。从历史来看,每次欧洲经济遭遇困难时,英国和欧盟的关系都会有所动荡,如1973年第一次石油危机爆发导致西欧经济一片萧条,刚刚加入欧共体的英国就在1975年举行了第一次脱欧公投。2010年起,欧盟受主权债务危机所累经济长期低迷,英国开始对欧盟态度强硬:反对加入财政契约,主张从欧盟收回部分权力。随着主权债务危机在欧元区的持续发酵,欧盟经济持续低迷,直到2016年底即公投后才逐步实现经济增长。而英国则早在2013年就实现增长,并在2014年取得高增长、低通胀、低失业的良好态势,其经济增速甚至一度达到七国集团之首。在随后的2015年和2016年英国仍然保持了较好的经济增长。在这种情况下，欧债危机结束后又陷入难民危机的欧盟几乎成了英国经济增长的拖累，"脱离欧盟后英国经济增长更好"的脱欧言论对于民众影响更大。不过，当时的民众显然也不会料到，2016 年底起欧盟经济开始强劲复苏，并在 2017 年取得快速增长，而英国则由于脱欧影响自 2017 年起经济下行，并跌出了前五大经济体的排行，取而代之的恰恰是欧盟大国法国。

3. 脱离欧盟的历史必然性

从欧洲经济一体化史来看，英国对欧盟的态度始终有所保留：煤钢联营时英国采取观望；一体化进行顺利时英国申请加入；石油危机爆发后经济动荡，英国在经两次拒绝好不容易加入欧共体，两年后进行第一次脱欧公投；在经济低迷的撒切尔时期强硬地从欧盟取得会费折扣；在欧盟深陷经济低迷和难民危机时进行第二次脱欧公投。即使 2016 年脱欧公投结果是留欧，相信后面仍然会有第三次脱欧公投，时机可能会是下一次欧盟陷入经济低迷之时。从一体化深度上来看，英国既未加入申根协定，也没有加入欧元区，否则脱离欧盟的可能性将会大幅降低。其实从地缘上来看，英国与其他欧盟国家隔海相望，"离岸平衡手"的角色于英国而言根深蒂固。当然，还有很多学者提到的英国的大国情怀，曾经的日不落帝国不甘于在欧盟内接受法德制定的规则，因为后者既是欧盟创始国成因，又是欧元区成员，对于欧盟各方面政策的制定具有主导权。

虽然英国脱离欧盟具有一定的历史必然性，但是还有一种可能性，英国即使成功脱离欧盟，在若干年后可能会再一次申请加入欧盟，只要符合英国的利益，无论保守党还是工党都有可能会这么做，毕竟，英国的外交手腕相当老到。

三、脱欧谈判的主要进展

按照程序，公投结果明确后，英国政府需正式向欧盟提交信函以启动脱欧程序，随后双方需要在规定的时间内达成脱欧协议，即退出欧盟后双方经贸关系安排。从目前来看，脱欧谈判分为两个阶段，即如何脱离欧盟的第一阶段，和双方今后的经贸关系安排，截至 2018 年 3 月，双方就第一阶段的谈判基本达成一致，但第二阶段的谈判尚未开启。

1. 脱欧进程的时间安排

根据欧盟《里斯本条约》第 50 条规定，成员国退出欧盟的程序一旦启动，欧洲理事会应在两年内和英国就"脱欧"后关系变动达成协议。

英国政府于 2017 年 3 月 29 日正式向欧盟提交脱欧信函,启动了该条款,所以英国的退欧协议截止时间为 2019 年 3 月 29 日。然而实际上,双方需要通过谈判首先达成初步协议,然后形成最终协议,协议还需要欧洲议会和欧洲理事会批准,最后还需要 20 个以上的欧盟成员国批准方能生效,所以,在两年内完成所有程序具有相当困难。如果两年内双方没有达成协议,英国可以向欧盟申请延长谈判期限,但需要其他 27 个成员国同意。如果延期申请被拒,就只能进入市场最为担心的无序脱欧。

从目前的进程来看,从 2017 年 6 月的首轮脱欧谈判开始,英欧双方已经完成第一阶段谈判。欧盟方面希望在 2018 年的谈判在 10 月达成协议,那么在 2019 年 3 月底前就可能完成相关机构和成员国的批准手续。但英国方面似乎做好了推迟达成协议的准备,预计协议可能要到 2019 年才能完成。谈判开启以来,双方谈判的进展和时间进度如表 3 所示。

表3 脱欧程序进度表

时　间	事　　　项
2016-6-23	英国举行脱欧公投,结果是脱离欧盟。
2017-3-29	英国首相梅正式启动《里斯本条约》第 50 条的脱欧程序。
2017-6-19	首轮脱欧谈判开启,双方就脱欧时间表和优先事项达成共识。
2017-7-17	脱欧谈判第二轮谈判,明确"公民权利""分手费"以及"欧盟—英国边界"三个核心议题,前两个为争论焦点。
2017-8-28	第三轮脱欧谈判,英国希望尽快开始经贸安排谈判,但欧盟坚持先谈如何脱离的三大核心议题。
2017-9-25	第四轮脱欧谈判,英国提出脱欧后需要约两年的过渡期,期间贸易安排照旧,英国继续支付欧盟预算费用。
2017-10-9	第五轮脱欧谈判,恰逢梅遭遇政治困境,谈判未取得实质性进展。
2017-11-10	第六轮脱欧谈判,未取得实质性进展,梅党内压力增大。
2017-12-8	特雷莎·梅与容克在布鲁塞尔举行会谈,就"分手费"等议题取得一致,第一阶段谈判结束。
2017-12-15	欧盟同意同英国展开第二阶段谈判。
2017-12-18	双方就协议签订后的过渡期展开讨论。
2018-2-28	欧盟公布英国脱欧协议草案。

2. 第一阶段谈判艰难达成协议

脱欧谈判分为两个阶段，第一阶段关注英国如何脱离欧盟，第二阶段关注英国脱离欧盟后双方的经贸关系。谈判开启以来，英国一直想尽快进入第二阶段，而欧盟方面则坚持第一阶段完成后，再进入第二阶段，这种立场分歧是造成脱欧谈判久拖不决的原因之一。自6月19日首次谈判以来，英国与欧盟进行了六轮谈判，正式谈判中一直没有取得显著的进展，直到12月8日双方领导人见面后，才取得实质性进展。第一轮谈判的焦点主要有三个，目前基本都已达成一致。

第一，脱欧分手费计算方式达成一致。在六轮脱欧谈判中，"分手费"几乎一直是头号议题，关键是谈判双方对于分手费的数额主张差异较大：英国在原则上同意"脱欧"之后向欧盟支付相关费用，其中包括设在英国的欧盟机构的搬迁费用以及欧盟官员的薪水，但他们愿意支付的费用仅为200亿英镑。而欧盟则认为，"分手费"涵盖了英国的前欧盟工作人员退休金、搬迁在英国的欧盟机构费用以及对欧盟财政的承诺（即支付预算至2020年）等内容，金额约为500亿英镑。更为重要的是，欧盟明确表示，该费用不是为了处罚英国脱欧，而是防止其他国家效仿。

最终达成的协议是，英国同意在2019年和2020年继续支付欧盟预算，同时偿还债务，也就是在计算方式上达成一致，并没有说明具体数额，但据估算可能在350～390亿英镑左右。

第二，在英欧盟公民及在欧英国公民获得居留权。约350万在英欧盟公民以及约120万在欧英国公民的权利问题一直是英国与欧盟在"脱欧"谈判中的关键分歧之一。欧盟方面希望在英的欧盟成员国公民能够享受来自医疗保健、社会福利、教育等方面的福利，不论这些人目前是否定居在英国，并且欧方希望这些公民权利在他们去世或与受益人离婚后仍"照旧"。英国方面则表示，他们将给予已在英生活满5年的欧盟成员国公民与英国公民同等的权利。而在2017年3月29日这个"截止日期"前在英生活未满5年的欧盟成员国公民，需留在英国达到5年的期限才可享有相关权利。

根据12月8日达成的协议，在英国的欧盟公民和在欧盟的英国人都获得居留权，包括他们的配偶和子女。英国法院负责保障该国欧盟公民的权利，在脱欧后的8年内，有争议的案例可交给欧洲法院决定。

第三，英国和爱尔兰不设硬边界。英属北爱尔兰与爱尔兰之间长达500英里的分界线将成为脱欧后英国与欧盟的新边境。该边界是否设立硬边界是之前谈判的焦点之一。北爱尔兰问题涉及长达30年的军事冲突与暴力活动，直到1998年《贝尔法斯特协定》签署，作为北爱尔兰和平进程的一部分,边界上的边检、边境上的海关设施等硬边界被陆续撤除。这好不容易换来的 20 年和平可能被英国脱欧所打破,因为,如果在英国的北爱尔兰地区与欧盟成员国爱尔兰的边界上重设边检并征收关税,可能刺激北爱民族主义势力要求与爱尔兰统一的情绪,甚至危害北爱和平进程。同时,该问题的另一个难点在于,英国若不在北爱尔兰与爱尔兰之间设立硬边界,可能会在北爱尔兰和对岸的英国大陆之间设立硬边界,这是北爱尔兰民主党无法接受的,后者恰恰是 2017 年大选后保守党联合政府的联合对象。

12 月 8 日达成的协议表明,英欧双方同意爱尔兰和北爱尔兰之间不设"硬边界",同时英国不在北爱尔兰和英国大陆之间设立新的监管屏障,以获得其联合政府合作政党北爱尔兰民主党的支持。

图 1　北爱尔兰与爱尔兰边境图

资料来源:大公资讯①。

3. 第二阶段主要议题

英欧双方的脱欧谈判于 2017 年底宣布正式进入第二阶段,即英国脱离欧盟后与双方的经贸关系安排。虽然目前双方还没有正式开始谈

———————————

① http://news.takungpao.com/world/roll/2017-07/3474366.html.

判,但对于双方关切的问题已经开始定调,但是这一阶段存在一个明显的特点,就是新议题分歧明显,而上一阶段议题的遗留问题再现。英国希望谈判脱欧后的贸易关系,而欧盟则关注脱欧过渡期内的关系安排。

过渡期安排。根据12月20日欧委会发布的下阶段谈判指导方针,以及2018年2月28日欧盟单方面公布的英国脱欧协议草案,英国脱欧过渡期应从退出协议生效之日开始计算,其结束时间不得晚于2020年12月31日。按照英国2019年3月29日正式脱离欧盟的计划来看,脱欧过渡期为21个月。在过渡期内,英国保持作为欧盟成员国的状态,享有欧洲单一市场、关税同盟等政策优惠,但不能参加欧盟的主要机构,也不再拥有与欧盟决策相关的提名与投票的权利,无权提名或选举欧盟机构成员,而且英国需要遵守欧盟所有法律法规,包括在过渡期内27个成员国出台的新法规,欧洲法院对英国也仍然有司法管辖权。

英国方面则希望设置24个月的过渡期,至2021年3月29日结束。英国在2018年2月提交欧盟的一份文件中提到,过渡期时间的长短应当由支持未来伙伴关系所需要的新程序和新系统所需要的准备和实施时间来决定,意味着英国对于过渡期的要求可能还要更长。英国还要求就过渡期内对其适用的欧盟立法拥有审查权限,尽管英国已经无权就欧盟决策程序进行干预。英国希望在过渡期协议中加入"善意"条款以保护国家利益,并建立联合委员会来决定新法是否具有必要性。也就是说,英国要求在过渡期内有权反对英国不喜欢的新的欧盟法律或规定适用于英国。此外,英国希望继续从新的欧盟政策中受益,即可以选择性参与,但同时决定在过渡期结束时又放弃这些政策。

目前,这一分歧在3月欧盟峰会召开前夕达成一致。3月19日,双方谈判代表宣布达成新版脱欧协议草案。草案显示,原本希望延长脱欧过渡期的英国做出让步,同意明年3月29日正式脱欧后,其过渡期至2020年12月31日为止,即目前欧盟长期预算计划的截止日期,其后将结束过渡彻底脱欧。过渡期内,英国同意遵守欧盟法律法规以及27个成员国在过渡期出台的新法,但期间不享有投票权或决策权,无权提名或选举欧盟机构成员。

北爱尔兰"软边界"分歧。欧盟与英国的边界问题是第一阶段谈判遗留下来的一个争议问题。虽然英国承诺脱离欧盟后,爱尔兰与英属北爱尔兰不会出现"硬边界",但到底如何实施仍需落实。欧盟在2月28日出台的长达118页的脱欧协议草案中,明确提出英国脱欧后北爱尔兰应留在欧盟关税同盟。欧盟认为,避免边境检查需要满足两点,一是遵守欧盟市场的法律,二是北爱尔兰海关要受欧盟法院管辖。欧盟方面提议,为避免英国"脱欧"之后,北爱尔兰和爱尔兰之间出现"硬边界",应在北爱尔兰边境设立一个"共同监管区域",区域内部人员与货物仍可自由流通,不需要经过边境检查,这样也将使得北爱尔兰留在欧盟关税同盟内部。同时,欧盟和英国海关需要对从英国本土进入北爱尔兰的货物进行共同监管。欧盟版本的草案特别表示,欧洲法院对此拥有管辖权。

这意味着英国脱欧后北爱尔兰与爱尔兰不会出现"硬边界",但同属一国领土的北爱尔兰与英国本岛却会被"贸易边界"隔开。可想而知,该方案遭到英国的强烈反对。英国首相特雷莎·梅强调,欧盟委员会公布的草案如果实施,就需要在爱尔兰海建立一个海关和监管边界,这将破坏英国的共同市场,并威胁到英国的宪法完整性,没有哪位英国首相会同意。

英欧未来贸易关系。 英国想与欧盟谈成"比全球任何一份自由贸易协定涵盖内容更全面"的自贸协定,欧盟的态度则从一开始的不以为意,转变为部分支持。

欧洲理事会在 2018 年 3 月 7 日发布下一阶段英国"脱欧"谈判准则草案。根据草案,英欧自贸协定将是一种"标准自贸协定",条件参照欧盟与加拿大自贸协定。

市场对此的担忧主要在于金融服务业。金融服务业贡献对英国国内生产总值的贡献率超过 10%,伦敦作为全球第一的国际金融中心也主要仰仗伦敦金融城的金融服务业。然而根据欧盟提出的草案,脱欧后欧盟对英国金融服务行业的准入待遇不会有别于其他非欧盟成员国。在 2016 年达成的欧加自贸协定中,双方大部分服务和货物贸易关税都被取消,但加拿大金融机构想进入欧盟市场,必须在欧盟国家设机构运营,受欧盟法律监管。也就是说,今后驻英金融机构运营要受"双重监管",英国境内业务受英国法规监管,涉欧盟跨境业务需要同时服从欧盟监管。这对英国的金融立国战略将构成挑战,因为英国金融业的大幅发展恰恰是从其加入欧共体后开始的,英国由于宽松的管制和对欧盟具有市场通道的优势成为许多跨境金融机构的首选,但脱欧后的双重金融监管可能导致大量跨国金融机构迁址。自脱欧公投以来,在英国的跨国金融机构就已经开始密切关注谈判动向,并有大量机构已经在巴黎、法兰克福等地设立机构,如美国高盛公司近来已考虑把在英业务转移到法兰克福等其他欧洲大城市。英国希望保留对欧盟金融服务市场的准入特权,即在英金融机构只需在一个欧盟成员国申请经营执照,就可向所有欧盟国家的客户提供服务。目前来看,欧盟同意这一要求的可能性不大。

不过,在 3 月 22—23 日的欧盟峰会期间,欧盟态度有所转变。峰会通过英国"脱欧"第二阶段谈判纲领,强调致力于同英国建立"尽可能紧密"的伙伴关系。根据谈判纲领,欧盟决心与英国建立尽可能紧密的涵盖经贸合作、安全防务及反恐等领域的伙伴关系,但欧盟也会考虑英国离开欧洲共同市场和欧盟关税同盟等诉求,对未来伙伴关系的深度有所限制。

纲领还重申共同市场中商品、服务、资本和劳动力的流动自由缺一不可,英国对这四项自由不能"挑三拣四"。而且,纲领也并非一成不变,若英国的谈判立场今后有所变化,欧盟也将对其做相应调整。按照纲领,双方未来关系还应着眼于应对全球挑战,英欧双方要继续保持紧密合作,尤其是在气候变化、可持续发展、跨界污染等问题上。同时双方未来关系的治理还应设置监督、管理及争端解决等机制①。

四、当前谈判面临的主要困境

不论从谈判进度、双方关注点,还是英国自身的政治、经济环境来看,接下来的谈判将会异常困难,英国最终能否顺利脱离欧盟都存在很大的不确定性。

1. 欧盟态度强硬,谈判进度缓慢

在脱欧谈判中,欧盟坚持强硬的立场,英国也不甘示弱,这就决定整个脱欧谈判是一场拉锯战,不到最后截止时间很难取得实质性进展。在第一轮谈判中,双方经过六轮的正式谈判都未取得实质性进展,最后在市场认为双方几乎无法达成协议之时,在双方最高层领导的会谈中取得相应进展。所以,第二轮的谈判困难程度可以预料。有可能前面的几轮正式谈判只是为了确立议题以及各个议题的具体细节,双方相继讨价还价,最终在截止日期(如 2018 年 10 月)前,双方领导人最后敲定谈判结论。毕竟,欧盟做了相当充分的准备,而英国则在谈判方面具有丰富的经验,双方势均力敌。

当然,第一轮的谈判结果显示,相对于欧盟而言,英国处于劣势,因为无序脱欧对于英国的危害远远大于对欧盟的影响。所以英国急于在脱欧截止日期前达成协议,这也就决定了其态度无法坚持强硬,如在分手费上的最后让步,以及在其他议题上的妥协等。虽然英国在谈判中处于劣势,但其态度总体还是较为强硬,这是因为英国政府内部以及保守

---

① 　资料来源:新华网。

党内部对于首相的种种压力,一旦梅首相在脱欧谈判中有所软化,就会受到其党内硬脱欧派的质疑甚至发起不信任投票。

对于欧盟而言,其态度软化的可能性不大,一方面是因为英国对于无序脱欧的担忧,但主要原因是在于,欧盟需要给潜在的脱欧国家以警醒,而增加英国的脱欧代价和谈判难度则是最简单的方法,毕竟,在欧盟内部疑欧的声音越来越响,甚至欧盟核心国家都出现了以"退出欧盟"为竞选纲领的极右翼党派。所以,为了震慑欧盟的内部民粹主义和疑欧主义思潮,欧盟的态度也不得不强硬。

2. 英国内部关于脱欧协议牵扯甚广

脱欧公投事件本身就令英国国内分歧显现,反对脱欧的势力一直试图阻止脱欧。而英国 2017 年的大选使得保守党无奈组成联合政府,为脱欧协议的达成平添变数。在保守党内部,关于硬脱欧还是软脱欧的争论至今没有停止。

大选后联合政府导致爱尔兰边境问题复杂化。为了方便新政府更好地代表英国与欧盟进行"脱欧"谈判,英国在脱欧条款启动后,在 2017 年 6 月提前举行大选。然而,大选结果却使得形势更加不利于执政党的把控,首相特蕾莎·梅及其所在的保守党仅获得 650 个议会席位中的 304 个席位,不仅没有在席位上进一步增加,反而丧失了选举前席位过半的优势,只能同爱尔兰民主党组成联合政府。这次选举不仅使梅在保守党内部压力倍增,而且还要在脱欧谈判中照顾爱尔兰民主党的情绪,如在 2017 年底梅在与欧盟首脑进行脱欧关键会谈期间,不得不中断谈判、返回英国同爱尔兰民主党高层解释清楚,取得一致后再回到欧盟总部继续谈判并最终就北爱尔兰边界等重大议题取得一致。爱尔兰边境议题不断成为焦点,与此次大选结果和联合政府的组建有一定关系。

英国议会对脱欧协议拥有否决权。2017 年 12 月 13 日,英国下议院就"退出欧盟法案"的修正案进行投票表决,结果持政府立场、反对修正案的保守党议员以 305 对 309 的 4 票之差,输掉投票结果,获得通过的修正案要求未来英国和欧盟的"脱欧"谈判协议必须经议会通过。这意味着英国议会取代政府实际拥有了对"脱欧"谈判的决定权,政府在"脱欧"谈判中被"束缚了手脚"。

《退出欧盟法案》也称《大废除法案》,它是英国女王在 2017 年 3 月脱欧条款启动前颁布的,旨在将现有欧盟法律转换为英国国内法,为"脱欧"后法律承接做准备,同时废除英国议会在 1972 年制定的《欧洲共同体法案》,后者确立了欧洲共同体(欧盟的前身)法律在英国的直接或间接适用、当两法冲突时欧盟法优先等原则。

2017 年 9 月,英国议会下院曾原则通过《退出欧盟法案》。但按议会立法程序,该法案于 11 月进入逐条细读及委员会审查阶段,其间各方增加了数百条修正意见和新增条款。经过下院的数次投票,反对党方面提出的所有修正条款和新增条款均遭否决,唯一获得通过的一条修正案就是 12 月 13 日由保守党议员提出的,要求最终"脱欧"协议需经议会表决通过的修正案。2018 年 1 月,下院已经投票通过了《退出欧盟法案》,并交给议会上院。

仍存硬脱欧与软脱欧之争。硬脱欧是指英国完全退出欧盟单一市场和关税同盟,通过新的贸易协定寻求与欧盟建立新的贸易关系;软脱欧则是指英国继续留在单一市场。2017 年 3 月启动脱欧条款时,梅首相坚持硬脱欧立场,但随着谈判的推进以及国内政治生态的变化,梅首相考虑到反对意见和对经济的影响,其态度已经有所软化,在 2018 年开始寻求达成并延长过渡期。但保守党内部对这种态度软化存在质疑,以外交达成约翰逊和司法大臣戈夫为代表的硬脱欧派批评梅首相的做法,认为不应该设立过渡期。2017 年 11 月,有 40 名保守党议会下院议员同意将联名向她致函,表示不信任她的领导,并要求她下台,根据相关规定,这离正式提出挑战领导权所需的人数仅差 8 人。梅首相至今已经多次遭遇议员联名不信任的事件。在未来的谈判中,梅首相是否能坚持到脱欧协议生效还存在不确定性。

英国当时公投决定离开欧盟,最主要的原因是为了拿回移民控制权,脱离单一市场是从欧盟手中重新拿回移民控制权的唯一路径。因为统一大市场的特点是劳动力、资本、服务、商品的自由流动,如果想阻止人员的自由流动,就必须退出欧盟单一市场。所以留在统一大市场的软脱欧几乎不可能,但过渡期的设立及最终经贸关系的敲定都使得英国硬脱欧的立场会有所软化。

3. 国内反脱欧势力增强,不能排除脱欧逆转的可能性

脱欧公投中,反对脱欧即支持留欧的选票得票率仅略低于脱欧派得票率,所以对于脱欧的反对声音一直存在,其活动形式主要是召开集会,或者进行反脱欧大游行。但进入 2018 年后,英国国内反对脱欧的声音逐渐增强。

反脱欧势力增强的标志性事件是 2 月 19 日新成立政党 RENEW 党的启动仪式,该党以反对脱欧为宗旨,组党的是在 2017 年临时大选中发起过"重新思考脱欧、重新建设英国"运动的一批独立人士,他们接下来的目标就是争取议会的议席。除了政党外,反脱欧势力的形式还有很多组织。

反脱欧势力的另一个特点是多位政要和富豪加入其中。2018年2月，一个名为"英国最佳选择"的反脱欧组织，被媒体曝光收受亿万富翁索罗斯的40万英镑资助，该组织由前外交官布朗担任主席。在受到右翼媒体攻击后，他甚至追加了10万英镑的资助。另一个亿万富翁、维珍集团创办人布兰森亦曾秘密资助一项反脱欧运动。加入反脱欧势力的政要包括前首相贝理雅和前交通大臣阿多尼斯。就连脱欧大臣戴维斯的助理查普曼也开始积极支持反脱欧运动。他们认为，英国在脱离欧盟后其政治影响力将大为下降，而脱欧尤其激进人士倡导的硬脱欧对于英国而言将是灾难，会对英国经济在未来十几年内带来严重影响。

分析人士认为，执政保守党在议会席位不过半，只要所有在野党团结起来，推翻脱欧是完全可能的。另外，由于议会对脱欧协议具有最终决定权，所以如果最终达成的脱欧协议无法在议会中获得足够票数通过，当局就不得不发起第二次公投，有四分之一的几率最终无法实现脱欧。

当然，大部分预测机构和分析人士认为，阻止英国脱欧的可能性很小，一方面是因为民众的支持率并没有发生明显变化，另一方面政府已强调不会举行二次公投，逆转脱欧的最佳时间点已经错过。不过，正如公投前夕大部分媒体预测公投结果是留欧一般，英国再出一次黑天鹅事件的可能性并不能完全排除。

4. 英国与欧盟经济走势逆转，反差日益明显

英国公投脱欧的一个重要诱因就是，国际金融危机后，英国比欧盟提前实现了经济复苏，陷入多重危机且经济低迷的欧盟对于英国而言是个负担。但是这种情势在2017年出现了逆转：欧盟2017年实现了经济快速增长，经济增长率超过2%，而英国在2017年却进入经济下行通道，其经济走势同欧盟经济的反差日益明显。多家机构预测，这种情势在2018年会继续延续，不仅会使得英国在脱欧谈判中继续处于弱势，而且使得英国国内反脱欧力量进一步壮大。

(1) 欧盟经济快速增长。 2016年第四季度以来，欧盟经济开始加速增长，2017年以来，得益于世界经济形势的好转、欧盟各国经济改革成效的逐步显现，以及法德等国大选后政治形势趋于稳定，欧盟市场信心得以恢复，使得欧盟经济取得了亮眼的表现，经济增长率超过2%，其中欧元区的经济增长率取得10年最高水平，达到2.5%。

(2) 脱欧负面效应显现，英国经济下行。 脱欧公投并没有给英国立即带来经济萧条。英镑汇率一度暴跌但随后又趋于稳定，而2016年的GDP增长率和失业率都保持了较好水平。但进入2017年，尤其在英国

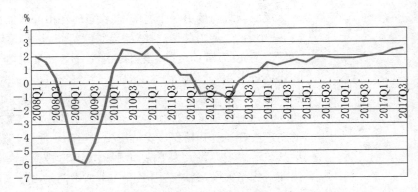

图2　欧盟实际经济增长率(2008—2017年季度同比)
数据来源:欧盟统计局。

政府正式开启脱欧程序后,英国经济增速明显放缓。英国经济增速从
G7国家中最快,在2017年跌入7国中最慢,同时也降至其五年内最低,
仅为1.7%,此后五年可能会保持约1.4%的低位。从总量上来看,英国
2017年的GDP排名被法国超越后跌至全球第六位。

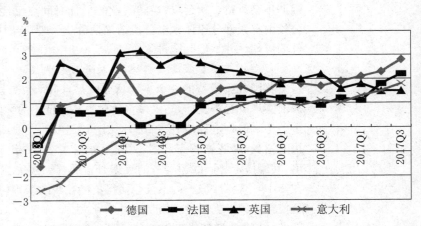

图3　欧盟主要成员国实际经济增长率(2013—2017年季度同比)
数据来源:欧盟统计局。

英国经济减速的主要原因是脱欧及其带来的影响。首先,脱欧程序
的开启使得外国投资进入观望状态,新增投资减少;其次,作为支柱产业
的金融业遭遇冲击,跨国金融公司进行业务和布局调整,欧盟管理机构
则开始迁址,目前,欧盟银行业管理局和欧洲药品管理局已决定迁址法
国巴黎及荷兰阿姆斯特丹。第三,从欧盟层面获得的新增欧洲投资计划

获批项目或产业补贴有所减少。

脱欧公投后英镑大幅贬值，对英国经济打击尤为明显。自公投之日起至 2018 年 3 月英镑对欧元贬值 12％，使得进口食品等商品价格上涨，进而导致英国通胀率快速上升。据英国国家统计局数据，从 2015 年 1 月至 2016 年 8 月，英国的通货膨胀率一直保持在 1％以下，但从英国决定脱欧开始，通货膨胀率已经一路上升在 2017 年 9 月达到 3％的通胀率水平，这也是英国央行于 11 月宣布加息的直接原因。

对比最明显的是法国，其 2017 年取得 2011 年以来的最快增长速度，同时也形成加速增长趋势。法国取得经济快速增长的原因，一方面是马克龙当选后政治形势稳定带来的消费增加及投资增长，另一方面则是英国脱欧对法国的正溢出效应，主要体现在跨国金融企业加强了在法国的布局，同时法国承接了英国由于脱欧而转移出来的就业岗位及金融业务。

五、脱欧谈判前景及可能影响

鉴于第一阶段谈判的艰难进展，和第二阶段的开局不利，脱欧谈判的最终结果仍无法确定，这里对几种可能性加以分析，并试图探讨对我国的可能影响。

1. 谈判前景展望

从目前的进程来看，脱欧谈判前景仍无法确定，存在多种可能性：最有可能的是达成协议顺利脱欧，脱欧失败的可能性仍然存在，此外无协议脱欧和脱欧谈判时间延长的可能性也还无法排除。

最后时刻达成协议。英国并不是第一个离开欧盟的成员，但是第一个寻求离开的成员国。格陵兰岛是丹麦的海外属地，在 1982 年获得更大自主权后，发起脱欧公投，结果以 52％的支持率决定离开当时的欧共体，三年后即 1985 年正式离开欧共体。所以离开欧盟并非不可行，关键在于双方对于谈判达成妥协。

目前来看，双方都有意达成协议，如在脱欧分手费上双方都做出妥协，对于最终协议的达成是积极信号。况且，不能达成最终协议对欧盟也不利，双方有意在脱离后继续保持经贸联系，所以达成协议是双方的意愿。当然，至于达成什么样的协议、协议对谁更有利，这还是要看具体谈判中双方的讨价还价。欧盟基于对其他疑欧势力的打击示范考虑，不会软化态度，所以最终协议可能仍然是需要英国多让步一些。所以，第二阶段的谈判会继续拉锯战的风格，直到最后截止时间之前才会达成一致。

脱欧失败。可能性小但有所上升。说可能性小,是因为执政党和主要反对党都坚持脱离欧盟,也都不赞成再进行一次公投,政府不发起公投的话,即使民意反转也无法改变脱欧进程。

认为可能性有所上升,是基于两个判断。一是反脱欧势力崛起,前文已经详述,2018年以来,拥有众多政客和知名富豪支持的反脱欧组织、反脱欧活动甚至反脱欧政党相继成立,他们能在多大程度上阻止脱欧尚无法推论。二是议会对脱欧协议拥有决定权,2017年12月通过的脱欧法案修正案使得议会对于最终的脱欧协议拥有了否决权。也就是说,如果议会投票最终否决了脱欧协议,那么脱欧进程就有可能被中止。当然,议会否决脱欧协议的可能性也是比较小的,毕竟,在脱欧法案修正案的逐条审议过程中,只有这一条获得下议院投票通过。

无协议脱欧。也就是我们常说的无序脱欧,英国首相梅曾表示,不好的协议不如没有协议,英国脱欧大臣戴维斯也曾提到,如果只有不利的条款,就放弃脱欧谈判。英国央行甚至在2017年3月专门做过预案,让银行为英国脱欧的"各种结果"做好准备,并对消费贷款飙升发起调查,同时提出2017年银行状况检查详细内容。在无协议脱欧的情形下,英国同欧盟及其他国家的贸易将按照WTO规则进行,而且需要重新恢复同英国之间的海关和关税,此外还涉及人员流动、安全等多方面的问题。无协议脱欧条件下,英国会立即停止向欧盟支付所有费用,那么欧盟预算会陷入困境,所以欧盟也并不希望走到这一步。这也解释了为什么欧盟在第一阶段谈判的最后阶段也做出让步。

然而,我们认为达成协议的可能性高于无协议脱欧,是因为协议内容和最终落实存在区别。目前来看,双方最终达成的协议可能是对欧盟有利,而英国需要做出较大让步,这符合欧盟的强硬态度和震慑其他疑欧势力的目的,同时英国在时间节点临近的压力下不得不做出让步。但是,双方可以在私底下达成在落实协议时打折执行的默契,使得双方在脱欧后还能进行良好的合作。在第一轮的谈判中,英欧双方并未透露分手费的最终数额,只说就计算方式达成一致,这就很难最终评估英国是否履行了承诺,况且该款项的支付期限可能长达几十年,最终的净支付可能不及协议金额的一半。

脱欧程序延长。也有说法指出,目前双方谈判进展太慢,在2018年10月底前达成协议时间不够,所以需要延长谈判时间,英国脱欧谈判大臣甚至也曾提及这一说法。从脱欧谈判的进度来看,确实离最终达成协议还有很远的距离。最终协议不仅包括英国与欧盟未来的经贸关系,还包括外交事务、国防合作等一系列问题。英国脱欧委员会于 3 月 18 日向英国政府提出报告，建议英国应考虑有限度地延长脱欧程序。

但从欧盟角度来看，延长这一程序的可能性较小。欧盟在脱欧谈判中态度一直非常强硬，其根本原因就在于担心其他成员国也提出脱欧，欧盟要通过增加脱欧难度和代价来打击个别成员国的疑欧声音。目前来看，这一做法较为有效，法国大选时以退出欧元区、退出欧盟为纲领的极右翼政党国民阵线党，在大选失败后有意摆脱极右翼政党负面形象，并有意将名称改为"国民联盟"。同意英国延长脱欧程序，不符合欧盟的利益，除非脱欧本身出现转机。

2. 对中国的可能影响

脱欧谈判对中国并没有直接影响，主要是通过对欧盟和英国的影响对中国产生间接影响。这其中最大的影响，一方面来自欧盟和英国经济增长的影响，另一方面则是对于保护主义的态度变化。

在第一种情形下，谈判结束后英国和欧盟双方将会受到较为长期的经济影响。虽然从目前来看，英国退欧对欧盟经济而言短期负面效应有限，除了公投的意外脱欧决定使得金融市场产生剧烈震动外，市场似乎已经完全消化了英国脱欧的负面冲击，只是脱欧谈判的进展会偶尔影响到金融市场而已。然而，从中长期来看，英国脱欧对欧盟经济的影响更加深远。首先，欧盟会费减少和一体化市场缩小。这些影响都会在脱欧完成时显现，目前的脱欧谈判尚未进展到双方未来经贸关系安排的阶段，但可以肯定的是，即使双方达成自由贸易协定也会在一体化程度上低于联盟水平。其次，资本金融市场的收缩可能使欧盟经济实体融资更为困难。欧盟资本市场融资一半来自英国，伦敦金融市场也是事实上的欧元离岸清算中心，那么英国的退出就会使得实体经济在融资和结算上受到影响。第三，欧盟对外经贸关系会逐渐趋向贸易保护主义。英国一直是欧盟成员国中积极拥护自由贸易的力量，对于欧盟对外经贸政策的制定产生很大影响力，而其他成员则较偏向保守主义。所以从长远来看，英国脱欧对欧盟经济的负面影响将会逐步显现，其影响程度不容忽视。

英国经济的表现已经显示出脱欧的影响，大多数机构都预测，脱欧后的英国经济将会低迷较长时间。英国虽然在脱欧后需要同其他国家签订贸易协定，但脱欧成功的英国在自身经济低迷的状态下，可能反而更加实施保护主义，对于执政党而言，对外强硬是转移国内矛盾的最好办法。

在第二种情形下，即使英国继续留在欧盟，但对欧盟的影响力会更为下降。欧盟和英国的经济都将迅速恢复,于我国的贸易进而经济有利。况且,在脱欧公投前在英国进行的投资和接触,也会实现保值甚至增值。第三种情形下,受影响较大的英国经济,对于我国而言则主要是在英投资和利益,会受到较大影响,但对于我国的人民币国际化和国际金融中心建设而言或许有利。第四种情形下,不确定性进一步增加,英国和欧盟在短期内经济影响不大,但国际投资会流向不确定性更小的区域,因此,英国和欧盟在这种情形下会更趋于反对保护主义。

总之,英国脱欧谈判的进展瞬息万变,欧盟的态度强硬和英国的暂时妥协都是可以预料的。但可以肯定的是,欧盟和英国具有千丝万缕的利益牵扯,不论从地缘战略还是经济格局来看,达成令双方都可以接受的协议才符合双方的根本利益。

如何绣好"安全花"？

——以上海为例

宗传宏

2017 年 3 月 5 日,习近平总书记在参加了上海代表团审议时提出"城市管理应该像绣花一样精细"。他指出,坚持以人民为中心的发展思想,着力推进社会治理创新,使超大城市精细化管理水平得到提升。上海这种超大城市,管理应该像绣花一样精细。

为贯彻落实习总书记的要求,2018 年 2 月,上海发布《贯彻落实〈中共上海市委、上海市人民政府关于加强本市城市管理精细化工作的实施意见〉三年行动计划(2018—2020 年)》。各区纷纷行动,结合本区的实际情况,制定加强城市管理精细化工作三年行动计划。目前,北京、重庆、广州、天津、深圳、武汉等超大城市也在积极开展城市精细化工作三年行动计划的编制工作。

上海作为国家七个超大型城市之一,是国家改革开放的前沿。上海城市辖区人口规模和密度大,城市结构复杂,对外开放程度高,受到外部环境的影响更大,一旦出现突发公共事件,"放大效应"明显,往往易发影响更大的"次生事件",甚至"事件链",对经济社会发展带来巨大影响,甚至影响国家整体公共安全。公共安全精细化管理是城市精细化管理的基础性、关键性、保障性的环节。正如习总书记所说:"我在上海的时候有这个感觉,整个城市它是一个生命有机体,高楼林立,地下的各种管道川流不息,地面上的各种车辆川流不息,就像长江滚滚而来一样,逝者如斯夫,但是一刻也不能停,上海要是停上一刻,瘫痪一刻,那是不可想象的。地铁出个什么问题,地下管道出个什么问题,都是不可想象的损失,所以城市的精细化管理,必须适应超大城市。这是世界级的难题,但是世界级的城市必须解决这个难题。"

一、哪些领域的公共安全最需要"绣花"?

未来上海公共安全问题有些是特有的自然条件带来的,有些是自身的结构布局带来的,有些则是发展转型过程中产生的,涉及自然灾害、灾难事故、公共卫生事件和社会安全事件等城市公共安全的领域。总体上看,主要集中在人口、空间、公共卫生、社会和金融五个领域。

(一) 人口领域

2017 年末,上海常住人口已达 2 418.33 万人,中心城区人口超过 1 000 万。现代服务业的高度发展,以及单中心的城市格局,导致上海中心城区人口密度过大。目前,内环以内密度超过 4 万人/平方公里。陆家嘴金融城的容积率为 3.1,人口密度为 5.8 万人/平方公里,已远远超过纽约曼哈顿 2.8 万人/平方公里、巴黎市区 2.1 万人/平方公里等国际特大型城市城市中心的人口密度。中心城区人口密度过大带来很大的安全隐患,对城市公共安全的管理带来巨大压力[1]。

另外,2016 年,上海外籍常住人口已经达到 17.5 万人,而且将以每年超过 7 000 人的速度成正比往上递增,特别是永久居留外国人增加幅度较大(如表 1 所示)。一般国际大都市外籍人口的比例要占到 5% 以上,上海还远远没有达到这一目标。在沪外国常住人口增加对公共安全精细化管理提出了更高的要求。

表 1　主要年份在沪外国常住人口　　　　　　　　　　　　　　　　　单位:人

类　　　别	2005 年	2010 年	2015 年	2016 年
总计	100 011	162 481	178 335	175 674
居留许可外国人	95 384	159 303	175 931	172 647
按国别(地区)分				
♯ 日　本	27 812	35 075	33 440	31 230
韩　国	14 047	21 073	21 178	21 497
新加坡	5 547	7 545	6 421	6 134
德　国	4 591	8 023	8 446	8 111
英　国	2 904	5 591	6 543	6 446

---

[1]　卢汉龙、杨雄、周海旺:《上海蓝皮书:上海社会发展报告(2016)》,社会科学文献出版社 2016 年版。

续表

类　　　别	2005 年	2010 年	2015 年	2016 年
加拿大	4 279	7 306	8 012	7 880
美　国	14 329	24 358	25 537	23 974
澳大利亚	3 729	6 165	7 444	7 400
法　国	4 181	8 238	9 993	9 453
按类别分				
♯工　作			91 372	88 933
学　习			16 030	17 588
团　聚			17 112	16 505
私人事务			48 915	46 497
新闻从业人员			98	97
永久居留外国人		948	2 404	3 027

资料来源：上海统计年鉴(2017)。

(二) 基础设施领域

基础设施领域主要是在人员密集的基础设施周围,在规划管理难度较大的区域最需要"绣花",具体主要集中在三个方面:一是轨道交通。截至 2017 年底,上海轨道交通运营总里程 732.2 公里,日均客运量 969.2 万人次。轨道交通事故和人为破坏因素将并存,加上超长的线路和大密度人口集聚,对上海轨道交通的管理提出了更高的要求。二是高楼灾害。上海 24 米以上的高层建筑已经超过 6 000 幢,30 层以上高层建筑超过 2 000 栋,其中 100 米以上的超高层建筑有近 1 000 幢,而且大部分集中在中心城区,这种高楼规模、数量和空间布局的特点加大了高楼防灾减灾难度,特别是高楼火灾的防控难度。同时,一些老的高层建筑,由于布局规划的不合理带来许多遗留问题。例如,2010 年 11 月胶州路教师公寓大火,由于高层公寓与外部干道的交通只有一个狭窄的通道,影响了救援。三是"生命线工程"事故。上海供水、供气、供电、通信等"生命线工程"许多面临老化的现象,特别是棚户区和老建筑中,还存在规划不合理、电线裸露、乱打乱接的现象,对人口密度大,建筑物集中的地区,一旦发生事故,影响较大。

(三) 公共卫生领域

随着对外开放的不断深化,上海面对全球流行性疾病的威胁也越来越大。目前全球每年因流行病死亡的人数高达 15 万以上,2020 年,这个数字预期会增加一倍。"非典"、禽流感、埃博拉等致命性疾病已经在人们身边。这对人口密集的上海影响更大。从传播的路径和方式看,流行性疾病进入上海的路径主要有三个方面：

1. 劳务输出

近年来，上海劳务派遣人员总数持续增加，2017 年已达 15 290 人（如表 2 所示）。投资项目和投资额也在逐年增加（如表 3 所示）。总体情况看，劳务派遣工主要从事基础设施建设较多，卫生条件普遍较差，对流行性疾病的防范意识和防范水平有限。

表 2 对外承包工程和劳务合作(2013—2016 年)

指　　标	2013 年	2014 年	2015 年	2016 年
对外承包工程				
签订合同金额(亿美元)	108.16	108.90	111.00	118.45
实际营业额(亿美元)	80.69	74.00	74.55	66.56
派出人员(人次)	4 337	8 532	5 866	6 497
对外劳务合作				
派出人员(人次)	13 695	18 163	14 369	15 290

资料来源：上海统计年鉴(2017)。

表 3 上海对外直接投资情况(2015—2016 年)

指　　标	2015 年新增	至 2015 年底累计	2016 年新增	至 2016 年底累计
投资项目(个)	1 338	4 208	1 425	5 633
投资总额(亿美元)	573.25	875.05	535.50	1 410.55

资料来源：上海统计年鉴(2017)。

2. 境内外旅游

近年来，上海境外游客人数基本稳定在每年 800 万人以上，平均每天来沪旅游人数达到 2 万人次以上(如表 4 所示)，这对流行性疾病的检查检疫带来了巨大的压力。

3. 国际人才交流及活动

近年来，上海出国留学人数持续增加，根据宜校网发布的《2017 年度中国大陆出国留学最强中学 TOP50 榜》，上海有 11 所中学上榜。留学人员结构也出现年轻化的趋势，小留学生出国有许多安全隐患，特别对流行性传染病的防控方面缺乏相应知识。与此同时，海归人数也正在逐年增加。2017 年，约 25% 的归国留学生选择在上海就业[1]。

[1] 2017 最新海归人才就业创业数据分析报告新鲜出炉，http://www.sohu.com/a/202074481_371477，2017 年 11 月 3 日。

表4 主要年份国际旅游入境人数

指 标	2000 年	2010 年	2015 年	2016 年
国际旅游入境人数(万人次)	**181.40**	**851.12**	**800.16**	**854.37**
♯ 外国人	139.14	665.63	614.64	659.83
♯ 日 本	53.76	152.47	92.93	107.49
新加坡	5.29	23.50	19.85	22.59
德 国	7.11	29.52	29.97	32.48
法 国	5.39	24.86	20.42	22.45
英 国	1.69	20.94	21.70	24.53
意大利	1.88	11.49	11.92	11.77
加拿大	2.25	20.97	18.90	22.55
美 国	13.78	80.79	77.08	94.36
澳大利亚	3.23	21.33	19.05	23.06
港澳同胞	17.62	77.47	67.53	70.54
台湾同胞	19.88	108.02	117.99	124.00
平均每天来沪旅游人数(人次/天)	**4 970**	**23 382**	**21 922**	**23 343**
来沪旅游者平均逗留天数(天/人)	**3.92**	**3.51**	**3.30**	**3.21**
国际旅游(外汇)收入(亿美元)	**16.13**	**64.05**	**59.60**	**65.30**

资料来源:上海统计年鉴(2017)。

另外,上海国际活动不断增加,国际人口到上海参加的活动也持续增加(如表5所示),国际会展每年举办场次都在250场以上。

表5 上海国际会展(2013—2016 年)

指 标	2013 年	2014 年	2015 年	2016 年
举办国际会展次数(次)	247	258	292	287
国际会展展出总面积(万平方米)	874.50	930.20	1 124.06	1 177.47

资料来源:上海统计年鉴(2017)。

国际交流人次的不断增加,国际活动的不断增加,都增大了携带流行性疾病病毒的概率,对市民生命财产造成威胁。

另外,近期上海成立专业委员会,将积极组织开展有关生物安全防护技术的专业交流活动,针对实验动物生产使用与质量控制、动物实验过程与动物标本处置、实验动物运输与出入境管理以及动物传染病与人畜共患病控制等过程中的生物安全相关专业问题开展讨论和交流,提升应对突发传染病公共卫生事件的把控能力。

（四）社会领域

目前，我国放开了行业协会商会类、科技类、公益慈善类和城乡社区服务类四类社会组织的登记。上海民间组织数量持续增加，2016年已达14 181个。同时，非正式登记的社会组织更是大量存在，无法确切统计。民间组织参与社会经济活动的频率也越来越高。由于民间组织一般都比较分散，在鼓励民间组织发展的同时，在监管方面的难度也加大了。

表6　上海主要年份民间组织情况

指　　　标	2005 年	2010 年	2015 年	2016 年
民间组织数(个)	**7 556**	**10 104**	**13 355**	**14 181**
社会团体	2 952	3 634	4 003	4 007
民办非企业	4 537	6 353	9 082	9 839
基金会	67	117	270	335

（五）金融领域

上海是我国对外开放的前沿，对外依存度高，参与国际分工和国际竞争的能力较强。上海正在加快建设国际金融中心，成为全球金融机构、金融市场、金融人才和金融服务的集聚地。在加快金融创新、提高金融核心竞争力、提升金融国际化水平等过程中，金融安全问题将是上海长期需要重点关注的问题。特别是资本的非法流出入，对正常的金融秩序造成了不利的影响，增加宏观金融调控的难度、降低货币政策的有效性，容易造成金融泡沫、增加金融风险。同时，金融网络安全问题也是国际金融机构面临的重大挑战之一。金融黑客对金融数据的入侵频繁，各国金融体系更是如临大敌。

二、他山之石如何攻玉？

国外发达国家和国际大都市在城市公共安全方面积累很多经验，对上海城市公共安全有很大的借鉴作用。

（一）以规划为引领

最典型的例子是日本防灾减灾与国土规划的衔接。一是城市风险防范体系纳入全国综合开发规划。日本国土规划体系分为四级，全国综合开发规划→三大都市圈建设规划→七大地区开发规划→特殊地区规划(岛屿、山村、欠发达地区等特殊地区)→都道府县综合发展(长期)规划→市村町综合发展(长期)规划。这些规划被笼统地称为国土规划。在六全总规划中,日本提出建设防灾都市是与"城市更新"紧密结合的。为了城市的安全,不断进行街区更新、土地整理以及其他的防灾设施建设;在防灾规划中为了整备防灾地点、形成良好的避难系统,也对都市开放空间、道路、桥梁等进行整治,促进了城市更新。根据各都市的需求,促进城市防灾减灾功能及其他功能等。二是城市风险防范体系纳入大都市圈规划和地方国土规划。根据日本的三大都市圈(首都圈、近畿圈、中部圈)开发建设法,大都市圈规划体系由基本规划(总体规划)、整备计划(5 年计划)、事业项目计划(年度计划)、保护区域建设计划等组成。第 5 次首都圈规划(1999—2015 年度)的基本构思有五项,其中第四项的主要政策方向是提出重视提高对地震等大规模灾害的防灾性能,以确保生活上的安全和安心,同时解决大城市的交通混乱状况,推进具有地域特性的易于生活的居住环境的建设。为此,改变现在对东京中心部的过分依赖和集中的结构,把首都圈的各地区以据点城市为中心形成自立性高的地区,相互分担各种机能和交流、协作,成为一种"分散型的网络结构"。同时,对于建设"安全并有魅力的都市"的主要措施是把生态环境、防灾减灾、基础设施建设与有规划的、综合性的都市建设相互结合起来。[①]

(二) 构建预警预报创新机制

各国都把城市预警预报的技术创新放在重要的位置。例如,前瞻计划就是主要依托伦敦高校和研究机构的资源,形成产官学研相结合的机制,通过科技上创新,不断开发新的应用科技。以未来 30—100 年为基准,建立一套完善的危机预测系统,探讨这类危机对社会、经济及环境的影响,评估水灾可能造成的影响以及疏洪措施必须耗费的成本。前瞻计划将海岸防卫计划列为重点,对未来长期防灾具有重要的意义。同时,英国借助伦敦的预警系统,重点列出 350 处重点目标中,包括英国境内的 15 座核电厂、国家主要电网、石化工厂、通信中心、核武器研究中心、核潜艇基地等关键设施,建立了重点目标预警预报机制。

(三) 构建社会参与机制

一是加强风险防范教育。国外城市广泛开展公共安全风险防范和

---

① 翟国方:《日本:减灾规划与城市更新协同作用》,《中国国土资源报》2013 年 4 月 25 日。

应急处置教育。例如,纽约市紧急事务管理办公室定期向市民发放手册,介绍了发生地震、火灾、恐怖袭击等各种公共安全事件所要携带的必需品以及有关注意事项,内容简洁明了。多伦多市政府向市民建议每户应准备应急包,政府列明了应急包的具体清单,如"使用电池的收音机"、"哨子"等。东京都政府除了发放应急手册之外,还给市民发放应急避难场所地图。二是开展各类公共安全社区志愿者活动。近50年来,随着社区的发展,出现了很多志愿者组织和相应的活动,有的由政府主导推动,也有市民自发组建。例如纽约的"街区守护者"计划、"辅助警察"项目、"社区应急反应团队"、"社区医疗预备队",伦敦和其他欧洲城市的"邻里守望"项目,东京都由居民、企业、非政府组织、非盈利组织和政府共同组成救援体系,建立了市民自主防灾组织和企业自身防灾应急体系。目前,有些相关的项目在我国城市社会治理方面已经得到应用,如"邻里守望"项目。三是社会救援组织积极参与。东京都政府和很多社会组织和企业签订防灾救灾协议。红十字会、教会组织、工商协会紧急救援组织、城镇防震行动议会等组织与美国政府密切合作,参与灾害预防和救援工作。在德国的红十字会、马耳他救援组织、水上救援协会、约翰尼特救援组织和德国工人救助联合会五大非政府组织参与灾害救助①。

(四) 对上海的启示

国外城市公共安全经验对上海的启示主要有四点:一是重视规划引领。国外发达国家的规划普遍具有法律效力,在推进城市公共安全中必须执行的,具有强制力,这对上海把城市公共安全理念纳入城乡规划,并逐步完善城市公共安全规划标准有较大的现实意义。二是注重"以人为本"的治理理念。"以人为本"的治理理念包括两方面内容:第一,充分发挥社会和民众积极性,发挥社会治理的作用;第二,城市管理以服务为核心,以保障人民财产,保证城市经济社会发展为前提,推进人性化的公共安全基础设施建设水平和公共服务水平。第三,全面和重点相结合。在城市公共安全常态化管理的过程中,各城市都把重点区域、重点项目、重点目标列为重点监控和预警预报目标,采取常态与非常态相结合的管理模式。第四,充分利用市场化机制。国外发达城市市场化相对发达,在购买专业服务方面层次多样,所有权和经营权之间的分离程度较大,提

---

① 宗传宏:《城市危机管理中的精细化与长效防范机制》,《上海城市管理》2017年第6期。

高了公共安全管理的效率。

三、"绣花工具"准备好了吗？

(一) 精细化管理意识的培养

城市公共安全精细化管理意识的培养要树立三个"观"：一是持国家安全观。坚持国家安全观首先就是为国民提供基本的安全保障服务。就城市而言，坚持国家安全观是应对城市安全的新情况和新局面的基本条件。二是坚持城市战略观。2035 年，上海将基本建成卓越的全球城市。李强书记指出，提高城市管理精细化水平，必须下绣花功夫，"绣"出城市管理精细化的品牌。这种绣出的品牌实质就是城市战略的品牌，是坚持城市战略观的重要体现。上海城市公共安全的管理水平必须要与卓越的全球城市目标相匹配，必须把城市公共安全纳入精细化管理的轨道，精益求精，才能在城市结构日益错综，功能日益复杂的条件下为经济社会稳定持续发展保驾护航。三是坚持城市治理理念。城市治理是国家治理的一个重要方面，是国家治理能力现代化落实到城市层面所形成的微观治理体系和治理模式。城市公共安全管理作为城市治理现代化的最基础的部分，也是国家治理现代化的基本单元。传统上，城市公共安全管理是狭义的管理，是以政府及相关管理部门为主导，以行政手段为核心的管理模式，其重心是维持城市基本安全运营所具有的管理职能。随着城市公共安全的负责化，城市公共安全管理必须从城市治理理念出发，不仅包括狭义的城市公共安全管理的内容，而且还包括政府通过构建协同机制，调动社会力量，运用政治的、经济的、行政的、法律的、文化的、教育的等多种手段来共同治理城市的模式和过程。

(二) 精细化管理方向的确定

城市公共安全精细化管理是时间、空间和机制三个维度的集中体现。一是时间维度——以全过程为核心的监督管理。时间维度包括预警预报、应急防范、应急处置、应急救援和功能恢复五个阶段和环节的全过程。上海建立的"测、报、防、抗、救、援"公共安全防控体系就是基于时间维度。二是空间维度——以资源配置为核心的空间布局。空间维度是城市公共安全管理资源的空间布局。城市公共安全管理资源的布局依据是人口密度、基础设施密度、重点设施的分布等因素。一般来说，城市中心城区的公共安全资源布局密度要大于郊区。三是机制维度——以统筹规划为核心的协同联动。机制维度是贯穿公共安全精细化管理的全过程,构建科学的风险长效防范机制,是实施城市精细化危机管理的保障。公共安全防范机制必须树立顶层设计的理念,坚持自上而下和自下而上相结合的原则,统筹规划城市公共安全管理要素资源,促进实施主体的合理分工,形成 1+1>2 的协同联动态势①。

目前,上海推进全覆盖、全过程、全天候、法治化、社会化、智能化、标准化"三全四化",就是基于三个维度的,关键是要进一步深入和可持续化。

四、"绣花"的路径有哪些?

(一) 统筹规划要素资源

城市公共安全是城市经济社会发展的最基本的保障,必须纳入城市规划。在日本国土规划中,就明确把城市公共安全规划纳入其中,统筹考虑突发公共事件要素的布局,对具体项目也有相应的要求,并具有法律效力。例如,日本六本木项目,公共安全投入超过总投资的一半。上海在城乡规划的过程中,也要及时纳入城市公共安全的要素。

(二) 完善公共安全基础信息

要完善公共安全基础数据库,构建统一数据库平台,打通公安、卫生、人口、商委等部门的专业数据库,实现互联互通。针对重点控制区域、重点线路、重点控制行业、重点控制人群、重点控制项目进行基础性的统计和摸排,建立城市公共安全风险图库。二是要构建统一的数据库平台系统。

(三) 推进市场化机制

完善街道、镇、企事业单位等基层单位向全社会招标购买保安、医护、辅助管理等专业化服务。探索重点项目市场化招标机制、多元化投资机制以及公共安全基础设施开展 PPP 模式②。在符合国家法律法规的前提下,探索引进有资质的第三方,在应急体系评估、应急产品生产、

---

① 宗传宏:《城市危机管理中的精细化与长效防范机制》,《上海城市管理》2017 年第6 期。

② PPP(Public-Private Partnership 公私合伙或合营,又称公私协力)是指政府与私营商签订长期协议,授权私营商代替政府建设、运营或管理公共基础设施并向公众提供公共服务。

应急咨询、应急保险等方面进行运作,借助市场化手段提高应急管理水平。要做好应急资源评估工作,摸清公共安全资产状况和应急资源情况。

(四)积极对接社会治理

城市公共安全管理要积极与社会治理相互对接。规划、建设、管理过程中要积极引进社会力量参与,同时,鼓励社会组织参与城市公共安全的管理工作。目前,上海借鉴国内外发达城市公共安全管理经验,推进的邻里守望工作,起到很好的作用。下一步需要进一步推进社会参与力度,形成城市公共安全的"规划—建设—管理—执法—应急"等内部管理体系与社会力量相互衔接,把社会才智融入城市管理中,形成社会共管共治的格局。

五、发力的着力点在哪里?

未来一段时期,上海在城市公共安全精细化管理方面,需要重点聚焦四个方面。

(一)进一步完善社会治理体系

城市精细化管理与社会治理的融合是精细化管理的必由之路。2014年,"创新社会治理加强基层建设"列为市委市政府年度1号调研课题,并形成了"1+6"系列文件成果,成立推进领导小组,系统谋划、整体推进,在完善社会治理体系方面取得了较好的经验。未来上海在城市公共安全社会治理方面要着力做好三个方面的工作:一是"三位一体"的专业化队伍建设。要在政府主导的专业队伍建设的基础上,放宽民间救助力量的准入门槛,建立政府与民间专业救助队伍合作的长效机制。同时,依托社区、园区、学校、企业,培养参与性相对稳定,有一定专业化程度的应急队伍。逐步形成政府应急部门、民警救助力量、社会应急队伍为核心的分工明确、层次分明的"三位一体"的专业化队伍。二是"核心力量"志愿者队伍建设。要针对社区、园区、学校、企业等实际,以社团、街道、业主委员会、居委会、物业管理委员会等为主体,通过半专业化的培训等手段,形成志愿者队伍,并以此为社会参与的"核心力量",贯彻落实应急管理方针政策,开展对大众的宣传教育。三是公共安全专家队伍建设。要充分利用上海高校、科研机构集中,专家力量较强的优势,开展建立专家数据库。要建立"绿色通道",及时将专家的研究成果和观点向市领导及相关部门反映。对采纳的成果和建议，要及时转化落实。

(二) 完善城市公共安全管理与社会治理衔接机制

在完善公共安全社会治理体系的基础上，要完善城市公共安全管理与社会治理的衔接。这就需要聚焦机制，重点做好三个方面的工作：一是持续推进城市公共安全管理下沉。2014 年，对上海大力实施城市管理力量下沉，构建了一套"1＋1＋1＋X"区县城市综合管理工作体系，城市管理力量下沉到各区县及下属街镇。城市公共安全管理力量也随之下沉到基层，并在网格化管理平台下，产生了更大的效果。城市公共安全管理要进一步随着其他管理职能下沉，并与其他管理职能相互融合、相互衔接、相互联动，进一步提升精细化管理水平。二是完善城市公共安全管理与社会治理的基层平台。在城市公共安全管理下沉的基础上，在社区居委会、物业公司、业主委员会"三驾马车"，街道、乡镇、园区、企事业单位等基层单位逐步形成了"管理＋自治"的治理平台，联席会议制度逐步开始推进，基层信息反馈更加快速。未来一段时间，上海城市公共安全要进一步聚焦基层平台，逐步构建平台网络体系，并发挥平台的综合功能。三是理顺城市公共安全管理与社会治理的工作机制。在未来一段时期，城市公共安全管理的主体主要还是政府职能部门，社会治理的主体则是社会自治单元。在推进两者的衔接方面还需要理顺集中，包括社会治理主体对城市公共安全管理的规范、程序、面上情况的知情，以及政府相关职能部分对社会自治单元的指导、沟通等。

(三) 完善城市公共安全市场机制

城市公共安全市场化是为了利用市场作用，提高对突发公共事件管理效率，提升管理效果。未来上海要重点做好三项工作：一是进一步推进市场购买。继续鼓励上海街道、镇、企事业单位等基层单位，向全社会招标购买保安、医护等服务，在招标过程中，政府相关部门做好引导和指导工作。二是完善项目的市场化招标机制。在符合国家政策的范围内，通过社会招标，引进专业性强的企业，政府相关部门做好项目招标和监管工作。三是建立规划的评估机制。引进第三方专业机构，根据时间节点，对城市公共安全规划进行事中、事后评估，政府相关部门根据评估结果对规划进行调整。

移民何去何从？

——聚焦欧洲难民危机

郭中军

2015 年以来，来自叙利亚、阿富汗和伊拉克的难民大量涌入欧洲国家尤其是西欧发达国家，使欧洲经历了第二次世界大战以来最严重的难民危机。至少 3 770 名难民在偷渡中丧生或失踪，其中包括大量妇女和儿童，由此引发了国际人道主义灾难。欧洲难民危机还挑战了欧洲各国的治理能力，冲击了欧盟一体化进程，使欧盟陷入前所未有的分崩离析。欧洲难民何去何从，难民危机有何后果，如何应对难民危机，如何使难民融入欧洲社会等问题，正成为近年来国内外学术界关注的理论热点，专家学者从不同学科视角与理论维度探讨了此次难民危机的特征及其演变，西方国家的难民政策，难民危机的成因、影响及其对策。

一、欧洲难民与难民危机

欧洲难民危机也称"欧洲移民危机"，指的是"阿拉伯之春"发生以后中东、北非和西亚等地的战争难民经地中海及巴尔干半岛大量涌入欧盟国家寻求居留而导致的国际治理困境与人道主义危机。自英国广播公司(BBC)报道了 2015 年 4 月发生在地中海的偷渡船沉没事件后，各界开始普遍使用"欧洲难民危机"形容这一时期的难民移民潮。

1. 难民危机还是移民危机？

不少学者提到，此次的欧洲难民不同于传统意义上的难民，而是一种新型难民。罗超、高鹏就认为，"难民"作为一类特殊的群体，有关国际法明确了其法律地位。根据 1951 年《关于难民地位的公约》(简称《难民公约》)和 1967 年《关于难民地位的议定书》(简称《难民议定书》)的规定，难民包括两部分，一部分是由《难民公约》生效之前的国际条约、协定所确认具有难民身份的人；另一部分则是"因有正当理由畏惧由于种族、宗教、国籍、属于某一社会团体或具有某种政治见解的原因留在其本国之外，并且由于此项畏惧而不能或不愿受该国保护的人；或者不具有国籍并由于上述事情留在他以前经常居住国家以外而现在不能或者由于上述畏惧不愿返回该国的人"。但是，此次欧洲难民主要来自长期战乱的叙利亚、伊拉克等国，他们并非"畏惧迫害"，而是为了躲避冲突、暴力等不利因素被迫迁徙至东道国，属于典型的新型难民。①

黄日涵、李丛宇也指出了移民与难民在适用场景的不同。难民与移民在国际法语境内是两个不同概念，二者的内涵随着时空的变化不断丰富，世界性战争爆发之后出现了事实上的难民群体，这才确立了难民的法律地位。1951 年联合国难民和无国籍人地位全权代表会议所通过的《关于难民地位的公约》对难民概念给出了最早同时也是最权威的定义。之后，联合国难民署和区域性的难民文件则根据实时状况逐步扩大难民的范畴，加强国际合作保障难民权利。移民一般被认为是因劳动、投资等因素长久居住在另外一个区域或国家的现象。国际社会在界定移民概念时更侧重关注移民的动机，与国家接纳移民的能力。所以，在某种程度上对移民的接纳属于国内事务，而对难民的接纳则属于依据国内与国际法律所履行的国际义务。②

张磊也指出，欧洲"难民危机"的说法并不准确，应该称之为"难民与非法移民危机"。无论是在国际公约层面，还是在欧盟法律层面，法律意义上的"难民"主要限于政治难民的范畴。从这个角度看，如果不符合"公约难民"的定义，那么相关人员就不属于法律意义上的难民，即使他们可能被冠以"难民"的称呼。更进一步讲，如果不符合欧盟法律关于难民的标准，那么相关人员即使符合"公约难民"的定义，也无法在欧盟国家获得难民地位。相对于非法涌入欧盟的非成员国公民的总人数，欧盟给予难民地位的人数也较少，所以将欧盟所面临的危机定性为"难民危机"并不准确；另一方面，根据欧盟对于非法移民的定义，非法进入欧盟的非成员国公民中有相当一部分人属于非法移民，包括庇护申请被拒绝之后仍然没有离开欧盟成员国领土的人。因此，更加准确地讲，欧盟目

---

① 罗超、高鹏：《国际难民问题的挑战、应对及中国的参与》，《世界经济与政治论坛》2017年第 2 期。

② 黄日涵、李丛宇：《国际移民视角下的欧洲难民危机及其应对》，《国际展望》2017 年第 5 期。

前所面临的危机应当是"难民与非法移民危机"。①

2. 欧洲难民危机的结构、特征

宋全成分析了此次欧洲难民的结构，并将这种结构分为三个部分：欧洲难民在全球难民中的结构、难民来源国的结构、进入欧洲的路线结构。首先，欧洲地区的难民是全球难民的重要组成部分。难民危机之前，欧洲境内始终存在着数以百万计的难民。难民危机后，越来越多的战争难民成规模地逃往欧洲国家，呈现出急剧上升的趋势。其次，欧洲难民主要来自西亚，就国别而言，主要来自叙利亚、阿富汗、巴基斯坦、伊拉克等。但就进入欧洲地区的难民而言，主要来自叙利亚。再次，进入欧洲的路线主要是从突尼斯和利比亚进入意大利的地中海中线、从土耳其进入希腊的地中海东线以及从希腊到欧洲国家的匈牙利的巴尔干西线。②

王刚总结了欧洲难民危机的几大特征：一是难民规模巨大。2015年经由陆路及海路进入欧盟的难民数量超过150万，这是自第二次世界大战以来最大的难民潮。二是难民成分主要为战争难民。这次涌入欧洲的难民主体是为躲避战争动乱的战争难民，主要来自仍处于战乱中的叙利亚、利比亚，以及受"伊斯兰国"肆虐的伊拉克等国，这与主要为追求经济和生活福利的"经济移民"不同。三是波及范围广泛。此次难民危机不仅波及欧盟国家，而且也波及土耳其、黎巴嫩等难民产出地周边国家，甚至也波及了世界各地。③

3. 欧洲难民危机的发展演进

难民危机的发展演进伴随了两次较大的舆论转向。2015年的"小艾兰事件"引发了欧洲主流社会对难民的广泛同情与积极救助，而后来在西欧发生的暴恐事件使欧洲人对难民的态度急转直下，由先前的同情转向了敌视。

周庆安、吴燕妮指出了难民危机在欧洲社会先后出现了两种政治话语的转换。"小艾兰事件"后，欧洲舆论建构了"人道主义"话语，这种话语带有悲情的色彩。在这一话语下，难民被建构成了受害者，而欧洲则被建构成了救援者，受害者的悲惨遭遇进一步要求救援者承担行动责任。因此，小艾兰的死事实上触及了"人道主义"这一欧洲人文主义精神

① 张磊：《欧盟所谓"难民危机"的性质辨析——兼论国际法关于难民的界定》，《探索与争鸣》2016年第4期。
② 宋全成：《欧洲难民危机：结构、成因及影响分析》，《德国研究》2015年第3期。
③ 王刚：《欧洲难民危机的成因及影响》，《思想理论教育导刊》2017年第5期。

的内核,这一时期的难民危机也因此被定义为"人权问题"。暴恐事件的发生使得欧洲舆论的核心议题从"人道主义"转向"国家安全",其基本的话语特点是"安全话语"。在这一话语下,难民被建构成了安全的威胁者,而欧洲则成了恐怖主义的受害者,威胁者的威慑力要求受害者采取驱逐行动。从语境上看,媒体触及了欧洲对伊斯兰极端恐怖主义的安全恐惧,由此也将这一时期的难民危机定义为"安全问题",先前的"人道主义"话语几乎彻底消失,取而代之的是"国家安全"的话语。[1]

2016 年以来,难民危机出现了不少新变化、新特点。宋全成、倪勇分析了 2016 年欧洲难民危机的新进展、特征与发展态势,通过比较分析得出几点结论:第一,进入欧洲国家的难民人数在急剧减少,但在欧洲国家提出难民庇护申请的数量以每月 10 万左右的速度延续。第二,在德国提出难民庇护申请的规模在迅速扩大,避难申请类型主要是首次申请,难民来源国家主要是叙利亚、伊拉克、伊朗、阿富汗和阿尔巴尼亚。第三,在德国提出难民庇护首次申请的数量比 2015 年同期大幅度提高。第四,德国难民庇护申请的处理量急剧增加,获得难民身份、受保护和免于驱逐的人数和比例迅速上升。第五,在被德国接纳为难民、保护和免驱逐的避难申请和被拒绝和按其他程序处理的避难申请中,也呈现出鲜明的国别特点和深厚的国际背景。[2]

2017 年是欧洲难民危机的一个转折之年。任彦的分析发现,2017年难民涌入欧洲的高潮正在退却,通过海上进入欧洲的难民数量比 2016 年减少了一半,为 2015 年欧洲爆发难民危机以来的最低值。虽然欧洲所面临的难民危机得到初步遏制,但难民危机并未得到根本性解决,难民问题仍将对欧洲政治生态造成严重影响。[3]

二、欧洲难民危机的成因

欧洲难民危机引发的政治海啸令人始料未及,难民危机何以形成是许多专家学者关注的核心问题之一。归结起来看,专家学者对欧洲难民危机成因与根源的认识主要有以下几点:

---

[1] 周庆安、吴燕妮:《身份认同困境下的话语构建——从难民危机报道看欧洲身份认同》,《欧洲研究》2017 年第 3 期。
[2] 宋全成、倪勇:《欧洲难民危机的新进展、特征及发展趋势——基于德国移民与难民部 2016 年/2015 年上半年同期数据的比较社会学分析》,《山东行政学院学报》2017 年第 4 期。
[3] 任彦:《难民危机仍在"折磨"欧洲》,《人民日报》2018 年 1 月 16 日。

1. 美欧的中东战略与新干预主义

王日涵、李丛宇认为,从国际政治的视角观察,美欧对当前欧洲难民危机负有不可推卸的责任,甚至是始作俑者。根据欧盟统计局的数据显示,流入欧洲地区的难民主要来自叙利亚、伊拉克、阿富汗、科索沃等。这些国家产生的难民大多与美国打着各种旗号发动的局部战争有关,比如 2001 年美国发动的阿富汗战争,2003 年美国发动的伊拉克战争等。2011 年,美国又为了推翻叙利亚的巴沙尔政权,支持叙利亚反对派发动内战,于是导致了当下的难民潮。作为美国主要盟友的部分欧洲国家,不管是在阿富汗、伊拉克还是叙利亚内战中,都充当了美国的急先锋角色,尤其是在 2011 年发生的"阿拉伯之春"以及美国主导的其他政治和军事干预活动中,许多西欧国家都是美国的帮凶。西方国家为了一己私利推动的"阿拉伯之春"最终导致原本就异常复杂的西亚北非地区局势更加动荡,造成了该地区政治和社会秩序的崩溃、族群之间更加严重的撕裂和宗教之间更加严重的冲突,这最终造成了更大规模的难民潮的出现。①

王建、程晓辰指出,难民危机的爆发,除了与难民输出国经济持续衰退、政治局势动荡有关,还与帝国主义的新干预主义政策密不可分,以美国、欧盟为主导的北约成员国长期奉行新干预主义政策,并以此为指导而发动的多次帝国主义战争是造成此次难民危机的最主要原因。2001年"9·11"事件后,美国伙同北约盟友打着"反恐"的名义发动了阿富汗战争,虽然击溃了庇护"基地"组织的塔利班政权,但因始终无法彻底消灭塔利班武装而使阿富汗饱受长达 15 年的战乱之苦;2003 年,又以莫须有的理由发动了颠覆萨达姆政权的伊拉克战争,直接导致伊拉克国内政治经济秩序陷入混乱,各种敌对势力相互攻击和倾轧,"伊斯兰国"组织也借机发展壮大,造成伊拉克连年的经济凋敝,战乱不断,民不聊生。2010 年,为了在北非推行"大中东民主计划",以美国为首的帝国主义国家借着阿拉伯世界的内部矛盾制造了"阿拉伯之春"运动,之后更是伙同海湾国家给叙利亚反对派提供资金、武器和装备等,鼓动和支持其推翻巴沙尔政权,致使叙利亚局势面临失控。②

鲜开林、汪祥也认为,此次的欧洲难民危机就是大国干涉、地区冲突

---

① 黄日涵、李丛宇:《国际移民视角下的欧洲难民危机及其应对》,《国际展望》2017 年第 5 期。

② 王建、程晓辰:《欧洲共产党关于当前难民危机的分析及其策略主张》,《世界社会主义研究》2017 年第 2 期。

的局部战争以及伊斯兰各派别之间矛盾冲突的结果。而导致欧洲难民危机的直接动因则是以美国为首的西方国家军事干涉中东地区，造成中东地区多国政权更迭、社会动荡，同时恐怖主义势力"伊斯兰国"崛起并横行肆虐，导致许多中东地区的居民背井离乡。[①]

2. 国际关系中理想主义与现实主义的张力

史小今认为，欧洲难民问题不同于自愿基础上产生的移民现象，难民（包括寻求避难者）问题的出现，主要源于国际人权意识的兴起和公众对国家与公民关系的自由共和主义的理解，而"国家"是难民问题的起因和解决方案。一方面，难民被定义为基本人权受到侵犯，并且失去了原属国保护的个人；另一方面，这种原属国保护的丧失意味着这一群体需要寻求国际社会的救助，即，其他国家通过为难民提供庇护，使难民群体基本权利获得保障。[②]

在此基础上，理想主义者倾向于将难民问题界定为人权问题，并将解决难民问题视为国际社会的共同责任。虽然难民并不拥有在另一个国家的居住权，但他们应该被善待而不是被拒之门外，更不是强制他们返回生命受到威胁的家园。现实主义者则倾向于将难民问题界定为国家安全问题，并将解决难民问题划归到外交政策范畴，主权国家首要考虑的是维护其治下人口、领土甚至社会价值的安全。国际关系中理想主义与现实主义的张力使得难民问题的解决面临诸多困境。

3. 欧盟始终未能形成统一有效的难民政策

在所有欧盟法令中，《申根协定》与《都柏林条例》对各成员国的难民管理影响最大。《申根协定》由德国、法国、荷兰、比利时和卢森堡五国于1985年6月签署，意在取消各成员国之间边境，自由通行，无限期居住，现共有成员国26个。《都柏林条例》对难民处理的两个基本原则是，"谁发签证谁负责，难民首次进入的国家负责"，目的在于只由一个国家负责审核，避免难民在欧盟内无序流动。

贺鉴、庞梦琦认为，《申根协定》使难民在欧盟内部能自由流动，虽然有《都柏林条例》，但欧盟并未形成统一的难民政策。一方面，多个欧洲国家就难民问题相互推辞，推卸责任。另一方面，欧盟针对难民危机先后两次推动实施的配额政策遭到多数欧洲国家明确反对。欧盟层面在难民问题上的实际操作中属于无政府状态，而且难民事务处理过程繁

---

① 鲜开林、汪祥：《欧洲难民的人权之殇》，《广州大学学报（社会科学版）》2017年第3期。
② 史小今：《从国际关系理论中的两种范式视角看难民问题两难困境》，《国际论坛》2017年第1期。

琐、复杂,需花费大量的人力与财力资源,欧洲国家一旦接收难民则需承担全部责任。多数欧洲国家以邻为壑,转嫁危机,缺乏团结一致的信念。南欧国家本应遵循《都柏林条例》对难民进行登记和安置,但他们无力安置如此多的难民,再加之难民将德国、瑞典等庇护福利较好的国家作为目的地,所以造成了成批难民在欧洲大陆的迁徙现象。在这过程中,为避免难民涌入,匈牙利、斯洛文尼亚和奥地利等东欧国家在边境建造栅栏,此举遭到德国的指责。为缓解这种无序的局面,欧盟两次试图推行的难民配额计划遭到波兰、捷克等东欧国家的强烈反对。①

马唱唱、廖和平也认为,此次难民危机爆发以来,欧盟一直致力于统一立场解决难民问题,但由于欧盟各国受难民冲击的程度以及接受难民的能力各异,欧盟机构在难民问题上的协调能力面临挑战。在处理欧洲民族国家利益与欧盟利益的问题上,欧洲民族国家仍发挥关键性的作用。东欧与西欧在面对难民危机时表现出明显的分歧:匈牙利总理欧尔班指责老成员国为“道德帝国主义”,法国前总统奥朗德则对不遵守欧洲价值观的新成员提出警告。像希腊和意大利这样作为难民的首要登陆国,却并不是难民理想的目的国,他们对于难民申请者的甄别标准就较为宽容,因为难民进入这些国家后可根据《申根协定》流向其他经济条件更好的国家。意大利、希腊和德国对难民的边境控制相对宽松,中东欧国家却拒绝接纳难民,所以大量的难民申请者往往先进入希腊和意大利,再迁徙到他所向往的其他欧洲国家,致使难民流动局面混乱。从这个意义上说,欧盟成员国和欧洲国家内部对难民甄别的宽严标准不同、接纳难民的态度不同,也是产生欧洲难民危机的基本因素。②

文峰则指出了欧盟现行庇护体系未能有效应对难民危机。欧盟共同庇护体系属于欧盟司法与内政领域的一环,涉及政治庇护与难民事务的管理,也是欧盟建构内部安全的核心领域之一。然而,欧盟庇护政策的共同体化与制度化并未能有效应对当前的难民危机,因而引发诸多质疑,特别在危机的关键时刻,欧盟成员国再次展现其在重大议题上的主导权与影响力。③

---

① 贺鉴、庞梦琦:《欧洲难民危机与欧洲一体化面临的困境》,《理论界》2017 年第 4 期。
② 马唱唱、廖和平:《欧洲难民危机审视及思考——以 2015 年以来的难民危机为例》,《延边党校学报》2017 年第 5 期。
③ 文峰:《制度与结构:难民危机对欧盟难民治理体系的冲击及其应对》,《暨南学报(哲学社会科学版)》2016 年第 4 期。

三、西方国家的难民政策

在难民问题上，西方国家存在着明显的政策差异，美国基本将难民拒之门外，以德国为代表的欧洲国家持相对宽松的难民政策，英国则以公投脱欧表达了对难民问题的态度，法国对难民准入也持谨慎立场，以匈牙利为代表的东欧国家则坚决反对接纳难民。相对美国而言，邻国加拿大在接纳难民方面则表现不俗。西方国家的难民政策及影响因素是专家学者研究的又一重点。

1. 难民政策：人道主义与国家安全之间

史小今提到，各国的难民政策处于两个相互冲突的范式之间：一方面，对基于国际人权的人道主义原则的承诺——这反映在哲学领域即为理想主义思想，人权的普遍性适用于每一个体，不论他们来自哪一国家——要求各国尽可能多地接收难民，维护难民的生存和发展以及接受救助的权利；另一方面，出于现实主义的考量，各国有权利尽可能控制进入本国的外国人口，以维护本国的国家安全。从现实来看，各国的难民政策普遍试图在这两者之间求得平衡。

因而，西方国家对难民的态度与政策主要受两个原则的牵制：人道主义原则和国家安全原则。这两个原则之间存在负相关关系。更多考虑人道主义原则者，就会在一定程度上放弃维护国家安全的考量，采用宽松的难民政策；更多考虑国家安全原则者，则无法兼顾人道主义，采用严苛的难民政策，将更多难民拒之门外。而目前的趋势是，往往一个国家在本国内采用更加严格的难民政策，却希望其他国家更多承担接收难民的责任。①

从世界各重要难民接收国家的难民政策演变历程可以看到，即使是从人道主义角度出发采取了相对宽容的难民接收政策的国家，也往往是平衡了国际利益的考虑，认为宽容的难民接收政策更有助于国家利益的实现。例如，叙利亚战争后，在难民接收中表现最突出的德国，在第二次世界大战之后一直都倾向于采用宽松的难民政策。其主要目的在于，洗涤第二次世界大战给德国留下的负面国际影响，通过接收难民，重塑德国"人道主义"国家的国际形象。

2. 欧盟难民政策的演变

房乐宪、江诗琪分析了 2015 年以来欧盟应对难民危机的政策演变

---

① 史小今：《从国际关系理论中的两种范式视角看难民问题两难困境》，《国际论坛》2017年第 1 期。

及内涵。2015 年以来欧盟应对难民危机的政策倾向大致可分为三个阶段：2015 年 8 月底以前为第一阶段，欧盟初步出台宏观应对政策，但行动缓慢；2015 年 9 月至 2015 年 11 月中旬为第二阶段，欧盟政策行动力度明显加大；2015 年 11 月巴黎系列恐怖袭击以来至今为第三阶段，欧盟及成员国重新收紧难民接收政策，而且内部分歧加剧。总之，欧盟在难民危机中正面临棘手的两难境地：一方面，在接受难民和移民问题上被迫收紧政策；另一方面，又担心因此而刺激和纵容成员国为了本国利益而不惜撕裂和损害申根体系的完整性和有效性。围绕难民危机应对而产生的这些新动向，意味着欧盟及其一体化进程需要应对多重挑战。[1]

王建、程晓辰也认为，欧盟各成员国在对待难民问题上呈现出明显的三派：其一是对难民持欢迎和包容态度，主要以德国为代表。2015 年共有 110 万左右的难民在德国登记，2016 年 1 至 7 月份，德国总共接收了 24 万名难民，在所有国家中接收的难民数量最多；其二是对难民持谨慎和收缩立场，只肯接收少量难民，主要以英国、法国为代表。法国政府承诺未来五年接收 2.4 万名难民，英国政府则承诺未来五年接纳 2 万名叙利亚难民，这对于应对上百万的难民潮只能是杯水车薪。其三是对难民持强硬和拒绝态度，主要以匈牙利等东欧国家为代表。[2]

林璐也将欧盟各成员国的立场和政策分为三派，即以德国为代表的"欢迎派"、以匈牙利为代表的"反对派"和以英国为代表的"谨慎派"，认为这些国家基于自身经济、政治、文化宗教、社会历史等多重因素的考量在危机中所采取的不同行动措施，加深了彼此的分歧与隔阂，也使得危机的解决陷入僵局。[3]

3. 德国的难民政策

德国是难民的首选目的国，也是最大的难民接收国。2015 年上半年，德国收到了 20 万份避难申请。至 2016 年年底，已有 80 万左右的难民涌入德国。在应对难民危机的整个过程中，默克尔政府实行了不设上限的难民接收政策，与英法等其他国家形成了鲜明对比。大量国际难民如潮水般急剧涌入德国，导致德国国内局面逐渐混乱，默克尔政府开始意识到难民无序进入对德国造成的负面影响，相继出台了一系列关于解

---

① 房乐宪、江诗琪：《当前欧盟应对难民危机的态势与挑战》，《同济大学学报（社会科学版）》2016 年第 2 期。

② 王建、程晓辰：《欧洲共产党关于当前难民危机的分析及其策略主张》，《世界社会主义研究》2017 年第 2 期。

③ 林璐：《欧盟及其成员国应对难民危机的政策研究》，山东大学 2017 年硕士论文。

决难民问题的新政策。2015年9月13日以来,德国开始继续增加管控人员对于欧洲边境国家的管控,严格控制难民进入欧洲国家。9月24日,德国召开特别首脑会议,为难民分配、简化手续等管理办法达成协议,新规拟于11月1日生效,实际上却在10月24日提前一周生效。

张立园分析了默克尔政府难民政策的几个方面:(1)在难民接收方面,默克尔政府主动承担接收难民并对其临时安置的责任,并在海德堡设置试点样板模式,推动审核难民模式的创新,提高了解决难民避难的效率。(2)在难民安置方面,默克尔政府加大财政支出合理分配各州及各地难民安置配额。(3)在社会治安方面,德国政府加大了打击恐怖活动的力度,逮捕了犯罪分子和犯罪嫌疑人,并调查了犯罪人员背后存在的团伙组织,加强对社会治安人员的治安力度以及人员安排,加强对伊斯兰恐怖组织的监控。(4)在难民融合方面,默克尔政府积极促进难民融入德国的教育及就业体系。德国安置难民在一定程度上是延续了以往安置外来移民的通常做法,虽然难民还没有真正获得在德国的正式居留权,但默克尔政府积极地把难民融入德国的教育和就业体系中来。①

刘齐生、刘惠华分析了德国难民管理的有益做法。在难民管理上,德国特别重视立法和执法,不仅是少数在宪法中将避难权认定为人的基本权利的国家,而且也是在难民申请甄别程序执行中向联合国难民公署开放的国家,保证了难民管理在阳光下进行。除法律外,德国还有专门机构负责管理难民事务。隶属于内政部的“联邦移民与难民管理局”(简称“联邦管理局”)专司难民管理,它依法安置寻求避难者、审核避难申请、决定避难准予等。“联邦管理局”在具体工作实践中,针对避难事务有完备的工作流程。德国根据法律条件对避难申请者进行分门别类的管理。寻求避难者需要在约定的时间接受管理局避难裁决人问讯,而管理局主要根据问讯情况以及证明材料对是否予以避难做出裁决。②

4. 意大利的难民政策

田小惠、谢林重点考察了意大利的难民政策。依赖中左势力联盟的意大利伦齐政府对难民持较宽容的态度,不过暴恐问题出现后,伦齐政府政策有所回调。意大利国内其他政党——五星运动、北方联盟、意大利力量党等在难民问题上的态度基本一致,都反对伦齐政府的难民

① 张立园:《默克尔政府对欧洲难民危机的态度研究》,河北师范大学硕士论文,2017年。
② 刘齐生、刘惠华:《德国政府的难民危机管理与政治治理难题》,《贵州师范学院学报》2017年第4期。

政策。

　　意大利将难民大体分为三种类型,即政治难民、资助保护难民和人道主义保护难民。意大利宪法规定保护的难民中就包括了政治难民,也就是"凡在本国事实上不能行使意大利宪法所保障的自由民主权的外籍人士"。关于资助保护难民,根据 2007 年的第 251 条法令,意大利将其定义为"第三国或者无国籍的人,无法被认定为政治难民,但是有充分的理由相信如果返回原籍国,将会遭受严重的危害"。资助保护难民可以在意大利居留五年,有工作和家人团聚的权利,并可以因为工作而更换居留证,延长居留证的有效时间。意大利 1998 年发布的第 186 条法令将人道主义保护难民定义为:"如果申请居留证被拒绝或者居留证被取消,而受到严重的人道主义危害,尤其是与意大利宪法和意大利国家所遵守的国际义务相一致的,视为人道主义保护者。"2008 年的第 25 条法令规定,在国际保护的请求没有被通过并且认为可能存在严重的人道主义原因,领土委员会按照 1998 年发布的第 286 条法令执行,发放居留证。人道主义难民可以在意大利居留两年,并且可以在意大利工作和学习,也可以因为工作而转换居留证,且在住房医疗等方面和意大利公民具有相同的权利。对于人道主义保护和国际保护居留证的申请,意大利在 2015 年 8 月 18 日颁布的第 142 条法令中规定,申请人可在获得居留证 6 个月之内在意大利境内居住,如果没有获得可以继续申请,一旦获得通过,将按申请的居留证类型给予相关的权利和福利。

　　难民到达意大利后进入接收中心,而在接收中心设有警察局以受理难民的申请,难民的申请随后会被转移到领土委员会进行审核。领土委员会是由意大利总理设立的机构,由意大利内政部领导,主要任务是检查各种国际保护的申请。领土委员会和国家政治难民委员会是不同的机构。国家政治难民委员会接受领土委员会的指导,协助领土委员会工作,是领土委员会的下级机构。领土委员会有撤销和废除已获得的居留证的权力。领土委员会由 4 个人组成,即由委员会所在省的行政长官(担任主席)、警察官员、委员会所在地的地方机构代表、联合国难民署的代表组成,委员任期都是三年并且可以延长。难民听证会裁决委员由领土委员会的四个成员组成,他们通过一系列问卷,调查难民离开原籍国的原因以及其他事项。通过调查后,一般警察局会告知申请人领土委员会的裁决结果。领土委员会决定给予申请者何种难民身份的认定,或者直接驳回他们的申请。根据意大利内政部公布的数据,2015 年 1 月到 10 月 9 日,共有 61 545 人申请庇护,最终获得政治难民身份的人占 5%,资助保护难民占 16%,人道主义保护难民占 23%,未识别身份的难民占 51%。①

5. 加拿大的难民政策

柳玉臻、张建武重点研究了加拿大的难民政策。加拿大在此次难民危机中展现出了不同于欧洲国家的态度和做法,截至 2016 年底已接纳35 000 名来自叙利亚的难民,远远高于其近邻美国。在 2017 年,加拿大政府计划再接纳 23 500 名国际难民,这与美国在 2017 年 1 月宣布暂停所有难民入境更是形成鲜明对比。

对于此次欧洲难民危机,加拿大采取了积极主动和有序接纳难民的策略。加拿大在 1969 年正式加入联合国《关于难民地位的公约》,并在1976 年和 2001 年先后制定和修订了移民和难民保护法来推行难民政策,难民保护的目标是"履行加拿大的国家法律义务和维护其人道主义传统"。相比于其他国家,加拿大难民政策在难民申请、资格甄别和难民社会融入等方面有很多独特之处。

按照加拿大 2001 年移民和难民保护法的规定,难民申请者可以在加拿大境内或者境外提出申请,境外申请人参与到"难民和人道主义者重新安置项目",境内申请人参与到"境内庇护项目"。不管是在加拿大境内还是境外申请,难民移民申请者必须获得政府资助或者民间担保推荐才能进入资格甄别。政府资助往往是公约难民,申请者多是已在难民营居住的难民,由联合国难民机构(联合国难民署,UNHCR)进行首轮审查;民间担保可以是公约难民,也可以自主推荐面临相似危难情况下的境内或境外难民。

加拿大的难民申请民间担保有三类赞助人,第一类是与联邦政府移民部签订了难民安置协议的赞助人(Sponsorship Agreement Holders,SAH),多数为加拿大的信仰团体,也有族群——文化团体和其他社会组织。SAH 可以独立或者与社区中的个人或社会组织合作来推荐申请人。第二类是五人小组(Group of 5,GS),5 名(魁北克省为 2—5 名)加拿大永久居民或公民联名就可以成为赞助人,其中至少 3 人需要做出资金贡献。第三类是社区赞助人(Community Sponsor,CS),社会组织、协会和公司当证明有资金来资助难民定居费用后可以作为赞助人。

加拿大的难民资格甄别由加拿大移民和难民委员会(Immigration and Refugee Board of Canada,IRB)负责。移民和难民委员会独立于加拿大公民和移民部,是一个准司法性质的行政裁判机构(Tribunal),委员会主席由内阁总理任命,可以根据移民和难民保护法案,在获得总理

---

① 田小惠、谢林:《意大利难民接收现状的分析》,《国际研究参考》2017 年第 4 期。

批准后制定难民资格甄别细则。作为加拿大最大的联邦特别法庭，IRB有多达千名雇员，分属于难民保护部、移民部和移民申诉部，处理来自加拿大境内和境外的难民申请，包括难民保护申请、入境拘留听证及被拒案主的申诉等。①

6. 欧洲共产党的难民政策

王建、程晓辰分析了欧洲共产党对难民问题的政治立场与策略主张。难民危机爆发后，欧洲共产党迅速反应，发表了有关危机的声明和主张、制定了应对危机的斗争策略、提出了解决危机的方案、发起了声援难民的示威游行和大规模集会等。

对于英国政府对待难民的态度，英国共产党谴责英国政府坚持将难民拒之门外是"无情"和"耻辱"的，是逃避国际义务的行径。德国共产党极力揭露极右翼势力反对接收难民的真实目的，指出其是为了煽动民众的种族主义情绪，进而降低默克尔的民众支持率，以赢得新一轮竞选。2016年3月4日，德国共产党在声明中指出："反对种族主义和北约战争"；3月14日，德国共产党发起一年一度的复活节游行，呼吁和平、反对战争，抗议北约对叙利亚等国的军事干预。法国共产党利用示威游行、举行集会、发表声明等方式，呼吁法国政府毫不犹豫地、不带任何歧视地欢迎难民和移民，反对侵犯难民的权利。法国共产党指出，法国政府不应像欧盟其他国家那样实行模棱两可的难民政策，而应该承担起更多的责任，并抓好难民政策的落实，同时呼吁法国民众与难民团结起来，为难民提供必要的援助。丹麦共产党呼吁共产党人应指出难民问题是资本主义和帝国主义的责任，呼吁每个人都欢迎战争难民，并尽一切可能帮助他们，呼吁共产党人努力将战争和毁灭的原因清楚地告知所有人，呼吁共产党人努力创造一个广泛而强大的能够制止战争和阻止未来灾难的和平运动。

总体上说，欧洲共产党的难民政策主要有：立即结束帝国主义军事干预、制定难民输出国经济恢复计划、维护难民合法权益、重新修订欧洲移民政策和国际难民政策、加强无产阶级和劳动群众的团结和斗争。欧洲共产党对难民问题的政治立场和策略主张反映了各国共产党坚持为人民发声、为正义伸张、为危机求解的新角色、新任务。②

---

① 柳玉臻、张建武：《加拿大难民政策介绍及其对欧洲难民危机的启示》，《贵州师范学院学报》2017年第4期。

② 王建、程晓辰：《欧洲共产党关于当前难民危机的分析及其策略主张》，《世界社会主义研究》2017年第2期。

四、欧洲难民危机的影响

欧洲难民危机不仅造成了人道主义灾难，同时也对接收难民的国家产生了社会治理的挑战、难民融入的挑战、恐怖主义的挑战，这些挑战也改变了他们的政治生态，导致了欧洲排外主义、"伊斯兰恐惧症"的兴起以及极右翼民粹主义政党的做强做大。

1. 难民的"人权之殇"

鲜开林、汪祥认为，由于难民规模庞大、救援经费不足、非法偷运组织等因素的影响，再加上欧洲各国在应对大量难民时采取的不同立场和政策，难民的生命权、健康权、发展权、人格尊严权等基本人权无法得到有效的维护和保障，带来了"人权之殇"。

一方面，北非、中东地区国家的持续动荡，严重威胁欧洲难民的生存权。近年来，由于西方大国的干预、恐怖主义势力的泛滥、经济发展的滞后、教派冲突等一系列因素的影响，北非、中东地区持续动荡、战火连年，大量平民在战争中死亡，公民的生存权利遭受严重践踏。美联社于2017年6月26日称，叙利亚人权观察组织最新统计显示，叙利亚战争已至少造成10万人死亡。同时有资料显示，在叙利亚这场长达27个月的冲突中，平民死亡近4万人。难民的生存权利受到战争的严重威胁。

另一方面，以美国为首的西方大国奉行霸权主义和强权政治，严重侵害北非、中东国家和人民的发展权利。在欧洲国家围堵政策和人口走私犯虐待的双重冲击下，难民的生命权遭到严重践踏。由于难民营经费的严重不足、基础设施落后、医疗卫生水平差等因素的影响下，难民的健康权无法得到有效的维护和实现。由于难民的宗教信仰、生活习俗、受教育水平程度等的不同，使得大量难民无法融入欧洲社会，难民的平等就业权和人格尊严权无法得到有效实现。[1]

夏婷分析了"安全第三国"机制引发的对难民权利的侵犯。"安全第三国"通常指难民申请庇护国认为的除了本国和难民输出国（来源国）以外的，难民在到达接收国之前途径的或与其有某种关联的，符合一定的条件而使其对于难民来说是安全的，可以向其移送难民且由其负责难民资格审查的国家。近年来，"安全第三国"机制在难民区域保护中的运用呈上升趋势。由于难民寻求庇护的区域比较集中，给有些国家带来了经济、政治以及社会压力，寻求责任分担的做法尤其在发达国家成为常态，

---

[1]　鲜开林、汪祥：《欧洲难民的人权之殇》，《广州大学学报（社会科学版）》2017年第3期。

因此"安全第三国"的适用也一定会不断扩大。在欧洲的带领下,关于这一概念的立法在不断完善,但将法律规定进行实际操作时,仍然有侵犯难民权利的事情发生。①

2. 对欧洲国家治理的挑战

汪波、许超认为,难民的安置对欧洲国家是一个考验,他们必须为其提供粮食、住所以及工作机会,必须花费相当部分的财政支出,这在欧洲国家经济衰败、市场失灵、失业率增加的形势下更是雪上加霜。同时,一百多万难民的涌入也不可避免地会对欧洲国家的社会福利系统带来冲击,给各国的教育、医疗卫生、住房和社会保障系统带来压力,这无疑也要以牺牲本国居民的社会福利为代价。②李茁指出了欧洲难民危机对欧洲经济的影响,认为难民潮可能会给部分劳动力亟缺的国家带来正向的人力资本支持,但是欧洲难民危机给相关国家也带来了较为严重的财政负担和就业压力,且阻碍了欧债危机后欧盟经济的整体复苏,对欧洲经济造成多方面的影响。③

黄日涵、李丛宇提出,由于移民迁入迁出地文化背景与经济发展水平的差异会导致移民较低的社会融入能力,大量移民的事实存在会对迁入国原有就业、福利政策、安全构成挑战,移民政策也在不断变化调整。本次难民危机就对德国、法国等西欧国家的内部政策产生了较大的影响。事实上,难民的目的地是移民政策宽松而又富裕的国家,如德国、瑞典等。而中东欧的许多国家拒绝难民,所以难民通常先进入可以自由出入且无边界管控的申根国家,然后取道马其顿和塞尔维亚进入匈牙利,同样还有一部分难民经由土耳其转入保加利亚和罗马尼亚,然后进入匈牙利,之后他们中的许多人会继续前往更加富裕的国家。④

3. 难民的融入难题

对难民的接纳不仅是提供住所与就业机会,更涉及如何对待难民原有文化习俗与宗教信仰,是保持其文化的独立性还是将其融入主流社会,成为难民接收国面临的棘手问题。在这个问题上,欧洲国家形成了三种不同的模式:英国的多元主义政策、法国的彻底世俗化政策、德国的"客籍工人"模式。

---

① 夏婷:《试析国际难民保护中的"安全第三国"》,《阜阳师范学院学报(社会科学版)》2017年第1期。
② 汪波、许超:《穆斯林难民危机对欧洲社会的影响》,《阿拉伯世界研究》2017年第3期。
③ 李茁:《欧洲难民问题对欧洲经济的影响》,《国际观察》2017年第2期。
④ 黄日涵、李丛宇:《国际移民视角下的欧洲难民危机及其应对》,《国际展望》2017年第5期。

长期以来,英国一直奉行多元文化主义政策来处理主流社会与少数族群之间的关系,承认穆斯林族群的文化和宗教差异,尊重他们的生活习俗和宗教信仰,穆斯林族群在相当长的时间内与英国主流社会相处融洽。然而,随着穆斯林群体在英国社会中与一般民众之间的差异日益明显,双方的冲突逐步显现。

在对待穆斯林群体的政策上,法国采取了彻底的世俗化政策,旨在使穆斯林群体彻底融入法国社会。然而,这一世俗化的族群融入模式,却未能实现其预期目标。法国穆斯林群体往往集中居住在比较贫困、落后的地区。伊斯兰教在当地社区发挥着重要的凝聚功能,吸引了大批年轻穆斯林。这些聚集在一起的穆斯林男青年因缺少工作,往往容易形成犯罪团伙,从事贩毒等犯罪行为。从目前情况来看,法国的穆斯林群体非但没有融入法国主流社会,反而逐步形成对主流社会的对抗心理。

德国采取了所谓的"客籍工人"(guest worker)模式,允许穆斯林保留自己的文化和生活方式,并没有强力促进他们融入德国社会。这种看似多元的政策在族群融入方面并不成功,反而造成穆斯林作为一个封闭群体与主流社会平行存在。早在2010年,默克尔就承认多元文化主义已经彻底失败。

汪波、许超认为,难民危机加剧了主流社会与穆斯林之间的矛盾与冲突。近年来,无论是英国的多元文化主义、法国的彻底世俗化政策,还是德国的所谓"客籍工人"模式的多元族群融合政策,都未能取得预期效果。在欧洲地区,穆斯林作为一个具有明显宗教特征的少数族群,非但没有很好地融入欧洲主流社会,反而愈加封闭,而由此导致的各种矛盾和冲突也日益严重。[1]郑春荣也重点考察了德国2016年7月新通过的首部《融入法》,认为德国难民融入措施在实践中仍有障碍,难民融入最终能否取得成功,尚需时间检验。[2]

4. 对欧盟一体化的挑战

难民危机给欧盟带来前所未有的挑战与危机,英国的公投脱欧,成员国难民政策的分歧,东西欧的新旧矛盾,都使得欧盟面临前所未有的分崩离析。

黄文叙认为,欧洲难民危机对欧洲一体化及欧盟的国际地位和影响力构成严重威胁,似在演变成欧洲的责任危机、领导力危机、信任危机和

---

① 汪波、许超:《穆斯林难民危机对欧洲社会的影响》,《阿拉伯世界研究》2017年第3期。

② 郑春荣:《难民危机背景下德国难民融入的挑战及应对》,《国外社会科学》2016年第6期。

联盟生存危机。欧盟及其成员国在应对难民危机时的不到位和行动滞后造成一系列冲突、对抗，制约了欧盟在全球的行动力和影响力，更损害了欧盟作为人道主义和民事行为体之榜样的国际形象。①

汪波、许超提到，欧洲难民危机冲击了欧盟的一体化进程。首先，难民问题对《申根协定》造成了巨大冲击，一些申根成员国纷纷实行边境管制，严控难民入境。欧盟各国的边境检查和持续收紧的难民政策，破坏了作为欧盟移民政策基础的申根体系的完整性和权威性，欧洲一体化进程受到严峻挑战。其次，难民的涌入也对《都柏林公约》造成了严重破坏，加剧了欧盟内部的分裂。由于规定本身的不合理性，受到《都柏林条约》约束的部分成员国正面临巨大危机，涌入这些国家的难民数量已经大大超出了它们的接收能力，造成这些国家的难民营环境急剧恶化。再次，大批涌入的穆斯林难民加剧了欧盟内部的分裂。由于各国在经济发展水平、社会福利政策以及历史文化传统等方面存在较大差异，在难民的接收及其摊派上本容易出现分歧。再加上欧盟始终未能制定出应对难民的统一策略，在决定如何处理难民危机和谈判难民配额分配的过程中，欧盟国家之间原先的分歧进一步加深，东欧和西欧的两极分化现象也愈加明显。②

贺鉴、庞梦琦认为，还没有从欧洲债务危机阴影中走出来的欧洲国家再次遭到难民危机的重创。面对具有显著宗教冲突、增长速度快、具有明显地域和国别特征的难民潮，欧洲一体化进程承受了巨大考验，这主要表现三个方面：国内政治危机和一体化凝聚力分散、欧洲一体化进程受到干扰、欧洲一体化发展环境严重恶化。③黄日涵、李丛宇认为，难民危机挑战了欧盟各成员国之间的关系。在难民的接收问题上，各国的观点差异很大。由于欧盟成员国之间的分歧，这一状况被描述为欧洲陷入了分裂。各国之间在难民政策上的立场分歧，使得欧盟国家之间的互信变得更低，更进一步挑战了欧盟的团结。不仅中东欧国家与西欧国家想法各异，西欧国家内部为了各自的国家利益，也开始重新考量自身的难民接收政策。④

5. 欧洲极右翼民粹主义政党的做强做大

欧洲难民危机引发了"伊斯兰恐惧症"，助长了排外主义，使欧洲极

---

① 黄文叙：《欧洲难民问题的严重性及出路》，《现代国际关系》2017 年第 2 期。
② 汪波、许超：《穆斯林难民危机对欧洲社会的影响》，《阿拉伯世界研究》2017 年第 3 期。
③ 贺鉴、庞梦琦：《欧洲难民危机与欧洲一体化面临的困境》，《理论界》2017 年第 4 期。
④ 黄日涵、李丛宇：《国际移民视角下的欧洲难民危机及其应对》，《国际展望》2017 年第 5 期。

右翼民粹主义政党乘机做强做大。

房乐宪、吴学锐提出,欧洲难民危机使欧洲陷入了"伊斯兰恐惧症"。欧洲对伊斯兰的恐惧实质上是一种排外主义情绪,某种意义上也是自我实现的预言。欧洲长期以来存在着自我认知的优越感,一度将伊斯兰建构为欧洲文明的对立面。同时,在与伊斯兰的互动过程中,欧洲一直对外输出各种意识形态,包括中世纪的基督教信仰、殖民时代的现代化意识以及当代的西式民主价值观,由此激发了伊斯兰世界的恒久敌意,也造就了许多失败国家——后者则成为难民潮的重要根源。当前欧洲右翼势力兴起,试图隔离可能的威胁。然而这种"围墙心态"违逆了欧洲一体化进程的逻辑,也难以有效应对欧洲面临的社会政治危机构成的挑战。[①]

汪波、许超认为,欧洲难民危机带来了西欧政治生态的向右转,刺激了西欧极右翼民粹主义政党的上台。在欧洲,右翼民粹主义政党素以反移民、反主流和排外著称,当前的难民危机为他们扩大势力提供了良机。这些右翼民粹主义政党主要包括法国国民阵线、瑞典民主党、奥地利自由党、芬兰正统芬兰人党等,它们通过夸大难民危机带来的负面影响,反复强调穆斯林移民可能带来的恐怖威胁,在欧洲主流社会民众和穆斯林移民之间制造仇恨等方式,获得了大量底层民众的支持,近年来势力迅速壮大,并在地方选举和大选中取得了引人注目的成绩。[②]

王联也提到,大量穆斯林人口的集中到来,由此产生的社会、安全问题,使得欧洲原本就存在的穆斯林移民问题再度成为社会关注的焦点之一,右翼政治力量往往也以此批评和攻击政府的移民政策,极右势力则借机鼓动民粹、排外和反"伊斯兰化"。[③]刘赛也指出,难民危机在德国的演进成为加速德国极右翼政党发展的最直接原因,也成为压垮德国政府限制极右翼政党发展的最后一根稻草。难民危机引发的社会治安问题、恐怖主义、文化冲突以及给德国带来的经济压力和对福利社会的威胁,改变了德国社会最初欢迎难民的主流生态,也改变了德国的选民结构和选民意愿。越来越多的民众受到极右翼政党的吸引,或出于对政府难民政策的不满,将选票投给极右翼政党。德国极右翼政党也充分发挥主动性,利用难民危机以期达成自己的政治目标。[④]

---

① 房乐宪、吴学锐:《欧洲的伊斯兰恐惧症:内涵、渊流与当代现实》,《当代世界与社会主义》2017 年第 3 期。

② 汪波、许超:《穆斯林难民危机对欧洲社会的影响》,《阿拉伯世界研究》2017 年第 3 期。

③ 王联:《难民危机与欧洲的"伊斯兰化"问题》,《学海》2016 年第 4 期。

④ 刘赛:《难民危机背景下德国极右翼政党的发展》,山东大学硕士论文 2017 年。

罗英杰、张昭曦认为,近年来,欧洲极右势力的崛起受难民危机的影响极大。随着难民危机的蔓延,恐怖主义与极右势力两股看似水火不容的极端力量,却在难民问题上形成"相互极端化"的暴力循环。虽然不能断定难民问题造成了恐怖主义的人道灾难,但欧洲民众愈发相信难民涌入与威胁深重的恐怖主义之间有莫大关联。当这种"难民即是恐怖分子"的偏见获得广泛认同时,恐怖主义势力和极右势力都能利用它为自己服务:极右势力依此煽动民众对难民的排外仇恨,甚至鼓励对难民实施暴力;恐怖组织将难民视为"叛徒",将难民遭到的民众暴力打压作为组织成员叛离应得惩罚的反面教材、案例。这种"极端对极端"的偏激思维事实上造就了"极端促极端"的恶性后果,即"相互极端化"的暴力循环。①在可以预见的将来,如果难民危机得不到有效解决,极右翼政党的生存空间将会进一步扩大,欧盟的整体移民政策也必将受到更多限制,欧洲一体化进程也将遭遇重大挫折。

6. 对西方民主价值的解构

魏士国认为,欧洲难民危机的出现不仅引发了人道主义危机,同时也表明了西方民主的虚伪性。欧洲的民主价值是西方的一面旗帜,其追求"自由、平等、博爱"的口号让第三世界国家的部分民众无比向往,而欧洲难民危机使西方"民主"走下了神坛,露出了它真正的面目。欧洲难民危机的根源从根本上看就是西方在全世界强行推进其所谓的"民主制度",搞"颜色革命"、"和平演变"谋求继续维持其政治、经济和意识形态上的霸权的恶果。欧洲难民危机的始作俑者就是西方的"民主政治"和"颜色革命"。②

狄英娜认为,欧洲难民危机表明,西式民主具有明显的虚伪性,已经沦为一种强盗逻辑。美国打着"民主改造中东"的旗号,以"救世主"的身份悍然发动了阿富汗战争和伊拉克战争,又在被西方冠名为"阿拉伯之春"的大规模民众暴乱中煽风点火,助推了利比亚和叙利亚的战乱。西方的干预,不但没让这些国家迎来"民主改造"的"春天",反而令它们陷入了失序与混乱的寒冬,政局动荡、经济恶化、教派和部族之间激烈冲突,最终引发了大规模难民潮。煽风点火时不遗余力,收拾摊子时却懈怠躲避,美国民主价值输出的虚伪性可见一斑。③

---

① 罗英杰、张昭曦:《欧洲极右势力的崛起与难民危机》,《现代国际关系》2017年第2期。
② 魏士国:《从欧洲难民危机问题看西方民主的虚伪性》,《贵州社会科学》2016年第3期。
③ 狄英娜:《欧洲难民危机:西式民主输出的灾难性后果》,《理论导报》2017年第6期。

　　宋鲁郑也认为,欧洲难民危机以及欧洲的混乱应对,充分暴露了西方民主制度的弊端:西方选举制度的局限性日益显现,陷入"旋转木马式"的政治怪圈;西方长期以来奉行的价值观已经异化成僵硬的教条,限制了整个社会的改革能力;西方的决策机制、监督机制和纠错机制在很大程度上丧失了应有的作用。[①]

五、欧洲难民危机的应对

　　不少学者提出了欧洲难民危机的应对策略与解决之道,比如加强对新型难民的国际立法,从而使对新型难民的管理有国际公认的规则可循等;转变难民管控的理念,由单纯的量化控制转向面向社会复杂性的系统治理;充分发挥各种国际机制或国际组织在解决难民问题中的作用,加强国际、地区、国家不同层次合作,等等。

　　1. 加强对新型难民的国际立法

　　正是因为此次欧洲难民是新型难民,无法得到国际公约、国际组织的保护,不同国家、国际组织难以统一、有序地规范新型难民的行为,尤其是无法形成合力有效地应对新型难民问题。

　　罗超、高鹏提出,现行国际法主要调整、保护的是传统难民,对于新型难民的调整,既不存在专门性国际公约,也未将其与传统难民同等保护。仅有一些规范散见于国际人权保护、国际人道主义的法律文件中,例如,《公民权利和政治权利国际公约》第1条第1款规定,每一缔约国承担尊重和保证在其领土内和受其管辖的一切个人享有本公约所承认的权利,不分种族、肤色、性别、语言、宗教、政治或其他见解、国籍或社会出身、财产、出生或其他身份等任何区别。《经济、文化和社会权利国际公约》第2条第2款也有类似平等权的规定。上述这些规范不仅适用于移民权利保障、拯救移民生命,减轻其疾苦,优先保护移民的生命、健康、人格尊严、生活待遇,都是保障人权、落实人道主义精神的应有之意。国际移民组织将人道主义精神作为其开展救助移民行动重要的原则之一。

　　尽管移民的类型、范围越来越广,甚至出现了"混合移民"(Mixed Migration)的概念,应对形势不断复杂化,但有关国际立法却十分滞后。无论是哪种类型的难民群体,既存在一些共同点,也有较大差异。例如,他们都是迁徙他国,都存在融入目的国的问题;但难民在生存方面的紧迫性远远高于其他类型的迁徙民众,他们在思想态度、专业技能方面往

────────────

① 　宋鲁郑:《欧洲难民危机暴露出西方制度弊端》,《红旗文稿》2017年第10期。

往准备不足。

他们提出，国际社会有必要针对不同类型的移民，有的放矢地制定覆盖新型难民、混合移民等群体的专门性法律文件，以扩充国际难民法、移民法的体系和内容，达到规范、调整和保护各种难民的实际效果。①

2. 转变难民管控的理念

万德·雅格、罗科·保利洛指出，当前移民政策的问题，是仅关注对移民数量的控制和安置，试图找到一个合适的定量标准，这是典型的移民量化。这种量化方法的风险在于片面地看待移民问题，即错误地从单一方面考虑，如移民数量或居民情绪，因此无法全面地解决问题。此外，这种对移民数量进行简单分置的政策无意间会增加人群情绪分化的风险。

他们认为，人流管理仅是移民问题的冰山一角，此类政策没有从社会层面去考虑东道国居民和移民之间的关系。事实上，移民问题的主要矛盾就是东道国居民的情绪分化，即从人权出发赞成接收难民或认为应加强边境管理拒绝难民入境。在大多数难民涌入欧洲的情况下，公众情绪分化的滋长威胁到了东道国的内部稳定，而且很有可能在未来产生更为严重的后果。如果决策者从社会复杂性角度出发，那么他们就能更好地认识到移民、同化、隔离以及边缘化这类文化互渗过程的复杂性，以及这些过程在现实社会中是如何逐渐演化的。

他们建议，欧盟应该从社会复杂性的角度出发制订出更为恰当的应对政策。这样，决策者就能在关注移民涌入的同时兼顾东道国居民和移民之间可能会产生的相互影响，从而了解移民政策可能会对民众情绪及社会关系网络造成的影响。在这种情况下，决策者在处理复杂性社会问题时就能够提前了解到可能会遇到的困难。在移民政策上，社会复杂性观点不仅着眼于数量控制，还通过对文化归属感和差异忍耐度的测试来为社会创造接受新结构的条件，即让新的社会关系网络稳定发展，而不是冒着发生冲突的风险来制造社会隔离。②

3. 充分发挥各种国际机制与国际组织的作用

武文扬提出应该充分发挥"临时保护"在解决难民危机中的重要作用。临时保护作为一种应对大规模人员涌入的措施，在前南斯拉夫难民

①　罗超、高鹏：《国际难民问题的挑战、应对及中国的参与》，《世界经济与政治论坛》2017年第2期。
②　万德·雅格、罗科·保利洛：《难民危机：简单对待会造成大问题》，《中国经济报告》2017年第3期。

危机中得到欧洲各国的推崇。联合国难民署在1992年的《对前南斯拉夫境内人道主义危机的综合应对》中提到了其应包含的几点要素,包括接收入境、尊重不推回原则、基本的人权保护。临时保护的提议不仅弥补了1951年《关于难民地位的公约》的局限性,使更广泛的人群被纳入保护范围,同时也迎合了当时各国在处理难民问题上的侥幸心理。2001年欧盟通过《临时保护指令》,建立了区域性的临时保护体系。这一指令可以节省逐一甄别难民的时间和成本,减轻接受国的负担,提高保护救助的效率。2015年欧洲迎来第二次世界大战以来最为严峻的难民潮,然而《临时保护指令》却在最该发挥作用的时候被欧盟各国忽略,并未得到启动。①

臧术美分析了地中海联盟体系在解决难民危机中的重要作用。地中海联盟的前身是始于1995年的"巴塞罗那进程"。2008年7月13日,欧盟的27个成员国和16个地中海沿岸非欧盟成员国的领导人齐聚法国巴黎的"巴塞罗那进程:地中海联盟"峰会。这次峰会启动了地中海联盟的运行。欧盟移民的主要来源之一就是地中海地区的非欧盟成员国。地中海联盟的许多国家,包括叙利亚、土耳其、希腊、意大利、法国等,正好都处在这次难民危机的核心影响区域,它们要么是难民危机的发源地,要么是重要的中转国,要么是难民的目的地。此次欧洲难民危机,大大冲击了欧盟及其成员国的移民政策体系,显示出欧盟在应对难民危机时的体制性不足和团结性的缺失,暴露了欧盟和成员国对难民危机的应对能力和意愿的严重不均衡。地中海联盟移民政策体系仍然存在不足之处,地中海联盟和欧盟都需要在解决日益严峻的非法移民问题上更加有所作为。②

张莹指出了非政府组织在应对难民危机时发挥的重要作用。欧洲的非政府组织依托现代信息技术开展工作,凭借其一贯的工作灵活性、多样性、创新性,成为应对难民危机的重要力量。

第一,推出专门的手机APP和救助网站,满足难民的信息需求。该APP支持英语、匈牙利语、阿拉伯语、帕施图语等6种语言,为难民提供实时更新的欧洲边境管理信息、难民登记程序、匈牙利最新法律快讯、各地交通信息等资讯。在此APP基础上,2015年8月,国际美慈组织与联合国难民事务高级专员办事处、国际救援委员会合作推出了refugeeinfo.eu网站。该网站由谷歌公司开发,支持英语、阿拉伯语、帕

---

① 武文扬:《临时保护:欧洲难民危机中的适用与前景》,《战略决策研究》2017年第1期。
② 臧术美:《地中海联盟移民体系及其对难民危机的应对》,《社会科学》2018年第2期。

施图语和希腊语等语言界面。网站以重要公告形式列出了欧洲各国难民入境的管理要求及最新动态，并详细列出了希腊、马其顿、塞尔维亚、克罗地亚和斯洛文尼亚等5国的16个难民集中地的有关信息，内容涵盖衣、食、住、行等各个方面。

第二，通过设施提供和自身产品优化改善难民通讯条件。匈牙利中欧大学媒体、数据和民间团体中心主任表示，"提供信息渠道应成为未来人道救援的基本工具"。为改善此次难民的通讯条件，灾难技术实验室等非政府组织为希腊莱斯沃斯岛的两个难民营配备了Wifi装置，同时在克罗地亚等地配备了人工Wifi热点，为滞留在难民营和火车站的难民提供服务。

第三，提供预置现金的电子券和银行卡服务，满足难民生存需求。2015年，生命支持组织在土耳其实施了电子券发放计划。该计划面向5 700名难民发放电子券，符合发放条件的难民可以凭卡直接到指定超市和商铺购买新鲜食物和饮用水，每月卡上还会收到45土耳其里拉补给。与此类似的是国际美慈组织与塞尔维亚劳工部合作推出的银行卡发放项目，该项目面向5 600名符合条件的在塞难民发放，定期补给。[①]

4. 扩大国际、地区、国家不同层次合作

黄日涵、李丛宇认为，难民问题的解决需要欧盟国家之间甚至是国际社会的共同努力。当前难民治理措施的实际效果表明，欧盟的反应或者不够及时，或者不够综合及全面。难民问题不可能通过简单的关闭与开放边境来解决，功利的吸引与限制往往会造成问题的扩大化，建构合理的国际移民治理制度才是难民融入问题的破解之道。[②]

罗超、高鹏提出，难民问题的解决，需要扩大国际、地区、国家不同层次的合作。目的国与原住国、目的国之间以及具有利害关系的第三国应通过对话协作弥合政策分歧，克服难民应对的差异和不平衡所带来的矛盾，促成国家间"零和博弈"向"互利共赢"的转化。除了政府机构，有关政府间国际组织、非政府组织、私人团体机构等多种主体的有效参与，有利于它们发挥所长，实现资源互补与整合。

不同地区应结合地区实情和法律政策，进一步协调区域行动。在欧盟内部，成员国应以申根协定为基础和依据，在考虑地缘、人口、经济等

---

① 张莹：《非政府组织借助新媒体手段应对欧洲难民危机的有关做法及启示》，《中国共青团》2017年第8期。

② 黄日涵、李丛宇：《国际移民视角下的欧洲难民危机及其应对》，《国际展望》2017年第5期。

因素基础上，尽快提出合理分配各国接收难民数量和条件的"一揽子"方案。既要力求使各国在接受、安置难民上达到权利与义务的平衡，保障申根协定条件下欧盟内部人员的自由流动，促进欧洲身份认同；也要针对难民问题，制定、加强欧盟外部边境的管控措施，防止难民的无序迁徙，预防和控制暴力犯罪、恐怖主义等社会问题的滋生蔓延，这也是从根本上维护申根区安全，保障欧洲一体化进程的必然要求。①

陈占杰、刘咏秋认为，中国应该积极参与解决难民问题。作为一个日益走近世界舞台中央的大国，中国一直高度重视难民问题。在这方面，习近平主席和李克强总理对难民危机的根源、解决方式、中国采取的措施等在不同的场合进行了深刻论述。中国介入难民问题的方式可灵活多样，包括向联合国难民署等多边救援机构捐助，参加甚至组织多边难民问题会议，加强对相关国际非政府组织的支持力度甚至承诺接收一定数量的难民等。中国已经在不少方面采取实际行动。②

① 罗超、高鹏：《国际难民问题的挑战、应对及中国的参与》，《世界经济与政治论坛》2017年第2期。
② 陈占杰、刘咏秋：《欧洲难民危机与中国的应对策略》，《"中国国际战略评论2017"会议论文集》，2017年。

后 记

　　《理论热点纵横谈》是上海社会科学院青年学术交流中心的年度出版物，是由青年学术交流中心理论时评小组对年度重大理论和现实热点问题进行学理思考、跟踪研究、倾心解读后形成的研究成果。

　　近年来，上海社会科学院提出了"构建国内一流、国际知名的社会主义新智库"的目标定位，并正在努力实现智库建设和学科发展"双轮驱动"的发展战略。这为青年学术交流中心的定位和发展指明了方向，由此展开的各项研究和学术活动也紧紧围绕这一方向，努力发挥学术交流平台的功能作用。青年学术交流中心理论时评小组成立于2005年，是由我院一批青年科研骨干组成的研究型团队，该小组依托于青年学术交流中心这一学术平台，每年组织大家对中心立项的课题展开讨论和研究。

　　今天呈现在大家面前的《理论热点纵横谈》，汇集了我院应用经济研究所、世界经济研究所、法学研究所、信息研究所、城市与人口发展研究所、政治与公共管理研究所等十位青年学者，对年度十个热点问题的讨论。这些问题既是年度课题中较为优秀成果的汇总，也是最能反映当年最受关注、最令人深思以及最具争议的话题。

　　《理论热点纵横谈(2018)》在选题方面，从自由选题为主转变为案例切入为主，更能聚焦社会热点；在内容方面，从理论关注为主转变为观点解读为主，更贴近现实；在风格方面，从深度思考为主转变为现实解读为主，更具可读性。全书由上海社科院科研处副处长(主持工作)陶希东负责策划，青年学术交流中心主任胡晓鹏、秘书长李宏利具体组织有关专家进行选题、审阅、统稿。

　　本书能够顺利完成并付梓出版，得到了院领导的大力支持，上海社会科学院科研处在热点选题、内容审阅、统稿安排等方面也都付出了大量劳动，在此表示深深的感谢！同时，上海人民出版社对本书的目标定位、选题导向、文字校对等方面给予了全力的协助，这里一并致谢。

上海社会科学院

青年学术交流中心

2018 年 8 月 24 日

图书在版编目(CIP)数据

理论热点纵横谈.2018/上海社会科学院青年学术
交流中心编.—上海:上海人民出版社,2018
ISBN 978-7-208-15475-9

Ⅰ.①理…　Ⅱ.①上…　Ⅲ.①社会科学-文集　Ⅳ.
①C53

中国版本图书馆 CIP 数据核字(2018)第 225163 号

责任编辑　罗俊华
封面设计　小阳工作室

理论热点纵横谈(2018)
上海社会科学院青年学术交流中心 编

出　　版　上海人 民 出版社
　　　　　　(200001　上海福建中路193号)
发　　行　上海人民出版社发行中心
印　　刷　常熟市新骅印刷有限公司
开　　本　720×1000　1/16
印　　张　12.5
插　　页　4
字　　数　263,000
版　　次　2018 年 10 月第 1 版
印　　次　2018 年 10 月第 1 次印刷
ISBN 978-7-208-15475-9/D·3291
定　　价　48.00 元